日本の金融リスク管理を変えた10大事件

10 CASES THAT CHANGED THE FINANCIAL RISK MANAGEMENT OF JAPAN

藤井 健司 著
KENJI FUJII

一般社団法人 金融財政事情研究会

本書で示した意見は、著者が現在および過去に所属した組織のものではなく、著者個人のものである。また、本書の内容にかかるありうべき誤りは、すべて著者個人の責任による。

はじめに

　2013年に『金融リスク管理を変えた10大事件』を世に出した際、日本の不良債権問題やVaRショックが入っていないのはなぜか、とのご質問を多数いただいた。同書はグローバルな金融リスク管理に影響を与えた10大事件をテーマとしており、日本の出来事はグローバルな金融リスク管理を変えるまでのインパクトはなかった、というのがその理由だが、一方で、より身近な日本の金融リスク管理の実務に影響を与えた事件は何だったのか、という疑問が湧くことは納得がいった。

　日本の事柄は身近であるがゆえに複雑でもある。それぞれの出来事に関する研究論文も豊富なので、一実務家が拙い文章でまとめの作業をするまでもないようにも思う。また、身近であるがゆえに、それぞれの出来事に接した方も数えきれない。そうした方々からのお叱りの言葉が想像できる。しかしながら、前著をお読みいただいた多くの方から教わったのは、歴史は語り継がないと簡単に風化するということであり、前に進むためには、過去から学び、さらにさまざまな意見をぶつけるべき、ということだった。実務の側にいるからこそみえることというのもあるかもしれないし、事件の裏であたふたする実務家の姿をみていただくのも何かの足しになるかもしれない。

　日本の金融リスク管理の歴史の目撃者として、何が伝えられるかには、引き続き自信がないが、多くの方々に背中を押していただき、より身近な「目撃証言」を残すべき、と重い腰を上げて前を向くことにした。本書が、金融リスク管理に関心をもつ方にとり、なんらかのヒントになれば幸いに思う。

2016年8月

藤井　健司

「10大事件」と本書の構成

　金融機関における金融リスク管理は、いまや業務の要諦といえよう。金融機関の本社機能において、「総合リスク管理部」は中心的な位置づけを占め、リスク管理委員会では、地球の裏側で起こったテロ事件や、当局の利下げ発表が自社の損益やリスクプロファイルにどのような影響をもたらすか等が、詳細に議論される。資源価格下落に対する信用リスクの発生可能性はどうか、今朝の新聞に載っていた、大手メーカー企業に対する新たなサイバー攻撃パターンに対する備えは十分か、来月リリース予定の大規模システム更新における障害の可能性は抑え込まれているか。金融機関を取り巻くリスクは尽きることがなく、リスク管理の手法もまた常に発展を続けている。

　このような金融機関のリスク管理が現在のようなかたちになったのは、1990年代以降のことであるといっても、あながち間違いではない。1990年にフロント部門から独立したリスク管理部門をもっていた銀行は皆無といってよかった。後述するG30レポートが、今日のリスク管理の基本的ツールであるバリュー・アット・リスク（VaR）を提唱したのは1993年であり、国際決済銀行のバーゼル銀行監督委員会が「デリバティブのリスク管理のためのガイドライン」を公表したのは1994年、といった具合であった。金融リスク管理は、1990年代以降、劇的な展開をみせたのである。

　その金融リスク管理の発展をみていくと、その歴史は理論を

一つひとつ展開するような作業ではなく、その展開には、いくつかの事象が大きな役割を演じてきたことがわかる。海外でいえば、ブラックマンデーやヘッジファンドLTCMの破綻、リーマンショックとその後の金融危機といった、いわば「事件」が起こるたびに、リスク管理の不備が指摘され、それに対する対応がグローバルな視点で行われた。金融リスク管理の歴史は、過去の「事件」から生じた損失や失敗の経験と、それに対する教訓を糧として発展してきた、積重ねの歴史なのである。

本邦金融機関における金融リスク管理は、欧米の金融機関における金融リスク管理実務の発展を追いかけることから始まった。しかしながら、本邦金融機関のリスクプロファイルは、欧米金融機関のそれとは異なる。結果として、発生する「事件」も、欧米金融機関とまったく同じとは限らなかった。

財政赤字と経常赤字の「双子の赤字」にあえぐ米国は、1985年秋、G5諸国間での「プラザ合意」(序章)に基づいて為替市場への協調介入を行った。2年あまりで米ドルは円に対して半値にまで下落、日本経済に「円高不況」をもたらした。第二次世界大戦後、高度成長を続けてきた日本は、国内の金融政策に対して、グローバルな政策協調を優先せざるをえない立場に置かれた。

国際決済銀行のバーゼル銀行監督委員会は、1988年に国際的な統一自己資本比率規制、いわゆる「BIS規制」(第1章)を公表した。BIS規制は、国際的な活動を行う銀行が一律に従うべき、自己資本に関する最低基準として合意されたが、当時国際

貸出市場を席巻していた邦銀に対して厳しい内容を突き付けた。そこでは、自己資本比率を算出するための分子となる自己資本の定義を国際的に統一するとともに、分母となる貸出資産については、そのリスクに応じて加重計算する、<u>「リスクアセット」</u>という新しい考え方が導入された。ここでも邦銀は、新しい国際基準に基づいた経営が求められることとなった。

　さらにBIS規制は、1998年に市場リスク規制を導入し、銀行が拡大していた市場業務を、自己資本比率規制の対象とすることとした。そこでは、統計的な手法に基づいて、市場業務から生じる最大損失額を求めようとする、バリュー・アット・リスク（VaR）が、「内部モデル方式」として導入された。VaRは、そのわかりやすさから、後に信用リスクやオペレーショナルリスク等、市場業務以外に対しても適用され、あたかも<u>「VaR革命」</u>（第2章）の様相を呈した。半面、VaRに依存しすぎた反動として、VaRを超えた損失が発生した際に、市場参加者が群れをなして同じように行動してしまう、<u>「VaRショック」</u>と呼ばれる市場の混乱も引き起こした。

　1995年に発覚した、<u>大和銀行ニューヨーク支店の巨額損失事件</u>（第3章）は、欧米金融機関で頻発していた不正トレーディング事件が、本邦金融機関においても発生することを示した。これを契機に、フロント部門から<u>独立したリスク管理部門</u>を設置することが業界標準となった。

　1990年以降の日本経済は、バブル経済の崩壊と、そこから発生した不良債権への対応に追われた。株式や不動産等の資産価

格が下落したことから、多くの貸出が不良債権となり、金融機関の経営を圧迫した。1990年代半ばの地域金融機関の経営破綻に端を発して、1997年から1998年には、大手銀行と大手証券会社の経営破綻が発生、日本版の金融危機（第4章）が発生した。外銀が、インターバンク市場で邦銀に対して資金を供与することを避ける行動に出たため、邦銀は、追加コストとして発生した「ジャパン・プレミアム」に悩まされた。

　金融危機を逃れたその他の大手銀行にとっても、経営改革は喫緊の課題であった。大手銀行は翌1999年、新たに認められた銀行持株会社制度を活用した経営統合を推し進め、国内にメガバンクが誕生（第5章）した。各メガバンクグループは、持株会社によるリスク管理態勢の整備に奔走した。

　しかしながら、メガバンクの統合は、大規模なシステム障害（第6章）の洗礼を受けた。金融機関は、システム障害が自社の評判やブランドイメージを大きく傷つけるインパクトをもつものであるとの認識を強め、企業を守る「危機管理態勢」の構築を急いだ。

　2000年代に入り、BIS規制を全面的に改訂する作業が行われた。信用リスクアセットの分類が、債務者のリスクを正しく反映していない、との批判に応えるためであった。5年間にわたる改訂作業を経て成立した「バーゼルⅡ」（第7章）では、信用リスクに、銀行内で行っている内部格付を採用することを認める「内部格付手法」や、オペレーショナルリスクに対する資本賦課等、「リスクベース」の考え方に基づく新しい手法が導

入された。

　ITシステムの発展からさまざまな個人情報がネットワークを飛び交うようになると、情報漏えい事例も増加した。2005年には個人情報保護法（第8章）が施行され、すべての個人情報取扱事業者は、個人情報を適切に管理することが求められることになった。金融機関はさまざまな個人情報を保有している。外部からのサイバー攻撃も増加するなか、情報資産を管理する情報セキュリティは、日に日に重要性を増した。

　2002年10月、時の小泉内閣は、不良債権の早期処理に向けて金融再生プログラム（第9章）を発表したが、その内容は、従来の枠組みを大きく超えた厳しいものであった。翌2003年5月には、決算時における繰延税金資産の計上問題をきっかけとして、りそなホールディングスと足利銀行が国有化された。他の大手銀行は、不良債権処理を急ぐ一方で、大型増資に動いた。その両者に出遅れたUFJホールディングスは、三菱東京フィナンシャル・グループとの経営統合を発表した。日本経済の自律的回復にも支えられて、不良債権の最終処理が進み、金融に対する信認が回復した。

　その後欧米で勃発した金融危機を経て、金融規制強化の潮流が押し寄せた。過去の統計データと銀行の自主的なリスク計測手法に依存するバーゼルⅡに対する批判が高まり、資本とストレステスト、流動性や銀行のレバレッジ比率、さらには再建破綻計画や、リスクデータの維持管理等に至るまで、バーゼルⅡの抜本的改訂であるバーゼルⅢ（第10章）をはじめとする、さ

まざまな金融規制が導入された。リスク管理は、取締役会が主導して、これらの規制に対応しながら、金融機関のリスク運営を監視する、<u>「リスクガバナンス」</u>をより重視する方向に舵を切った。

　本書における各章の構成は以下のとおりである。まず、「10大事件」としては、大和銀行ニューヨーク支店損失事件のように、まさに事件性があるものだけではなく、BIS規制やVaR革命のように、金融リスク管理が発展する過程で大きな影響力をもった事象も選び、それぞれの「事件」に1章を充てた。また各章では、事件の経緯を追ったうえで、事件が金融リスク管理に与えた影響を考察した。

　各章は一定の流れをもってつながっているが、章ごとに完結しており、全章を通しで読まずに、興味のある「事件」の章だけ読むことも可能である。各章末には、各事件を経験した時点や関連する事項についての著者の記憶を、「目撃者のコラム」として加え、各事件が発生した時点の雰囲気を伝えるとともに、金融リスク管理上の留意点を示すことを試みているので、最初にこの「コラム」を読んで、おもしろそうな「事件」から読むことも考えられよう。

　本書は、2013年に刊行し、本書と並行して増補改訂がなされた『増補版 金融リスク管理を変えた10大事件＋X』の姉妹編に当たる。金融リスク管理は本来グローバルな性格を有しており、グローバルな動向は、日本の金融リスク管理にも影響を与えている。そのため、本書であげた「10大事件」のうちいくつ

かは、『増補版 金融リスク管理を変えた10大事件+𝒳』と共通していることはご了承いただきたい。

　なお、外貨建ての金額については、その事象が発生した月の外国為替終値をもって、円換算額を記載している。

目　次

序　章　プラザ合意【1985年】

1　双子の赤字と「ドル高是正」………………………… 3
2　G5蔵相会議と「プラザ合意」……………………… 3
3　「円高不況」と金融緩和 ………………………………… 7
　●目撃者のコラム ………………………………………… 10
　●参考資料 ………………………………………………… 11

第1章　BIS規制と「リスク」アセット【1988年】

1　銀行の健全性評価 ……………………………………… 14
2　日本における「銀行貸出審査」……………………… 17
3　バーゼル銀行監督委員会 ……………………………… 20
4　BIS規制の成立とリスクアセットの導入 ………… 23
5　BIS規制開始と邦銀への影響 ………………………… 28
6　日本の金融リスク管理への影響 ……………………… 29
　●目撃者のコラム ………………………………………… 32
　●参考資料 ………………………………………………… 34

第 2 章　VaR革命と「VaRショック」【1993〜2003年】

1　銀行の市場業務 … 36
2　市場リスク管理とバリュー・アット・リスク（VaR）の興隆 … 42
3　BIS市場リスク規制における「内部モデル」 … 47
4　邦銀におけるVaR … 51
5　2003年の「VaRショック」 … 55
6　日本の金融リスク管理への影響 … 59
　●目撃者のコラム … 61
　●参考資料 … 63

第 3 章　大和銀行ニューヨーク支店損失事件と独立したリスク管理【1995年】

1　海外支店ディーリング取引 … 66
2　米国国債取引からの巨額損失 … 67
3　「告白状」と米国業務撤退 … 69
4　国際銅取引における「ミスター5パーセント」 … 73
5　日本の金融リスク管理への影響──職責の分離と独立したリスク管理部門 … 77
6　今日の市場リスク管理部門の1日 … 79
7　不正取引損失事件のその後 … 82
　●目撃者のコラム … 84

- ●参考資料 ……………………………………………… 86

第 4 章　日本の金融危機とジャパン・プレミアム【1997〜1998年】

1　南海の泡沫（バブル）事件 ………………………………… 90
2　1980年代の地価上昇とバブル経済 ………………………… 92
3　エクイティファイナンスと「財テク」……………………… 95
4　地価・株価下落と不良債権問題 …………………………… 98
5　住専問題 …………………………………………………… 104
6　相次いだ金融不祥事と預金全額保護 …………………… 107
7　マヒした短期資金市場と1997年秋の金融危機 ………… 109
8　金融再生トータルプラン六法案と早期是正措置の
　　導入 ………………………………………………………… 114
9　1998年の金融危機 ………………………………………… 115
10　早期是正措置と金融検査マニュアル …………………… 123
11　「ジャパン・プレミアム」………………………………… 129
12　金融リスク管理への影響 ………………………………… 133
- ●目撃者のコラム …………………………………………… 137
- ●参考資料 …………………………………………………… 141

第 5 章　メガバンクの誕生と持株会社リスク管理【2000〜2002年】

1　フィナンシャルグループ ………………………………… 144

2 バブル崩壊からのボディブロー …………………………… 145

3 「メガバンク」の誕生 ……………………………………… 148

4 大手銀行合併の背景 ………………………………………… 152

5 業態別子会社方式から金融持株会社解禁へ …………… 158

6 金融リスク管理への影響──持株会社によるリスク
管理 ……………………………………………………………… 165

7 持株会社検査マニュアルの制定 ………………………… 174

● 目撃者のコラム ……………………………………………… 176

● 参考資料 ……………………………………………………… 178

第 6 章　システム障害と危機管理態勢【2001〜2002年】

1 「セプテンバー・イレブン」と金融市場への影響 …… 180

2 業務継続計画とコンティンジェンシープラン ………… 182

3 メガバンク誕生とシステム統合 ………………………… 187

4 メガバンク誕生とシステム障害の発生 ………………… 190

5 金融リスク管理への影響──危機管理態勢の整備 …… 192

● 目撃者のコラム ……………………………………………… 197

● 参考資料 ……………………………………………………… 201

第 7 章　バーゼルⅡと内部格付手法

1 バーゼルⅡへの道のり …………………………………… 204

2 バーゼルⅡの枠組み ……………………………………… 207

(1)　3つの柱と「銀行勘定の金利リスク」……………… 207
　(2)　メニュー方式の全面採用 ………………………… 210
　(3)　オペレーショナルリスク ………………………… 212
　(4)　信用リスクにおける内部格付手法 ……………… 215
　(5)　信用リスクにおける期待損失／非期待損失 ……… 219
3　日本の金融リスク管理への影響 ……………………… 222
　●目撃者のコラム ……………………………………… 226
　●参考資料 ……………………………………………… 230

第8章　個人情報保護法と情報セキュリティ【2004年】

1　198×年、某銀行の支店預金担当朝会の記憶 ………… 232
2　個人情報保護法施行に向けた動き …………………… 233
3　個人情報保護法 ………………………………………… 236
　(1)　利用目的の明確化 ………………………………… 236
　(2)　「安全管理措置」の実施 ………………………… 237
　(3)　第三者提供の制限と保有する個人データの開示 …… 237
4　情報漏えい事例と一斉点検 …………………………… 240
5　金融リスク管理への影響 ……………………………… 242
6　個人情報保護法後の情報漏えい事象 ………………… 244
7　マイナンバー制度の導入 ……………………………… 245
8　情報セキュリティからサイバーセキュリティへ …… 245
　●目撃者のコラム ……………………………………… 250
　●参考資料 ……………………………………………… 251

第9章 金融再生プログラムと不良債権最終処理【2003〜2005年】

1 金融再生プログラム ……………………………………… 254
2 税効果会計と2003年の銀行国有化 …………………… 258
3 収益目標未達と業務改善命令 …………………………… 263
4 大手行による巨額増資 …………………………………… 264
5 産業再生機構と企業再生 ………………………………… 267
6 検査忌避とUFJ統合 ……………………………………… 270
7 UFJ大口問題先債権処理 ………………………………… 277
8 メガバンクの再編 ………………………………………… 281
9 2005年3月決算と不良債権からの脱却 ……………… 284
10 金融リスク管理への影響 ………………………………… 288
　(1)　ディスカウントキャッシュフロー法 ………………… 288
　(2)　バランスシート調整 …………………………………… 289
　(3)　資本管理 ………………………………………………… 290
　●目撃者のコラム …………………………………………… 293
　●参考資料 …………………………………………………… 296

第10章 バーゼルⅢとリスクガバナンス【2009年〜】

1 サブプライム・バブルからグローバル金融危機へ …… 298
2 G20ピッツバーグ・サミットと金融規制強化の潮流 …… 304
3 バーゼルⅢ ………………………………………………… 306

- (1) 自己資本の量と質 …………………………………… 306
- (2) 流動性規制の導入 …………………………………… 309
- (3) レバレッジ比率の導入 ……………………………… 310

4 その他の国際規制 ………………………………………… 312
- (1) 再建破綻計画 ………………………………………… 312
- (2) 総損失吸収力（TLAC）……………………………… 313
- (3) 実効的なリスクデータ集計とリスク報告に関する諸原則 ……………………………………………………… 316

5 リスクガバナンス ………………………………………… 316
- (1) 取締役会を核とした「リスクガバナンス」………… 317
- (2) リスクアペタイト・フレームワークの整備 ……… 319
- (3) 3層ディフェンスラインの確立 …………………… 319

6 本邦金融機関リスク管理への影響 ……………………… 322

7 バーゼルⅣ（？）とリスクベース・アプローチの転換 ……………………………………………………………… 325
- ●目撃者のコラム ………………………………………… 329
- ●参考資料 ………………………………………………… 331

目撃者のコラム──あとがきにかえて …………………… 333
事項索引 ……………………………………………………… 337

序章

プラザ合意
【1985年】

●本章のポイント

　1985年9月22日、米国ニューヨークのプラザホテルで日米欧5カ国の蔵相と中央銀行総裁が一堂に会し、米ドル為替レートを調整して、ドル安に導くための共同声明を行った。いわゆる「プラザ合意」である。その後ドル円相場は急速に円高に向かい、国内ではいわゆる「円高不況」を引き起こした。内需拡大を重視した金融緩和政策運営は、後のバブル経済の一因ともいわれたが、その大きな転換点となったのが、プラザ合意だった。

　1年前に50万円だった高級ブランドのバッグが、今日ショーウインドーでみてみたら25万円になっていたとしたら、どう思うだろうか。ローンを組めば、もしかしたら手が届くかもしれない、と思わず手が伸びないだろうか。それが、あこがれの摩天楼大都市、ニューヨークの目抜き通りの不動産だったら……。逆に、輸出した商品の売上げ代金が去年は10億円だったのに、同じ商品を輸出した今年は5億円しか受け取れなかったら事業は続けられるだろうか。そんな夢か悪夢のようなことが起きたのが、1985年の秋からの日本だった。急速な外国為替レートの変動は、人の価値観の戸惑いとともに、日本経済を大きな変革に巻き込んだ。もたらしたものは、必ずしも明るい未来だけではなかった。

1 双子の赤字と「ドル高是正」

 1970年代後半〜1980年代初めにかけて、第二次石油ショックの影響による経済停滞を経験した世界経済は、徐々に回復を示していた。そうしたなかで日本は輸出拡大を通じて経常黒字を拡大し、他国を上回る経済回復を実現していた。一方米国は低迷する経済から抜け出せず、財政赤字と経常赤字という「双子の赤字」に苦しんでいた。拡大する日本からの輸入に対して米国産業界は反発、不振をきわめた米国自動車業界の中心地デトロイトでは、ハンマーで日本車を打ち壊す労働者のデモ活動のようすが米国中にニュース報道されていた。日本に対する貿易不均衡問題の根本原因は日本の金融・資本市場の閉鎖性にある、として「日本特殊論」から「日本異質論」といった議論も展開され、「円ドル問題」は広く政治問題化した。そうしたなか、国際協調介入によって米ドル為替レートを、さらには米国の貿易不均衡を是正しようとする動きがなされた。

2 G5蔵相会議と「プラザ合意」

 1985年9月22日、ニューヨークのマンハッタンの中心、セントラルパークに向かい合った一等地にある老舗のプラザホテルに、米国・日本・英国・ドイツ・フランスの先進5カ国蔵相が集結した[1]。いわゆる「G5」で、米ドルを中心とした為替レート水準を議論するためだった。議論の結果として公表された、いわゆるプラザ合意で、大蔵大臣および中央銀行総裁は、

図表序－1　プラザ合意（1985年9月22日、ニューヨーク）からの抜粋

> 18. 大蔵大臣および中央銀行総裁は、為替レートが対外不均衡を調整するうえで役割を果たすべきであることに合意した。為替レートは基本的経済条件をこれまで以上によりよく反映すべきであり、その現状および見通しの変化を考慮すると、主要非ドル通貨の対米ドルレートのある程度の一層の秩序ある上昇[2]が望ましいと信じている。彼らは、そうすることが有用であるときには、これを促進するようより密接に協力する用意がある。
> 　特に、日本政府は次の明白な意図を持つ政策を実施する。……円レートに適切な注意を払いつつ、金融政策を弾力的に運営。

米国の「双子の赤字」からの脱却を目指して行われた先進5カ国によるプラザ合意により、米ドル安に向けた通貨協調介入の方向性が示された

対外貿易不均衡を是正するために主要非ドル通貨を米ドルに対して上昇させることを合意した。先進5カ国が米ドル安の水準調整に向け、為替市場への協調介入を行う決意を世界に示したことになる。

　プラザ合意に基づいてG5各国は、翌日から米ドル安に向け

1　出席したG5蔵相は、ジェームズ・ベーカー（米国財務長官）、竹下登（日本大蔵大臣）、ナイジェル・ローソン（英国財務相）、ゲルハルト・シュトルテンベルク（西ドイツ（当時）財務相）、ピエール・ベレゴヴォワ（フランス経済・財政相）。
2　「主要非ドル通貨の対米ドルレートの上昇」とは、たとえば円が米ドルに対して円高、米ドル安とすることを意味する。

図表序-2　ニューヨーク、プラザホテル

1985年9月、米国ドルの為替レートを調整するため、ニューヨークのプラザホテルにG5の蔵相が集結した

た為替市場協調介入を行った。各国の通貨当局が保有する外貨準備を使って、米ドルを売って自国通貨を買うという為替介入操作に動いたのである。

　主要国が一斉に為替市場に介入した効果は大きかった。為替市場は、一気に米ドル安に動いた。プラザ合意直前に1米ドル235円だったドル円レートは、合意の翌日には約20円円高の1米ドル215円まで下落した。G5による為替協調介入は翌10月まで続けられたとされている。

　プラザ合意が、米ドルをどの程度安くしようとしていたのか、については議論がある[3]が、円高はさらに勢いを増し、根

図表序-3 プラザ合意前後の対米ドル為替レート推移（1981～1989年）

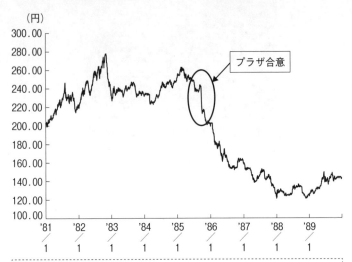

米国の「双子の赤字」からの脱却を目指して行われた先進5カ国によるプラザ合意以後、未曾有の円高が進行した

雪も巻き込んだ雪崩の様相を示した。1986年1月には1米ドル200円をあっさり割り込み、1年後の1986年9月には1米ドル152円まで一気に円高ドル安が進行した。その後1988年1月には1米ドル121円にまで米ドル安・円高が進行した。プラザ合意から2年あまりで、米ドルは円に対して半値になったことになる。

---

3 『昭和財政史―昭和49～63年度第7巻 国際金融・対外関係事項・関税行政』によると、比率にして10～12％、米ドル為替にして、1米ドル210～215円程度の為替レートが想定されていたとされている。

図表序-4 「円高不況」と完全失業率推移（1983～1987年）

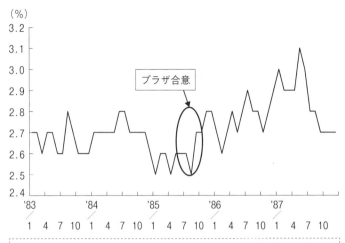

プラザ合意後の急速な円高から、輸出企業を中心に「円高不況」が発生、雇用環境も急速に悪化した

3 「円高不況」と金融緩和

　冒頭で示したとおり、米ドルが円に対して半値になるということは、たとえば輸出した商品の売上げ代金が去年は10億円だったのに、同じ商品を輸出した今年は5億円しか受け取れない、ということに等しい。対外輸出をテコにして経済拡大を続けていた日本経済にとっては、急激な円高は大きな打撃となり、輸出企業を中心に「円高不況」と呼ばれる景気停滞が発生した。
　「円高不況」に対して、日本銀行（以下「日銀」）は金融緩和

図表序-5 プラザ合意後の公定歩合引下げ

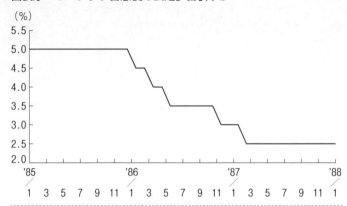

プラザ合意後の「円高不況」に対抗して、金融緩和政策がとられた。公定歩合は計5回にわたって引き下げられた

政策による景気刺激を図った。1986年1月〜1987年2月の間に公定歩合は計5回、金利幅にして2.5%引き下げられ、以後1989年5月までの2年3カ月にわたって低金利政策が維持された。利下げの理由として、第一次から第三次利下げまでは対外不均衡を是正するための内需拡大があげられた。また第二次・第三次では急激な円高を緩和するという円相場の安定も理由とされた。さらに第四次・第五次では円高不況への対応が強調された[4]。

こうした金融緩和によって、日本経済は回復に向けて歩を進めた。1987年頃には景気回復が明らかとなり、不動産等の資産

---

4 「バブル期の金融政策とその反省」、日本銀行金融研究所、2000年

図表序-6 1980年代の資産価格、物価の上昇率
(単位:%)

暦年	6大都市地価	株価	卸売物価	消費者物価	実質GDP	金利(公定歩合)
1975-79	5.3	11.7	3.2	7.4	4.4	5.6
1980-84	6.5	11.0	3.1	3.9	3.1	6.1
1985-89	24.4	26.4	-1.5	1.1	4.5	3.4
85	14.3	18.8	-0.8	2.0	4.4	5.0
86	25.8	30.5	-4.7	0.7	2.9	3.7
87	28.0	41.4	-3.2	0.1	4.2	2.6
88	24.4	16.5	-0.5	0.7	6.2	2.5
89	30.0	26.0	1.9	2.3	4.8	3.1

円高不況後の金融緩和の長期化を受けて、資産価格の上昇が顕著となった

価格の上昇が顕著となっていった。その一方で1989年まで金融緩和政策が維持されたことは、後でみるバブル経済発生の一因になったともされる。

 しかしながら、プラザ合意後に「内需拡大」を対外公約としている国際協調の流れのなかで、日本国内の事情だけで公定歩合を上げる判断を下すことはできなかった。公定歩合という政策ツールを封じられた一方で、端緒がみえ始めた資産価格の過熱を抑えるため、日銀は金融機関の貸出増加額を直接抑制することを指導する「窓口指導」によって経済の過熱を抑えようとした。しかしながら、公定歩合が低位に維持される一方で、窓口指導だけで金融引締めを行うことは、結果として金融政策のスタンスが一貫していないことを示すことになった。その間、1988年夏には米国、西ドイツ(当時)などでも景気回復が明確になった。各国は金利を引き上げて、金融を引き締める姿勢を

明確にした。他国に先駆けて景気回復を示していた日本の金融引締めは、結果的に他国よりも政策転換が遅れたことになる。

プラザ合意は、米ドル高から円高への大きな転換をもたらすとともに、国際的な為替・金融政策協調の動きのなかで、円高不況を通じて国内経済と国内の金融政策に大きな影響を与え、金融引締めのタイミングの遅れから、その後のバブル経済発生に影を落とすこととなった[5]。

目撃者のコラム

個人的にはプラザ合意は、勤務先の会社からの留学派遣の途上として、1年目の新学期が始まった矢先の出来事だったので、プラザ合意とその後の円高を「実務家として目撃」したわけではない。せいぜいが、直前に留学中の生活費を米ドルに両替したことを後悔した程度の記憶しかなく、その意味で、リスク管理上の「目撃者」には当たらない。また当時は、金融機関のリスクを総体としてとらえる「金融リスク管理」はまだ確立されておらず、日本の金融リスク管理に影響を与えた10大事件にプラザ合意を選ぶことはむずかしい[6]。当時は、エズラ・ヴォーゲルの『ジャパン・アズ・ナンバーワン[7]』にみられるように日本経済が世界を席巻しており、滞在

---

5 第4章「日本の金融危機とジャパン・プレミアム」参照。1987年10月に米国発による株価の暴落、いわゆるブラックマンデーが発生し、世界的な金融協調緩和が求められたことも、金融緩和継続を余儀なくされた事情ともいえた。
6 このため、本章は「序章」としている。
7 社会学者エズラ・ヴォーゲル氏が1979年に発刊したベストセラー。原題は、"Japan as Number One: Lessons for America"。

> した米国のビジネススクールの授業では、いつもは発言できない無言の日本人がたどたどしい英語で何かを発言すると、「ジャパン・アズ・ナンバーワン」の秘密が語られるのではないか、と耳を傾けられるような時代であった。
>
> しかしながら、プラザ合意後の金融緩和政策がその後のバブル経済[8]の萌芽となったことを考え合わせると、日本における金融リスク管理の歴史において、プラザ合意は避けては通れない事件だと思う。それは、第二次世界大戦後に目覚ましい経済復興を遂げた日本経済が、グローバルな位置づけのなかでの役割を果たさざるをえない地位にまで置かれたこと、またそれにより、グローバル経済のなかで国内の政策運営を考えざるをえない状況になった、という重要な転換点になったのである。

〈**参考資料**〉

『昭和財政史―昭和49〜63年度第7巻　国際金融・対外関係事項・関税行政』、東洋経済新報社、2004年

『ジャパン・アズ・ナンバーワン』、エズラ・ヴォーゲル、1979年

『検証 バブル失政』、軽部謙介、岩波書店、2015年

「バブル期の金融政策とその反省」、香西泰・伊藤修・有岡律子、日本銀行金融研究所、2000年12月

「資産価格バブルと金融政策：1980年代後半の日本の経験とその教訓」、翁邦雄・白川方明・白塚重典、日本銀行金融研究所、2000年12月

「マネー栄枯盛衰〜戦後70年日本のかたち」、日本経済新聞、2015年9月20日

「プラザ合意と円高、バブル景気」、中沢正彦・吉田有祐・吉川浩史、

---

[8] バブル経済については、第4章「日本の金融危機とジャパン・プレミアム」参照。

ファイナンス、2011年10月号

「バブル／デフレ期の日本経済と経済政策」第1巻「日本経済の記録―第二次石油危機への対応からバブル崩壊まで」、内閣府経済社会総合研究所、2010年

第 1 章

BIS規制と「リスク」アセット
【1988年】

> ●本章のポイント
>
> 1988年、スイスの国際決済銀行（Bank for International Settlements: BIS）に置かれたバーゼル銀行監督委員会は、国際的に活動を行う銀行に対して、グローバルに共通した自己資本比率規制、いわゆるBIS規制を適用することで合意した。保有する資産のリスクに応じた自己資本の保有を求める新規制は、額面金額に基づいた従来の規制から大きく舵を切り、グローバルな金融機関に対する新たな業界標準となった。

「リスクアセット」という、聞きなれないその言葉は、その後の銀行経営を大きく変えることとなった。出発点は、経済と金融の国際化が進むなかで拡大を続ける国際的な銀行の経営の健全性をどのように評価するか、という問題意識であった。

1 銀行の健全性評価

どこの国においても、その国の経済が成長するためには、企業活動を支える金融活動が正常に機能することが必要である。成長過程にある企業では、拡大する設備投資や運転資金ニーズを、自己資本や利益蓄積などの内部資金だけでまかなうことはできず、借入金や社債発行といった外部資金を取り入れることで不足分を補うことになる。そうした金融に対するニーズを仲介するのが、貸出を生業とする銀行や、資本市場を通じた株式や社債の発行をアレンジする証券会社といった金融機関であ

り、金融活動が円滑に機能するためには、金融機関が健全に業務を続けることが前提となる。特に銀行は、広く個人の預金を預かっており、また手形や振込みといった、企業や個人の資金決済機能も果たしていることから、その経営が健全に行われていることは、経済成長にとってもきわめて重要になる。こうしたことから、多くの国で銀行の設立は金融当局の認可が必要であり、設立後も、その経営の健全性が確保されているかどうかについて、さまざまなかたちでのチェックが行われる。

金融当局が銀行経営の健全性を評価する古典的な基準として米国の「CAMELS」という評定制度[1]がある。CAMELSは、①自己資本（Capital Adequacy）、②資産内容（Asset Quality）、③経営（Management）、④収益性（Earnings）、⑤流動性（Liquidity）、⑥市場リスクに対する感応性（Sensitivity to Market Risk）、の6つの構成要素の頭文字をとったものだが、それぞれの評定項目について5段階の評価（1が最高、5が最低）を行うとともに、総合結果を5段階で評定し、評定結果に応じて、監督行政対応の内容を変える、というものである。たとえば、総合評定が低い銀行に対しては、当局が行う金融検査の頻度を上げたり、預金保険料率を個別に高く設定する、ということも行われた。

CAMELSの6要素のうち、経営と収益性を除いた、①自己

---

[1] CAMELSは1996年12月に米国連邦金融機関検査協議会（FFIEC）によって正式に採択されたが、CAMELSの考え方は、すでに1980年代において、実務上採用されていたと考えることができる。

図表1-1 米国におけるCAMELS

評定項目	評定概要
Capital Adequacy（自己資本）	金融機関におけるリスクおよびリスクを特定、測定、監視、統制する能力に見合う資本を維持する観点から、資本レベルと質、緊急の資本注入の必要性に対処する能力、金融機関の特性、リスク集中、等の評価項目に基づきランクづけされる
Asset Quality（資産内容）	資産内容は、貸付金および投資ポートフォリオ、不動産等のその他資産、オフバランスシート取引に関する信用リスク量を反映し、信用リスクに対する管理能力も反映したうえでランクづけされる
Management（経営）	取締役会や経営陣の業務全般についての監督および遂行能力、リスク管理能力等に基づきランクづけされる
Earnings（収益性）	収益力の量と傾向、安定性や持続性、収益の質や収益を保持するための十分な資本を投入する能力等に基づきランクづけされる
Liquidity（流動性）	現在および将来の資金需要に対する資金繰りの妥当性や運営能力、コンティンジェンシープランを含む管理能力等に基づきランクづけされる
Sensitivity to Market Risk（市場リスク感応度）	金利、為替、株価等の市場変動が金融機関の収益や資本に与える影響の程度につき、エクスポージャーの内容や複雑さや市場リスク管理能力もふまえてランクづけされる

> 米国におけるCAMELSでは、自己資本・資産内容・経営・収益性・流動性・市場リスク感応度、という銀行の経営およびリスクに関する基本的要素による評定が行われた

資本、②資産内容、⑤流動性、⑥市場リスクに対する感応性、を並べてみると、今日の銀行の健全性規制における主要な要素がカバーされていることに気がつくだろう[2]。しかしながら、1980年代においては、これらの要素の評価の仕方や金融監督上の取扱いは、各国によってまちまちであり、国際的な比較はできなかった。

2 日本における「銀行貸出審査」

1980年代までの邦銀は、預金で集めた資金を原資に貸出を行う、というビジネスモデルを基本としており、銀行の資産に対する社内管理は、貸出実行時における貸出審査と実行後の企業審査が中心であった。日本経済は第二次世界大戦後の復興以降成長を続けており、積極的な設備投資から生じる旺盛な資金需要に支えられて、大手銀行では貸出需要が集めた預金を上回る、いわゆる、「オーバーローン[3]」が常態化していた。銀行は、積み上がる資金需要に対して、貸出先を選別し、また、申込みがあった借入金額に対して、資金不足を理由に貸出実行額を絞り込んで応諾することも一般的に行われていた。また企業

---

2 ②の「資産内容」は、主に貸出資産における信用リスクを指していると考えられる。一方で、第7章で触れる「オペレーショナルリスク」が含まれていないことに留意する必要がある。CAMELSの運用においては、情報システムに対する検査査定として、「Information」が加えられることがあったが、広くオペレーショナルリスクが銀行経営の脅威として注目される段階には至っていなかった、ということかもしれない。

3 これに対して、集めた預金（「受信」と呼ばれる）が貸出を上回る状況は「オーバーマネー」と呼ばれる。

と銀行の関係においては、企業グループ関係や過去の取引の歴史から、企業と太い取引関係をもつ主力銀行が形成され、そのなかでも特に強い取引関係をもつ銀行は、「メイン銀行」、あるいは、「メイン行」と呼ばれて、企業の資金調達のタイミングや調達額、さらには経営全般についてのアドバイスを行うことも常であった。

預金によって調達した資金を貸出に回し、運用（貸出）と調達（預金）の間の利鞘を稼ぐ、という比較的単純なビジネスモデルにおいては、実行した貸出が不良債権化して「焦げ付く」ことが最大の問題ととらえられた。貸出にあたっては、貸出先の信用力を審査することに加えて、不動産や工場資産を中心とした物的資産や株式などの有価証券を担保として徴求して債権保全に充てることが一般的であり、担保徴求も含めた貸出審査は厳格に行われた。貸出審査を担当し、貸出実行の可否や、実行金額までを実質的に決定する「審査部」は強大な権限を有していた。また貸出実行後は、企業の信用力に懸念が生じていないかどうかについて、定期的にレビューが行われ、貸出金の回収が確保された。貸出先の業況が悪化した場合には、その経営を立て直すために、メイン行を中心とした主力銀行が役員を派遣して経営再建にあたることも行われた。銀行が役員を派遣していることは、銀行がその企業を支援していることの証しともとらえられ、他の取引銀行が取引を続けるにあたって一定の安心感を与える効果もあった[4]。当時における邦銀の貸出管理は、借り手に対する厳格な審査を前提としたうえで、貸出額面

金額、あるいは貸出額面金額から担保物件の価値を差し引いた、「引き算」の結果を信用リスクととらえていた、とも考えることができる。またこのような邦銀のリスク管理は、CAMELSにおける「資産内容」を特に重視し、そこに不良債権が忍び込むことを水際で防ごうとする対応だったとも考えられる。それが可能だったのは、成長を続ける日本経済のもとで、全体として企業信用が改善を続けていたことに加えて、金融当局が、短期資金市場や資金流動性を適切に管理し、また「護送船団方式」と呼ばれる行政指導によって、流動性や自己資本を実質的に管理していたことによる面は無視できない。銀行経営にとって、外的な要因が大きな役割を果たしていたと考えることもできる。

　日本経済は1980年代に入っても成長を続けた。特に1980年代半ば以降は、折からの円高・株高にも後押しされて、国際的な貸出市場における邦銀の存在感は日に日に増すこととなった。国際資本市場におけるシンジケートローン市場では邦銀が上位に名を連ね、邦銀の「オーバープレゼンス」が問題とされるようになった。折からの円高に加えて、株高を背景とした資本市場からの潤沢な資金調達をバックに、本邦企業が欧米の企業や不動産などを買収・購入することも珍しいことではなくなった[5]。

4　その意味で、メイン行には、苦境時の企業に対する経営指導や金融支援、あるいは少なくとも金融支援が必要な状況において取引銀行団に対して主導的な役割を果たすこと、が期待されていた、といえよう。

3 バーゼル銀行監督委員会

　国際機関である国際決済銀行（Bank for International Settlements: BIS）にバーゼル銀行監督委員会[6]が設置されたのは1975年にさかのぼる。前年に西ドイツ（当時）で発生したヘルシュタット銀行の経営破綻問題の教訓から、国際金融取引に特有なリスクへの対処や、国際業務を展開する銀行に対する監督行政の調整を目的として設置されたものである[7]。銀行が国際化して、他国に支店や現地法人を設立した場合、本国の金融当局と、支店等を置いた国の現地金融当局の間で、監督責任の分担や調整が必要になる。バーゼル銀行監督委員会は、こうした本国当局と現地当局の間の金融監督責任の分担を「バーゼル協約[8]」というかたちで1975年2月に合意し、金融監督の国際協調をその役割とした。バーゼル銀行監督委員会は1980年代に入り、国際的に活動する銀行に対する自己資本比率規制を統一する作業に取り掛かった[9]。

　自己資本は、銀行の資産から、貸倒れなどによる損失が発生した際に、損失を吸収して銀行にとっての債権者である預金者

---

[5] 第4章「日本の金融危機とジャパン・プレミアム」参照。
[6] Basel Committee on Banking Supervision。G10中央銀行総裁会議で設置が決まった委員会に対して、スイスのバーゼルにあるBISが事務局機能を提供したことから「バーゼル銀行監督委員会」としたものである。
[7] 『増補版 金融リスク管理を変えた10大事件＋X』、第1章「外国為替取引とヘルシュタット・リスク」参照。
[8] バーゼル・コンコルダット（Basel Concordat）と呼ばれる。
[9] 主要国の中央銀行総裁会議における指示を受けたものである。

の預金に損失が及ばないようにするためのクッションとして機能する。自己資本比率規制は、この自己資本に最低限の水準を設定するものである。すなわち、分子を自己資本、分母を資産とした比率（自己資本比率）を一定以上に維持することを求めることで、仮に銀行の貸出資産の一部が不良債権化しても、そこから発生する損失に対するクッションとなる資本が十分にあることを確保しようとする規制である。

このような自己資本比率規制は、個々の銀行の資本の十分性を確保することで銀行経営の健全性を確実にし、もって金融システム全体の安定性を確保しようとする監督規制として、すでに各国において導入されていた。バーゼル銀行監督委員会は、それまでそれぞれの国でばらばらに制定されていた自己資本比率規制を国際的に統一しようとしたのである。1987年1月に、分子の自己資本についての国際的な定義の統一と、保有する資産のリスクに応じて加重計算されたリスク加重資産を分母として自己資本比率を算出する、という米英共同提案[10]が公表され、同案を中心に議論が始まった。

米英共同提案は、一定以上の自己資本比率を常に維持することを求める点[11]や、分子となる自己資本について有価証券の含み益を含めなかった点[12]、銀行間の株式持合いを資本から控除

---

10 米国は連邦準備制度理事会（Federal Reserve Board: FRB）のポール・ボルカー議長、英国はイングランド銀行（Bank of England: BOE）のロビン・リーベンバートン議長が議論を主導した。
11 日本の国内規制では自己資本比率6％水準を、「目標水準」としていた。

図表1-2　1987年当時の日本の自己資本比率規制と米英共同提案の比較（▨部分は他の規制より厳格な取扱いを定めている部分）

		日本の本則	日本の補則	米英共同提案
対象金融機関		全金融機関（単体）	海外支店を有する金融機関（単体）	国際的に活動している銀行（ただし米英当局は監督下の全銀行、銀行持株会社、銀行グループへの適用を意図）
達成期日		1990年度	1990年度	示さず（ただし、3カ月のコメント期間の後に可及的すみやかに実施）
比率	水準	4％程度	6％程度	示さず（ただし、米国の上位50行中の最低が6.1％、最高が11.2％、平均が8.1％である旨言及）
	性格	達成目標	達成目標	最低比率（当局は個別行ごとに最低比率より高い目標比率を設定）
分子（自己資本）の構成項目	資本勘定	算入	算入	算入
	持合株式	控除せず	控除せず	控除
	貸倒引当金	算入	算入	算入
	有価証券含み益	不算入	70％を算入	不算入
	劣後債務	不算入	不算入	不算入
分母の計算	考え方	総資産	総資産	リスクアセット
	オンバランス取引　自国国債	全額算入	全額算入	短期は10％のみ算入、長期は25％のみ算入
	短期の銀行預金	全額算入	全額算入	25％のみ算入
	発行国通貨建て外国国債	全額算入	全額算入	25％のみ算入
	その他の資産	全額算入	全額算入	全額算入
	オフバランス取引　保証	全額算入	全額算入	全額算入
	融資枠（コミットメント・ライン）の供与	不算入	不算入	枠供与期間に応じ10％～50％を算入

公表された国際的な自己資本比率規制に関する米英共同提案は、日本国内の自己資本比率規制よりも厳しい内容であった

（出典）『検証 BIS規制と日本』、氷見野良三、2003年

することとしていた点、などで、日本の国内規制よりも厳しい内容が示されていた。また、米国の上位50行の自己資本比率の平均が8.1％であるとして、その後長く使われる「8％規制」への道筋を示していた点でも、日本国内規制における6％程度[13]という水準に照らしてかなり厳しい水準が示されていた。

また、分母である資産については、当時の各国の規制が資産の額面金額の合計を基準とすることが多かったなかで、資産のリスクに応じた掛け目をかけたうえで合算する、という新しいリスク加重方式の考え方が提案された。

米英共同提案に対して日本国内では、国際貸出市場を席巻していた邦銀を標的とした「日本たたき」だとの反発も強かった。それ以上に、米英共同提案の内容をそのまま当てはめると、日本の大手行でも自己資本比率は3％程度にしかならず、新たな国際基準を満たすことができなくなって国際業務からの撤退を強いられてしまう、という危機的な事態との認識が高まった。

4 BIS規制の成立とリスクアセットの導入

その後の国際会議や各国間の交渉の結果、国際的な統一自己資本比率規制は、1988年6月にバーゼル銀行監督委員会で合意

---

12 日本の国内規制では、海外に支店を有する銀行については、有価証券の含み益の70％を自己資本に含めることとしていた。
13 含み益を含まない「本則」で「4％程度」、含み益を含む「補則」で「6％程度」とされていた。図表1－2参照。

図表1-3　バーゼル合意に基づく自己資本比率規制

$$\frac{ティア1資本＋ティア2資本}{（信用リスク相当額（リスクアセット））} \geq 8\%$$

バーゼル銀行監督委員会における国際合意に基づき、国際的に活動を行う銀行は、リスクアセット額に対して8％以上の自己資本を維持することが求められることとなった

され、7月に合意文書、「自己資本の測定と基準に関する国際的統一化」が公表された。合意された国際的な統一自己資本比率規制は、米英共同提案に基づき、分子を自己資本、分母をリスク加重資産である「リスクアセット」として計算される自己資本比率が、8％以上であることを求めることとした一方で、細部においてはさまざまな調整が加えられた。

まず自己資本比率は、8％を最低基準とした。いわゆる「BIS8％規制」が成立したことになる。

分子である自己資本については、自己資本としての質が高いものをティア1資本、質が低いものをティア2資本として分類した。資本金や利益準備金といった狭義の自己資本（貸借対照表上の株主資本・資本勘定）をティア1資本とし、自己資本比率規制8％の内訳として、ティア1資本だけの比率で最低4％以上とすることが求められた[14]。これに対して、一般貸倒引当金や劣後負債などは、質の低い「ティア2資本」として、これら

14　米英は、全体8％の最低基準のうち、ティア1資本で6％前後を求めることを検討していた、とされている。

図表1−4　BIS規制における自己資本の分類と算入制限

区分	構成要素	算入制限	
ティア1	資本勘定(資本金、資本準備金、利益準備金等)		
ティア2	有価証券含み益の45%		ティア2全体でティア1と同額まで
	不動産再評価額の45%		
	一般貸倒引当金	リスクアセットの1.25%まで	
	永久劣後債務等		
	期限付劣後債務等	ティア1の50%まで	

> BIS規制では、自己資本について質の高いティア1資本と質の劣るティア2資本という考え方が導入された

の金額がいくら大きくても、資本に算入できる金額は、ティア1資本と同額までとされた。また、株式等の有価証券含み益は45%をティア2資本に算入することが認められた[15]。

　これに対して分母のリスクアセットは、銀行が保有する資産をリスクの規模に応じて加重計算したものである。そこでは、貸出額面金額をリスクの額とする従来の考え方ではなく、債務者のリスクの度合いによって異なる「リスクウェイト」を貸出金額に掛け合わせて得られる「リスクアセット」を合計するこ

15　国内基準（補則）の70%には満たないとはいえ、株式含み益の45%を自己資本に算入することが認められたことは、BIS規制を国際業務継続に対する脅威ととらえていた邦銀にとって、最大の安心材料となった。

図表1-5　BIS規制におけるリスクウェイト

対象資産	リスクウェイト
現金、国債、地方債、OECD加盟国の国債、等	0%
政府関係機関債等	10%
OECD加盟国の金融機関向け債権	20%
抵当権付住宅ローン	50%
通常の貸出債権	100%

与信額面を中心とした従来の与信管理に対して、BIS規制では、与信先の属性によって「リスクウェイト」に差をつける、という考え方が導入された

ととした。たとえば自国の国債やOECD[16]構成国の国債は、リスクが低いとみなされることからリスクウェイトは0％とされた。OECD構成国の金融機関に対する与信のリスクウェイトは20％、それ以外の国の金融機関や、一般企業に対する貸出しは100％のリスクウェイトが適用された。

具体的な例を考えてみたい。たとえば、自国国債を1兆円（リスクウェイト0％）、OECD構成国の金融機関向けの与信を1兆円（リスクウェイト20％）、抵当権付住宅ローンを1兆円（リスクウェイト50％）、一般事業法人向け与信を1兆円（リスクウェイト100％）保有する銀行は、実際に与信が発生している額としては、合計4兆円の資産を有しているのに対して、BIS規

16　Organisation for Economic Cooperation and Development（経済協力開発機構）。

図表1−6　BIS規制におけるリスクアセット例

保有資産	保有金額	バランスシート上の金額	BIS規制上のリスクウェイト	リスクアセット
自国国債	1兆円	1兆円	0％	0円
OECDの銀行向け与信	1兆円	1兆円	20％	2,000億円
個人向け住宅ローン（抵当権付き）	1兆円	1兆円	50％	5,000億円
一般事業法人向け貸出資産	1兆円	1兆円	100％	1兆円
合計	4兆円	4兆円		1兆7,000億円

「リスクウェイト」に基づいた資産計算の結果、実際のバランスシートとは異なる「リスクアセット」が求められた

制上のリスクアセットは、1兆7,000億円となる（図表1−6参照）。この銀行が国際的な活動を続けるためには、少なくともリスクアセットに対して8％以上、すなわち1,360億円[17]の自己資本を維持することが求められることになる。

　以後各国当局は、「リスクアセット」という新たなリスク加重の考え方に基づくバーゼル合意を各国国内規制に適用する作業を開始することになる。日本では1988年12月に当時の大蔵省通達による行政指導のかたちでバーゼル合意の内容を国内制度化した後、1992年6月に成立した金融制度改革法に基づいて、銀行法に自己資本比率規制に関する条文が加えられ、1993年4

17　1兆7,000億円×8％＝1,360億円。

月から正式に施行された。

5 BIS規制開始と邦銀への影響

公表当初は邦銀にとって致命傷になるとも思われたBIS規制であったが、時価発行増資による資本調達や景気回復を背景とした利益蓄積[18]、さらには最終合意において、ティア2資本にその45％を算入することが認められた有価証券含み益が、折からの株価上昇によって増加したこと[19]等により、邦銀は急速に自己資本比率を改善させていた。BIS規制が合意した1988年末時点での試算では、邦銀主要行の自己資本比率は平均11％と、最低水準である8％を大きく上回る水準を示していた。邦銀のなかには、「BIS規制は邦銀の力をはっきりさせるだけのことになった」、とするコメントさえみられた。しかしながらそれは、株価上昇に伴う株式含み益の増加と、そのティア2資本への算入の恩恵による部分も大きかった。1990年代に入って株価が下落し、さらに1990年代半ば以降のバブル経済の崩壊から不良債権が増加すると、邦銀の自己資本は、不良債権償却（ティア1資本の毀損）と、株価下落による株式含み益の減少（ティア2資本算入額の減少）のダブルパンチにより、大きく毀損す

---

18 増資による邦銀全体の資本増加は、1987年が2兆円以上、1988年が3兆円以上、1989年で4兆円となり、各年における利益剰余金の積上げもそれぞれ1兆円以上にのぼった。
19 増資による資本増強と利益計上の結果としての利益準備金の増加はティア1資本を押し上げ、株式含み益の増加はティア2資本を押し上げることになった。

ることになる[20]。また、質の高いティア1資本重視の主張は、後に発生するグローバルな金融危機後に、バーゼルⅢとして復活することとなるのである[21]。

6 日本の金融リスク管理への影響

リスクウェイトという物差しを介して与信取引をみる考え方は、邦銀の金融リスク管理に大きな影響を与えることとなった。本章で示したとおり、邦銀における貸出資産のリスク管理は、額面金額、あるいはそこから担保価値を差し引いた金額に基づくものであり、借り手の信用力は審査するものの、借り手のリスクの度合いに基づいて、貸出資産そのものの量を換算する、という考え方には立っていなかった。これに対してリスクウェイトは、債務者のリスクの度合いを貸出資産に反映させることで、貸出資産を額面ベースではなく、いわば「リスクベース」のレンズを介してみる新しい考え方を導入したのである。

例をあげてみよう。ある事業法人に対して、円LIBOR[22]金利プラス1％で100億円を貸し出す案件と、あるフランスの銀行向けに、円LIBORプラス0.25％で同じ100億円を貸し出す案件があったとする。銀行が円LIBOR金利で調達した場合に、こ

---

20 第4章「日本の金融危機とジャパン・プレミアム」、第5章「メガバンクの誕生と持株会社リスク管理」参照。
21 バーゼルⅢについては、第10章「バーゼルⅢとリスクガバナンス」参照。
22 LIBORとは、London Inter-Bank Offered Rateの略称で、銀行間の資金調達金利に相当する。

図表1-7　額面ベースによる貸出利鞘の見方

貸出先	貸出金額	利鞘収入	貸出利鞘率
一般事業法人	100億円	1億円	1％
フランスの銀行	100億円	2,500万円	0.25％

の貸出金に対する利鞘を考えると、事業法人向け貸出が1％、フランスの銀行向け貸出が0.25％の利鞘となり、利鞘収入としては、前者が年間1億円、後者が年間2,500万円の利鞘収入を生み出すことになる。同じ100億円の資産の運用としては、事業法人に対する貸出が勝っていることになる（図表1-7参照）。

ところが、BIS規制上のリスクアセットのレンズを通して比較すると、両者のみえ方が変化する。前者は、事業法人に対するリスクウェイト100％が適用され、利鞘収入である1億円は、100億円のリスクアセットに対する利鞘率1％ということになる。これに対して後者のフランスの銀行向け貸出は、OECDの銀行向けのリスクウェイトである20％が適用され、リスクアセットとしては、100億円の20％である20億円が元本になる。このリスクアセットに対して2,500万円の利鞘収入を得るので、リスクアセットを元本と考えた、リスクアセットベースの利鞘率は1.25％となり、事業法人向けのリスクアセットベースの利鞘率である1％を上回ることになる（図表1-8参照）。BIS規制上のリスクウェイトに基づく見方では、利鞘についての相対的な優劣関係が逆転することになる。

図表1-8 リスクアセットベースによる貸出利鞘の見方

貸出先	貸出金額	リスクウェイト	リスクアセット	利鞘収入	リスクアセットベース利鞘率
一般事業法人	100億円	100%	100億円	1億円	1%
フランスの銀行	100億円	20%	20億円	2,500万円	1.25%

額面ベースでみるか、リスクアセットベースでみるかによって貸出資産の優劣関係が変化する

　銀行経営の観点からすると、BIS規制に基づくリスクアセットベースの利鞘率だけではなく、利鞘の額である業務純益の視点も加わるため、一律にどちらの案件が勝っているか判断することはできないが、業務純益を重視するか、自己資本比率規制運営を重視するか、という判断のなかで、後者を優先させた場合には、額面上の利鞘が少ない、金融機関向け与信が選択される可能性も出てくることになる。また、リスクウェイトの考え方が導入されることによって、借り手の信用力を比較可能なかたちで表すという考え方が、新たな選択肢として追加されたのは事実であった。

　このように、BIS規制は、銀行の主要な業務である貸出資産に、その抱えるリスクの視点を織り込むきっかけとなった。この後、自己資本比率規制におけるリスクベースの考え方もさらなる展開をみせることになる。貸出資産という、信用リスクについての規制から始まった自己資本比率規制は、その後、銀行が抱える市場リスク、さらには、業務上生じるオペレーショナルリスクを、そのリスクに応じて考慮しようとする動きや、信

用リスク資産に対する見方をさらに精緻化しようとする動きにつながることになるのである[23]。

銀行の貸出姿勢において、リスクウェイトを勘案したうえでどの案件を選択すべきか、という行動様式は、BIS規制とともに、1990年代以降徐々に浸透していった。

銀行が保有する貸出資産に対する見方を、リスクに基づく見方に変えたBIS規制。それは、その後の邦銀の経営にも大きな影響を与えた「一大事件」であった。

目撃者のコラム

1988年のバーゼル合意に初めて接したのは、自身が新商品開発担当として、新しい商品スキームを追いかけていた時であった。貸出資産を額面でなくリスクウェイトに応じた扱いとする、ということは、額面ベースとリスクアセットベースで、同じ資産のみえ方が変わるということを意味し、従来魅力がないと思われた取引が、新たに魅力的にみえてくることもあるのではないか。あるいは逆にリスクアセットベースでは魅力を失う取引もあるのではないか。もしかすると、銀行の商品戦略が大きく変わるのではないか、という問題意識があった。当時はインターネットもなく、BIS規制の内容も企画部門の一部の人間しかもっていなかった。調査部門に配属された同期に頼んで銀行内の新商品情報連絡会でBIS規制を取り上げた。

いまとなっては、リスクの度合いを基準としたリスクベー

---

23 第2章「VaR革命と「VaRショック」」、第7章「バーゼルIIと内部格付手法」参照。

スの考え方は当たり前だが、国内自己資本比率規制も含めて額面での管理が一般的であった時代では、リスクウェイト、リスクアセット、という概念自体がまったく新しく、一度聞いただけで腹に落ちるものではなかった。加えて自己資本比率規制自体は、銀行の自己資本と資産全体にかかわる規制として、いわば「結果としてついてくる」ものであって、個別の取引レベルで自己資本比率規制上の取扱いを意識する、という考え方にも議論は至らなかった。また、銀行間の競争が経常利益や業務純益で測られるなか、リスクウェイトの考え方に基づいて、こまごまとした資産を積み上げるよりも、大きな利鞘を生む貸出資産を追いかけるべきという「量」の議論が優先する文化が続いていたのも事実であった。結果として、リスクウェイト上の取扱いの違いに着目した新商品や新しい商品スキームの開発に、という思いは空振りに終わった。

　また、米英共同提案公表当初には、あたかも黒船の再来や、「日本たたき」のように取りざたされた見方も、最終合意において株式含み益の一部を資本として織り込むことができる扱いになったことから、「BIS規制おそれるに足らず」といった論調に変わっていった。

　その後、バブル崩壊に伴う不良債権増加と株価下落のダブルパンチから、邦銀にとってBIS規制は大きな足かせとなり、BIS規制を理由とした「貸し渋り」と呼ばれる現象さえ引き起こした。国際的な統一自己資本比率規制は国家間における金融業の力関係や位置関係を変えるだけの可能性をもった外交交渉であり[24]、合意に至る過程のなかで、各国の金融業務の特性や考え方に基づく厳しいやりとりがあるのは当然のことである。外交交渉である以上、その合意内容はその時点での均

---

24 『増補版 金融リスク管理を変えた10大事件 +X』、第8章「バーゼルⅡとオペレーショナルリスク」、「目撃者のコラム」参照。

衡点として国際的な納得がなされたものであるのは間違いではない。しかしながら、将来的になんらかの問題が発生した際には、過去の合意内容も含めて見直される可能性がある。過去に議論になった点について、その後の情勢変化から再度焦点が当たる可能性はないのか、その可能性が無視しえない場合、その時のためにいまなすべきことはないのか、という点について注意を払う必要があろう。その後の不良債権の増加と株価下落、という情勢の変化から、BIS規制導入時に邦銀を支えた株式含み益が、逆に邦銀の首を締めることにもなり、邦銀がBIS規制を意識した運営を余儀なくされたことを考えると、「転ばぬ先の杖」としての対応ができなかったか、という思いは残る。また、たったいま合意した国際規制であっても、そのなかにそうした火種は潜んでいないのか、という観点から見つめることも必要ではないか、と思う。

〈参考資料〉

『検証 BIS規制と日本』、氷見野良三、金融財政事情研究会、2003年

『検証 バブル失政』、軽部謙介、岩波書店、2015年

「米国における評定制度（CAMELS）について」、金融庁検査局、2005年2月

『増補版 金融リスク管理を変えた10大事件＋X』、藤井健司、金融財政事情研究会、2016年

『詳説バーゼルⅢによる新国際金融規制』、みずほ証券バーゼルⅢ研究会、中央経済社、2012年

「日本におけるバブル崩壊後の調整に対する政策対応：中間報告」、白塚重典・田口博雄・森成城、日本銀行金融研究所、2000年

「自己資本の測定と基準に関する国際的統一化」、バーゼル銀行監督委員会、1988年7月

第 2 章

VaR革命と 「VaRショック」 【1993〜2003年】

● 本章のポイント

BIS規制を市場リスクに適用したBISの市場リスク規制では、銀行自身のリスク計量モデルであるバリュー・アット・リスク（Value at Risk＝VaR）を自己資本比率規制に採用することを選択制で認める、まったく新しいアプローチが採用された。その後VaRの考え方は、市場リスク以外のリスク管理にも適用され、金融リスク管理実務の業界標準としてあたかも「VaR革命」の様相を呈したが、市場が大きく動いた際に多くの金融機関で同時に枠を超える「VaRショック」と呼ばれる新たな混乱も引き起こすこととなった。

1990年代前半に全世界で施行されたBIS規制は、銀行の自己資本比率規制において、貸出資産のリスクに応じた自己資本を積むことを求める、という新たな考え方を導入したが、バーゼル銀行監督委員会は早々に次なる課題に取り組んでいた。それは当時拡大を続けていた銀行の市場業務から発生する可能性のある市場リスク損失に備えて自己資本を積むことを求める作業であった。

1 銀行の市場業務

1980年代に世界各国で変動相場制への移行や金利の自由化が進むなか、各国の銀行は為替や金利を中心とした市場業務を拡大させていた。

図表2-1 市場取引（取引先との為替取引の例）

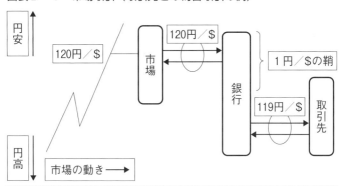

外国為替市場が120円／＄の時に、取引先から119円／＄で100万米ドルを買い取り（代金1億1,900万円）、市場に120円／＄で売却（代金1億2,000万円）すれば、銀行は100万円の取引利益を得ることができる

　市場業務とは、取引先から持ち込まれる外国為替や資金取引を請け負った結果として発生する外国為替や金利取引、債券取引等を市場で売買することにより、取引先との取引価格との間で鞘を抜くほか、市場取引そのものからも収益をあげようとする業務である。たとえば、円・米ドルの為替が1米ドル120円の時に、輸出企業が商品輸出の販売代金として受け取った100万ドルを銀行が1米ドル119円で買って、為替市場で120円で売れば、銀行は1米ドルに対して1円の鞘、合計では100万円の利益をあげることができる。

　さらに、ここで銀行がさらに円安が進むと予想して、同企業から1米ドル119円で請け負った100万ドルを即時に市場で（120円で）売らなかったとしよう。もし銀行の思惑どおりに円安が

図表2-2　市場取引（為替取引のディーリング取引の例）

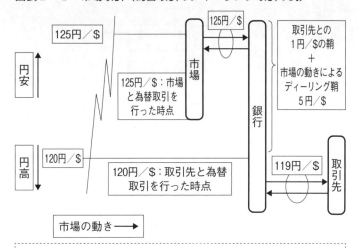

外国為替市場が120円／＄の時に、取引先から119円／＄で買い取った100万米ドル（代金1億1,900万円）を、市場に125円／＄になった時に売却（代金1億2,500万円）すれば、銀行は600万円のディーリング利益を得ることができる

進み、市場が125円になった時に売れば、銀行は顧客との間の鞘である1円に加えて、市場が120円から125円に動いた鞘である5円分も加わることで、合計600万円の収益をあげることができる[1]。これが市場業務からの収益として計上されるわけである。

しかしながら、仮に円安が進むという銀行の思惑に反して市場が円高に向かい、1米ドル115円になったとすると、銀行は

1　（1米ドル当り、1円＋5円）×100万ドル＝600万円

顧客取引による鞘を失うだけでなく、市場の円高の動きによる損失により、逆に400万円の損失を被ることになる[2]。このように市場業務は、為替や金利、あるいは株式といった市場に対して対顧収益を得るとともに、市場の動きからの収益を追求する業務である。一方で市場業務は、市場の動きが思惑と異なる動きになった場合には、損失を被る可能性をもった業務でもある[3]。金融機関は、市場が、自分が保有するポジション[4]と反対方向に動いたときの損失リスクを抑えるため、保有するポジションの大きさに制限を加える「ポジションリミット[5]」を置くとともに、損失が発生した場合にどこまで損失が拡大したら取引をやめるかという社内ルール[6]を設けることで、損失の可能性を抑えながら業務を行うこととした[7]。市場業務は、取引先の貿易為替や外国送金ニーズに基づいた対顧取引[8]を出発点としながらも、金融市場の拡大とともに、徐々に市場取引その

---

[2] （1米ドル当り、1円 − 5円）×100万ドル ＝ ▲400万円

[3] 市場そのものの動きを予想して収益を目指す取引業務を、「ディーリング業務」、ないし、「トレーディング業務」と呼ぶ。

[4] 上記の例でいえば、取引先から買い取った100万ドルが「ポジション」となる。

[5] たとえば、為替取引部門のポジションリミットは、日を越える「オーバーナイト」ベースで1億ドルを上限とする、等と定義される。

[6] 「損失リミット」「ロスカットリミット」などと呼ばれる。

[7] ポジションリミットを超えた場合は、不測の損失が拡大する可能性を抑えるために、ポジションの大きさを縮めるオペレーションを、損失が拡大してロスカットリミットを超えた場合には、さらなる損失の発生を避けるために、ポジション自体を強制的に縮小する、通常「ロスカット」と呼ばれるオペレーションを実施する。

[8] 「実需取引」と呼ばれる。

図表2−3　市場リスク管理ポジションリミット（VaR以前）の例

> ［為替］米ドル換算：1億ドル
> ［金利］主要金利バケットごとに、1億円／1 bp
> ［債券］長期国債先物換算：1,000億円
> ［エクイティ部門］株価指数先物換算：500億円
> （各オーバーナイトベース）

VaR以前の市場業務における、市場リスク管理リミットは、為替であれば米ドル換算、金利は、期間ごとのデュレーションに基づくセンシティビティ、債券であれば長期国債先物換算、株式関連であれば、株価指数換算といったかたちで設定されていた

ものからの収益を目指す、ディーリング業務やトレーディング業務に軸足を移していった。

　邦銀の市場業務は、事業法人の輸出入拡大を背景とした外国為替取引をきっかけとしたものであったが、その取引対象は徐々に拡大していった。国による国債発行が増加するなか、国債の大量引受けに伴う銀行の金利リスク負担軽減を目的として、1984年に銀行による長期利付国債および政府保証債・公募地方債の売買業務、いわゆる公社債ディーリング業務が解放された。これにより、従来銀行に認められていなかった、有価証券の現物取引が認められることとなった。同年10月には公社債ディーリングの対象債券に中期利付国債と割引国債が加えられ、市場における債券現物取引の厚みが増した。1989年には金融先物取引法が施行されて東京金融先物取引所が業務を開始、債券現物取引に先物取引が加わるかたちで市場インフラが整え

られていった。さらに1990年には、大阪証券取引所で国債先物オプション取引が開始し、相対の店頭取引[9]で国債のオプション取引を行う選択権付債券売買取引とあわせて、日本においても本格的な国債取引の取引インフラが整っていった。各銀行は為替ディーリングや債券ディーリングを新たな収益源ととらえ、大幅な資源投入による業務拡大を図った。

株式市場においては、1987年に大阪証券取引所で日本初の株式指数先物取引である株先50取引が開始された[10]。1988年には、大阪証券取引所が日経225株式指数を対象とした、日経225先物取引を開始、さらに翌1989年には、日経225オプション取引を開始した。

さらに、1980年代後半には、輸出入企業の実需取引ニーズの拡大を背景とした中長期のカレンシースワップ取引や金利スワップ取引[11]といった金融派生商品取引、いわゆるデリバティブ取引も拡大した。

---

9 取引所に上場された商品について、取引所を通じて取引決済がなされる取引は、「取引所取引」、あるいは「上場取引」と呼ばれる。これに対して、取引所を通さずに、取引相手同士の相対で決済がなされる取引は「店頭取引」、あるいは「OTC取引(Over the Counter(オーバー・ザ・カウンター)取引)」と呼ばれる。
10 株先50は1992年以降、取引は行われていない。
11 国債の利回りは、市場金利を示すものであり、資金取引や金利スワップ取引などとあわせて、金利取引としてくくられる。

2 市場リスク管理とバリュー・アット・リスク（VaR）の興隆

　前項で示したとおり、市場業務は収益期待が大きい一方で、市場の動きによっては損失が発生するリスクをはらんだ業務であり、金融機関の経営の健全性を確保するためには、市場業務から生じる損失の可能性に備えて、事前に資本を手当することが必要になる。しかしながら、損失に備えるといってもたとえば明日の市場が銀行のポジション状況に対してどれほど悪い方向に動き、どれだけの損失が発生する可能性を見込めばいいのであろうか。銀行にとってのこうした悩みに対して1つの解答を提供したのが、バリュー・アット・リスク（Value at Risk＝VaR）であった。

　明日の市場の動きを予想することはできないが、一般に市場が小さく動く可能性のほうが極端に大きく動く可能性よりは大きいことが予想される。たとえば、今日の外国為替市場が1ドル120円だったとした場合、明日のドル円為替レートが120.50円へと50銭円安に動く可能性は、1日で125円に5円円安になる可能性よりは高い、と考えることができよう。すなわち短期間の市場の動きを考えた場合、小さな動きになる確率は大きな動きを示す確率よりも高いと予想される。また、同じケースで明日のレートが120.50円へと50銭円安に動く可能性と119.50円へと50銭円高に動く可能性はほぼ同じであると予想される。すなわち、市場レートの動きは、現在のレートに近い小さな動き

の確率が高く、かつ上げ下げの確率が左右対称になると考えることができる。

この時、過去の市場の動きなどから、（前の例でいえば）為替レートが50銭動く確率や5円動く確率が特定できれば[12]、為替レートが明日どれだけ動くかについての可能性を網羅したグラフがつくれることになる。たとえば過去2年間の市場の動きからすると、為替レートが119円以上の円高（今日からすると1円以上の円高）になる確率は、○○％、122円以上の円安（今日からすると2円以上の円安）になる確率は、××％、という推計ができることになる。さらにそこに、その時点でのポジションを掛け合わせれば、その日のポジションから、どれだけの確率で、どれだけの損益が発生するか、がわかることになる。

1980年代後半に銀行の市場業務が拡大するなか、米国JPモルガン銀行のデニス・ウェザーストーン会長は、部下のリスク管理担当に、自行の市場業務のポジションから、1日でいったいどれだけの損失が発生する可能性があるのか、言い換えれば、明日の朝起きた時に、私はどれだけの損失が発生することを覚悟しておけばいいのか、今日の夕方までに教えるように、と指示した。それを聞けば少しは安心して夜寝られる、ということだったのであろう。指示を受けたリスク管理担当は、上記の確率の考え方から、「今日のポジションからすると、99％の

---

[12] 実際には、市場が動く確率を特定するのはたやすくはない。市場の動きは統計上や理論上想定されたものから大きく外れた動きを示すことがあり、そうした動きが後述する市場ショックを引き起こすことになる。

図表2−4 市場の動きとバリュー・アット・リスク（VaR）の概念

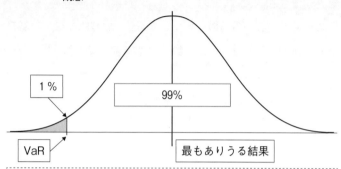

市場は同じ確率で上がり下がりし、小さな動きは頻繁に発生し、大きな動きはまれにしか起こらない、というパターンから市場リスクは統計的な考え方に基づくVaRを使って管理された

確率で、明日までに発生する損失は、○○百万ドル以内に収まります（言い換えると、1％の確率で○○百万ドル以上の損失が発生します）」、という回答を示した。文字どおりに訳せば「リスクにさらされた値」となる、「バリュー・アット・リスク」が誕生した瞬間であった。

VaRは、現在保有している金利や為替、債券や株式といった資産負債のポートフォリオから、こうした市場のパラメーターが変化することで、どれだけの損失を被る可能性があるのかを、一定の期間（保有期間）に、一定の確率（信頼水準）で被る最大損失額のかたちで表そうとする指標である。たとえば、「信頼水準99％で、保有期間1日のVaR値は5億円である」といった場合、現在のポートフォリオを明日まで1日間もち続け

た場合、100回に99回までは、損失が5億円以内に収まる、ということを示すことになる[13]。「信頼水準99%」や「保有期間1日」といった条件は、金融機関が自らの業務特性等に照らして自ら決めるものである。前項のJPモルガン銀行の例でいえば、ウェザーストーン会長のリクエストに対して、「当行の信頼水準99%、保有期間1日のVaRは5億円です」と答えることで、明日までに5億円を超える損失が発生するのは、100回に1回の確率で発生する、という回答がなされたことになる。図表2－4でいえば損益分布の全体を100%としたときに左端1%の部分との区切りの点が信頼水準99%のVaRになる[14]。

　しかしながら、VaRの考え方が過去の市場の動きや変動の大きさ、さらにその頻度についての統計に基づいていることから、そこからは手法上の限界が浮かび上がる。すなわち、VaRが将来の市場や損益の動きに対して正しい推計値となるのは、将来の市場の動きが、VaRが統計値をとってきた過去の期間[15]と同じような動きやばらつきを示す場合に限られる、ということである。言い換えればVaRはいままで走ってきた道の上り下りやカーブが、これからも続く場合に有効な、いわばバックミラーをみた運転補助機能であり、将来の道のりがいままでた

13　逆にいうと、100回に1回は5億円を超える損失が発生する可能性がある、ということになる。
14　これに対して図表2－4における灰色部分における期待値を「期待ショートフォール」と呼ぶ（第10章「バーゼルⅢとリスクガバナンス」参照）。
15　VaRの計算上、市場の過去の動きをどれだけ（たとえば2年間）さかのぼるか、は「観測期間」と呼ばれる。

第2章　VaR革命と「VaRショック」【1993〜2003年】　45

どってきた道とまったく異なる勾配や、曲がり方をしている場合には、有効なクルーズコントロールにはならないのである[16]。

こうした限界はあれ、VaRは、自行の業務特性にあわせて、信頼水準や保有期間といったパラメーターを金融機関自らが設定できる点や、金利や為替、株式といったポートフォリオの中身にかかわらず、1つの数字でリスクを表すことができる、といったわかりやすさから、金融機関の市場業務のリスクを管理する実務手法として急速に市民権を得ていった。VaRの利点について、欧米金融機関は以下のように示している。

「VaR値をベースにリスク枠を設定することには数多くの利点がある。たとえば、組織内の部門・デスク・商品の枠を超えた比較が可能となる、金額ベースの設定が可能である、バックテスティングを通じての検証が可能である、そしてリスクに関する組織内の共通言語となりうる、といった長所がある[17]」

しかしながら、この時点ではまだ一部の進んだ銀行の内部管理実務にすぎなかったVaRによる市場リスク管理の流れを決定づけたのは、1993年に公表されたG30レポートと、バーゼル銀行監督委員会が新たに導入した市場リスク規制においてVaRを

---

16 そうしたVaR手法の限界を補うため、市場が極端な動きを示した場合や、過去と異なる動きをした場合にどのような影響があるかを分析する、ストレステストやシナリオ分析と呼ばれる実務によってVaR手法を補完する必要がある。『増補版 金融リスク管理を変えた10大事件+X』、第4章「G30レポートとVaR革命」参照。
17 『総解説 金融リスクマネジメント』、ゴールドマン・サックス ウォーバーグ・ディロン・リード、1999年、第10章「リスク管理部門」。

図表2-5 BIS市場リスク規制導入後の自己資本比率規制

$$\frac{ティア1資本+ティア2資本}{（信用リスク相当額）+（市場リスク相当額）} \geq 8\%$$

バーゼル銀行監督委員会はBIS規制を改訂して、新たに市場リスクに対してリスクアセットを加えるBIS市場リスク規制を導入した

採用したことであった。

3 BIS市場リスク規制における「内部モデル」

 第1章で示したとおり、バーゼル銀行監督委員会は、貸出資産のリスクに応じた自己資本を維持することを求める、BIS規制を合意していた。一方で、銀行は市場業務を拡大しており、そうしたトレーディング業務から損失が発生して資本を毀損する可能性は無視できないものがあった。こうした市場業務の拡大に対して、バーゼル銀行監督委員会は、BIS規制による自己資本比率規制の分母であるリスクアセットに、新たに市場リスク額を加えることとし、市場業務から発生する可能性のある損失のリスクに対して、自己資本を積み増すことを求めることとした。1993年には民間金融機関からの意見を求めるプロセスとして第一次市中協議文書を公表し、BISの市場リスク規制をめぐる議論が本格化した。

 1993年7月、ワシントンに本拠を置き、各国中央銀行首脳や主要な民間金融機関の関係者からなる「G30（＝Group of Thirty（グループ・オブ・サーティ））」は、報告書「デリバティブ：その実務と原則」、通称「G30レポート」を公表、拡大しつつあった金融派生商品（＝デリバティブ）のリスク管理に関して市場参加者と監督当局が従うべき、合計24の原則を提唱した[18]。G30レポートは、デリバティブ取引のリスク管理における、いわば「ベストプラクティス」の提言として大きく注目されたが、そこでは、デリバティブのリスク管理にはVaRにみられるような統計的な手法を採用することが適当である、とした。

バーゼル銀行監督委員会が1996年に最終合意した、BIS規制の市場リスク規制では、自行の自己資本比率規制における市場リスクアセット計算において、「標準的方式」に加えてVaRを「内部モデル方式」として採用し、いわゆる「メニュー方式」を導入する、という決断を行った。

まず、標準的方式では、銀行の市場業務から生じる、為替や債券、さらにはエクイティのポジションに対して、一定の掛け目をかけて、ポジションごとのリスクアセットを計算し、それを合計することで市場リスクアセット額を計算する、という方法がとられた。この場合、掛け目自体は監督当局が提供するため、リスクアセットの計算自体は比較的単純だが、たとえば銀行が債券現物のポジションを、満期の異なる債券先物取引でヘッジしているような場合には、債券現物から計算されるリスクアセットと、債券先物から計算されるリスクアセットを足し

---

[18] G30レポートについては、『増補版 金融リスク管理を変えた10大事件＋X』、第4章「G30レポートとVaR革命」参照。

合わせることで、銀行が認識するリスクよりも大きなリスクアセットが計上されることになってしまう、という問題があった。

これに対して内部モデル方式は、銀行が自ら使用するVaRモデルを、BIS市場リスク規制におけるリスクアセット計算に使用することを監督当局に申請し、当局がそのVaRモデルを承認した場合には、銀行が算出するVaR値を、その銀行の市場リスクアセット額として採用することができる[19]、とするものである。先のヘッジ取引の例であれば、VaR手法のもとでは、リスクは小さいものと判断され、結果としての所要資本が小さくなるが、それは銀行がもつイメージともあうものであった。

内部モデル方式の当局承認を得るためには、VaRモデルが自己資本比率の計算に使えるほどに信頼がおけるとともに、銀行がVaRを中心に据えた十分な管理態勢を整備していることが必要とされた。また、銀行が、申請するVaRモデルを自らの市場業務のリスク管理実務に使っていることも、「ユーステスト[20]」として、承認要件とされた[21]。

銀行によっては市場業務の割合が小さく、VaRによる管理が必要ではないケースもあるであろうし、またVaRによる管理態

---

[19] 正確には、当該銀行のVaRモデルのパフォーマンスに応じて、VaR値を3〜4倍した値が市場リスクアセット額とされる。
[20] Use Test.
[21] 自らのVaRモデルが自行の市場業務のリスクに照らしてリスク管理上ふさわしいことから内部モデルとして申請している経緯からすると、このユーステストの条件は当然といえよう。

勢が整備されていないケースも考えられる。そうした状況をふまえて、バーゼル銀行監督委員会は、VaRによる内部モデルの申請は、VaRによる管理がふさわしいケースで、かつ管理態勢が整っている銀行にとってのいわばオプションであり、それ以外の銀行は「標準的方式」を使えばいい、とした。このように各銀行は、自らの市場業務の内容や規模、その抱えるリスクの状況[22]、管理態勢等を勘案し、標準的方式とするか、VaRに基づく市場リスク管理を内部モデル方式として選択して当局の承認取得を目指すかを、自ら選ぶことが可能になった。これは、いわばレストランで、定食型のコースを選ぶか、アラカルトを選択するか、といった「メニュー」を自らの意思で選ぶことができるようになったという意味で、BIS規制における「メニュー方式」と呼ばれることになった。BIS市場リスク規制は、1996年に最終合意に達し、以後各国で実施に向けた作業が行われた。日本においては、1998年から施行された。

　自己資本比率規制において、VaR手法が「内部モデル方式」として採用されたことは、銀行のリスク管理手法高度化に取り組む実務家にとって大きなエールとなった。ファイナンス理論の観点からのVaRの分析も進展し、アカデミクスからの参画も顕著となった。VaRによるリスク管理技術の進展は、市場リスクにとどまらなかった。VaRにみられる統計的な考え方は、その後信用リスク、さらにはオペレーショナルリスクの分野にも

---

[22] 「リスクプロファイル」と呼ばれる。

広く適用されるようになり、後述する「バーゼルⅡ」[23]では、これらのリスクカテゴリーにおけるリスクアセット計算においても、「メニューアプローチ」が採用されることとなった。金融リスク管理において、VaR手法の導入は、まさに「VaR革命」ともいうべき事件となった。

4 邦銀におけるVaR

1990年代前半における邦銀は、市場リスク管理の実務構築に取り組んでいた。前述のとおり、邦銀の多くにとっての市場業務は外国為替取引をきっかけとしていたが、1980年代半ば以降、公社債ディーリング業務、カレンシースワップ取引や金利スワップ取引、さらには国債や金利為替のオプション取引に至るまで、市場業務は急速に拡大していた。

この時期の邦銀のリスク管理の多くは、保有ポジションの大きさを制限するポジションリミットと損失が発生した場合の損切りルールとしてのロスカットリミットで構成されていた。ドル為替に対するポジションリミットは○億ドル、為替ディーリング取引に対するロスカットリミットは○百万ドル、国債ディーリング取引に対するポジションリミットとロスカットリミットはいくら、といったかたちである[24]。こうしたリスク管理の枠組みは、為替取引や金利取引といった個々の取引を管理するためには有効であったが、為替取引や金利取引を総合的に

---

23 第7章「バーゼルⅡと内部格付手法」参照。
24 図表2-3参照。

行う市場業務全体のリスクの管理や損失の可能性に対する管理には有効ではなかった。市場業務が拡大して、さまざまな商品や取引を扱うようになるにつれて、商品ごとのポジションリミットとロスカットリミットからなる従来の枠組みでは市場リスク管理として十分ではない、という認識は邦銀の間でも高まりつつあった。

その意味で、為替取引や金利取引の相関関係を前提として市場リスク全体を把握しようとするVaRの考え方は、注目すべきものであり、大手の銀行を中心に研究が始まっていた。しかしながら、1993年のG30レポート公表時点で、VaRを実際の市場リスク管理実務に適用していた銀行は、大手銀行の間にもみられなかった。前述のとおり、VaRの概念はわかりやすく、それ自体が難解だとは受け止められなかった。またその算出も金融工学上のむずかしい理論に基づくものというわけではなく、その点においても難点があったわけではない。それでもVaRが急速に浸透しなかった背景には、邦銀の市場業務の中心にある国債や金利についての市場データが十分に得られなかったことがある。

市場データの問題は大きかった。金融先進国である欧米に比べて、邦銀の市場業務の中心をなす国債や円金利の市場はまだまだ発達していなかった。国債取引は指標銘柄と呼ばれる新規発行の10年国債[25]に取引が集中し、それ以外の銘柄の国債取引

---

25 「新発債」と呼ばれる。

は限定的であった。先物取引も直近に期限を迎える契約に取引が集中し、期先の契約についての取引はきわめてまれであった。金利スワップ取引の発達に伴って年限ごとの市場金利は徐々に形成されたが、データの蓄積や整備には限界があり、すでに幅広い年限の国債取引や先物取引、スワップ取引等が行われていた米国市場には及ぶべくもなかった。

　そうした邦銀の市場リスク管理を一変させたのは、バーゼル銀行監督委員会による市場リスク規制と、そこにおけるVaRの内部モデルの採用であった。前述のとおり、市場リスク規制における内部モデル方式は、自行の市場業務の内容や規模、管理態勢に基づいて銀行が承認申請を選べるものであり、各銀行は自行の市場業務の規模やリスクの状況、市場リスク管理態勢等を勘案して、内部モデル方式の採用・不採用を決めればよかった。しかしながら、内部モデルを選択し、当局からのモデル承認を取得することは、市場リスク管理においてより進んだ銀行としての証明ととられ、市場リスク規制導入当初[26]から内部モデル承認を取得していることが、自行の市場リスク管理態勢の先進性を示す意味で重要である、と受け止められた。大手の邦銀は、1998年3月末の内部モデル承認取得に向けてまい進することとなった。

　先に示したとおり、市場リスク規制では、「ユーステスト」が求められることから、VaRによって市場業務のリスク量を計

---

[26] 日本は1998年3月末から市場リスク規制を導入した。

図表2-6 市場リスク管理ポジションリミット(VaR以後)の例

> [市場部門全体] VaR値 米ドル換算1億5,000万ドル
> [金利為替部門] VaR値 米ドル換算1億ドル、金利デルタ100万ドル/1bp、長期国債先物換算1,000億円
> [エクイティ部門] VaR値 米ドル換算1億ドル、株価デルタ株価指数先物換算1,000億円
> (各オーバーナイトベース)

測するだけでは、モデル承認には至らない。そのVaRモデルの計測結果を使って実際のリスク管理を行う必要がある。こうしてVaR値はポジションリミット体系の中核的位置づけに置かれると同時に、従来のポジションリミットやロスカットリミットも併用するかたちで新たな市場リスク管理態勢が構築された。「VaR革命」ともいうべきパラダイムシフトが発生したのである。

VaRが内部モデル方式に採用されたことは、VaRを邦銀の市場リスク管理の枠組みの中心に据える大きなきっかけとなり、BIS市場リスク規制が開始された1998年3月末には、ほとんどの大手銀行がVaRを中心に据えた市場リスク管理態勢を導入した。

一方で前述のとおり、VaRはあくまで過去の市場の動きから算出されたものにすぎず、将来の市場が過去と異なる動きを示した場合には、適切な指標とはならない。こうしたVaRの限界を露呈したのが、VaRによる内部モデル方式開始から5年を経た2003年の市場急落であり、後に「VaRショック」として語り継がれる事件となった。

5 2003年の「VaRショック」

　2003年6月17日、日本の国債市場が急落し、長期金利が急上昇した。その直前には0.43%と、この時点での史上最低水準を記録していた10年物の国債利回りは、この日の相場急落をきっかけとして、7月4日には瞬間的に1.4%まで急騰した。

　この長期金利上昇の要因としては、この日に行われた20年国債の入札で利率が1%を下回り、機関投資家が購入を手控えたことや、またこの日、日経平均株価が9,000円を回復して、景気回復と金利上昇の可能性が意識されたこと等があげられている。一方で、この時の市場の特徴は、金利上昇の過程で銀行を中心とした機関投資家による「売り」が集中したことであり、その犯人とされたのが、銀行を中心とした、VaRによる市場リスクリミット運営であった。

　先に示したとおり、市場リスク規制の導入以降、銀行の市場業務におけるリスクリミットは、VaRに基づくリミットを中心に据え、それにさまざまなポジションリミットを組み合わせることで構成されていた。2003年6月の債券相場の下落・金利の急騰は、VaRの算出上大きな要素を占める市場のボラティリティ[27]の急上昇をもたらしてVaRの値が急増し、各金融機関のVaRリミットやロスカットリミットが超過した。VaRリミットは各銀行において市場部門が守るべきリミットとして定められ

27　変動率のこと。

図表2－7　10年物日本国債の利回り推移（2001年1月～2005年12月）

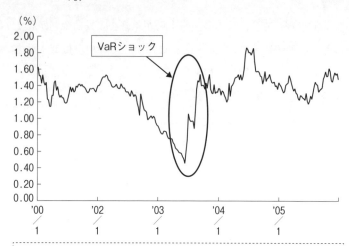

低下を続けていた国債利回り（10年金利）は、2003年6月の「VaRショック」をきっかけに反転上昇した

ていたため、各金融機関は市場リスク管理ルールに従ってポジションを解消し、VaRをリミットの範囲内に収めることが必要となった[28]。すでに、大手銀行の多くはVaRに基づく内部モデル方式を採用しており、VaRリミットの超過は、これらの銀行に同じように発生し、ポジション解消の売り注文も時を同じく

---

[28] 前述の「ユーステスト」によって、市場リスク管理上のリミットとしてVaRが実際に使われていなければならない、とされていたことも、リミット超過後の画一的なポジション解消につながった一因となったと考えることができる。

して行われることとなった。一銀行の売り注文であれば、市場を動かすまでには至らなかったであろうが、VaRモデルを採用した大手銀行からのポジション解消の売り注文の殺到は、市場全体を動かす市場のうねりとなった。折から市場は下落している。そのなかで殺到した多数の銀行からの売り注文は、さらなる市場の下落をもたらし、さらに損益の悪化とボラティリティの上昇（＝VaR値の上昇）に拍車をかけた。こうして市場の下落はスパイラル的に加速することとなったのである。

VaRショックによる相場急落から、7月4日に1.4％まで急騰した10年物の国債利回りは、その後落ち着きを取り戻し、8月中旬には0.80％台まで低下した。しかしながら、その後、再び国債相場は下落し、9月初旬にかけて10年物の国債利回りは1.60％台にまで上昇することとなった。

この相場急落において、VaRリミットを要因とする部分がどれだけを占めていたかについては確たる証拠はない。しかしながら、本来市場リスク管理の助けとなるべきVaRが、市場リスクを増幅してしまったという事件は、関係者にとって大きな課題を突き付け、2003年6月の国債相場急落は「VaRショック」として語り継がれることとなった。この年の9月に学識経験者で構成された、公的債務管理政策に関する研究会[29]では、以下のように述べている。

「VaRショックのメカニズムについては、6月までの低金利

---

[29] 公的債務管理政策に関する研究会、第8回（2003年9月5日）議事要旨より。

下において金融機関の国債保有が増加し、デュレーションが長くなっていた中、金利上昇による含み益の減少やボラティリティの上昇により、リスクリミットを突破してしまったものと思料される。こうした問題は今後も発生し得る問題であり、銀行の貸出が減少し、国債投資が増加する中で、こうしたリスク管理手法やリスクリミットの設定の仕方が適しているのかという点については、今後の課題といえるのではないか」

【市場ショック】
　なんらかの事象が引き金となって市場が大きく変動することは「市場ショック」と呼ばれ、「VaRショック」も含めて、過去においてもいくつかの事例がある

【タテホ・ショック】
　1987年9月、化学品の世界的メーカーであり、かつ当時の金融緩和を背景とした、いわゆる「財テク[30]」でも有名であったタテホ化学工業が財テクによる国債先物取引で300億円近い損失を計上したことが明らかになったことから長期金利が急騰した。同年5月に2.5%近くで推移していた長期国債利回りは、10月には6％にまで達し、このときの市場急落は、「タテホ・ショック」と呼ばれた。

【資金運用部ショック】
　1998年11月、米国の格付機関であるムーディーズは、日本国債の格付を最高位のAaaからAa1に引き下げた。翌12月、大蔵省資金運用部が国債の買切オペを中止すると、12月22日に国債の需給悪化を懸念した国債先物がストップ安をつけるなど、金

---
[30] 「財テク」については、第4章「日本の金融危機とジャパン・プレミアム」参照。

> 利の急騰が発生、9月に0.7％を割り込んでいた長期国債利回りは、この年の年末には2％を超えることとなった。資金運用部の方針転換を契機とした、この市場の急落は「資金運用部ショック」と呼ばれた。
>
> 海外においても、米国サブプライム・ローン危機の引き金となった、2007年の「パリバ・ショック[31]」など、数多くの例がある。

6　日本の金融リスク管理への影響

BIS市場リスク規制においてVaRを内部モデルに採用したことは、邦銀の市場リスク管理に大きな影響を与えた。すでにみてきたように、邦銀は市場リスク規制開始当初に自行のVaR手法が内部モデルの承認を得られるよう準備作業にまい進した。また、当初の規制開始時に間に合わなかった銀行は次なる機会でのモデル承認を目指して体制を整えた。その過程でVaRの手法高度化に向けた努力も続けられ、邦銀の金融リスク管理の高度化に対してもVaRは大きな役割を果たしたといえる。内部モデルとして承認されたVaRは、邦銀の市場リスク管理におけるリスク管理ツールとして中心的な位置づけを占めた。

そうしたなかで、VaRの統計手法上の限界は、リスク管理の実務家の間ではあまねく理解されていた、といえるであろう。本章で紹介したVaRの成立ちをみれば、それが純粋に理論的帰

31　「パリバ・ショック」については、『増補版　金融リスク管理を変えた10大事件＋α』、第10章「サブプライムローン問題と証券化商品」参照。

結から出発したものではないことは明らかである。VaRは統計上のさまざまな前提や仮定のうえに成り立つわかりやすい経営指標として成立したものであり、それ自体は本来、これから生じる将来の金融リスクを回避するための自動操縦装置ではないのである。

そうしたVaRの限界が露呈したのが、2003年のVaRショックであった。市場が過去の動きと異なる動きを示した場合には、VaRはもはや有効なリスク管理ツールとはなりえず、ドライバーはマニュアル運転に立ち返って、自らの運転能力に頼らなければならないのである。長期金利市場において、そうした事態が発生したにもかかわらず、VaRが示す管理枠組みに固執したことから発生したのがVaRショックだったのである。

VaRの導入当初から、統計的な指標としてのVaRは、シナリオ分析やストレステストで補完されなければならない、とされていた。市場が過去と異なる動きをした場合には、その後の市場の動きに対して適切なシナリオ分析やストレステストを行うことで、リスクを管理する必要がある。市場の危機が発生するたびに、こうした教訓が繰り返される。公的債務管理政策に関する研究会による、「こうした問題は今後も発生し得る問題であり、……こうしたリスク管理手法やリスクリミットの設定の仕方が適しているのかという点については、今後の課題といえるのではないか」という指摘は、繰り返し発生する市場ショックに対する古典的な警告ともいえるであろう。

目撃者のコラム

　G30レポートが公表され、バーゼル銀行監督委員会が市場リスク管理規制で、内部モデルとしてVaRを採用した1990年代前半は、自身がロンドンの邦銀証券子会社でリスクマネジャーとしての業務に取り掛かった矢先のことであった。G30レポートやバーゼル銀行監督委員会の「デリバティブ取引に関するリスク管理ガイドライン」を入手し、ラインマーカーとメモ書きで埋め尽くし、休日返上でこの新しい潮流に何とか追いつこうとして取り組んだことが昨日のことのように思い出される。不思議と苦痛はなかった。そこで示された考え方は、1行1行がもっともであり、当たり前のことを当たり前のこととして語る「ガイドライン」は読んでいて爽快感さえ感じさせた。同時に市場要因の相関関係に基づくという従来のリスクリミットとまったく異なる考え方に基づいたVaRの可能性はとてつもなく大きく思われた。

　金利や株式指数等のリスクファクターの動きから、見よう見まねでVaR「もどき」の数値を計算しては、思うような数字にならずため息をついていたことも懐かしく思い出される。各リスクファクターの変化を指数化する手法もわからず、結果としてのVaR「もどき」値もフィット感がなかった。それでも、実際に手を動かして計算を試みると、VaRの「くせ」や限界もみえてくる。リスクファクターの間の相関関係がいかにデリケートなもので、対象とする期間や変化率を計算するための期間を動かすことで結果としてのVaRが大きく変化することも実感としてわかることになる。この数値だけに頼っては危ないな、という感覚も感じることができたのである。

　VaRショックが発生した2003年当時は、大手金融グループの持株会社でリスク管理を行っていた[32]。長期金利急騰に伴って、子会社としての銀行でいくつかのリスクリミットが超過

し、リスクリミットを変更するための作業に忙殺された。市場というものはいったん暴走すると、それが落ち着きを取り戻すまでには、暴走に要した数倍の時間を要するものである。市場が大きく動くたびに、鎖を断ち切ったドラゴンが怒り狂って暴れ始めたような印象を受ける。一度おりを飛び出した暴れドラゴンはなかなか取り押さえることはできないのである。

「VaRショック」という言葉の響きには、「人災」のニュアンスが込められている。市場リスクを適切に管理するために考案された手段が、かえって市場リスクを増幅させてしまった、いっそのこと、そんな手段がなかったほうがよかったのではないか、というニュアンスである。人間心理はむずかしい。仮に市場の動きがおかしいと感じても、市場規範とされた指標（＝VaR）が示す値は絶対的に正しいと考えてしまう面がある。ここは動くべきところではないだろうと思っても、規範とされた指標に基づく枠組み（リスクリミット）に従わなければならない、と考えてしまう。他の市場参加者の動きも気になる。仮にそれが正しかったとしても、他の参加者以上に損失が発生して、「独り負け」になることもありうるのである。自分だけ他と違う行動を起こすことの恐怖感は底知れない。いきおい、他社と同じ動きをすることのほうが安心できる。しかしそうした、いわば群衆心理[33]が、暴れ始めたドラゴンには格好の餌となってしまうことは認識すべきだろう。運転する車から突然警告のアラームが発せられた際、全力で急ブレーキを踏むべきなのか、周りの車の流れをみながら、1段ずつギアを落として車を停止させるべきなのかの答えは1つではないだろう。リスクマネジャーとしての責任と判断は、

---

32 持株会社のリスク管理については、第5章「メガバンクの誕生と持株会社リスク管理」参照。

33 金融市場において、市場参加者が同様の動きをする効果は、「ハーディング効果（Herding Effect ＝ 群れ効果）」と呼ばれる。

> そうしたときにこそ求められるのではないだろうか。

〈参考資料〉

『検証 BIS規制と日本』、氷見野良三、金融財政事情研究会、2003年

『総解説 金融リスクマネジメント』、ゴールドマン・サックス ウォーバーグ・ディロン・リード、日本経済新聞社、1999年

『市場リスク 暴落は必然か』、リチャード・ブックステーバー、日本経済新聞社、2008年

『ブラックスワン 不確実性とリスクの本質』、ナシーム・ニコラス・タレブ、ダイヤモンド社、2009年

「自己資本の測定と基準に関する国際的統一化」、バーゼル銀行監督委員会、1988年7月

「マーケットリスクを自己資本合意の対象に含めるための改定」、バーゼル銀行監督委員会、1996年1月

「マーケットリスクに対する所要自己資本額算出に用いる内部モデル・アプローチにおいてバックテスティングを利用するための監督上のフレームワーク」、バーゼル銀行監督委員会、1996年1月

『増補版 金融リスク管理を変えた10大事件+X』、藤井健司、金融財政事情研究会、2016年

「デリバティブ:その実務と原則」"Derivatives: Practices and Principles", Group of 30, 1993

「デリバティブリスク管理ガイドライン」"Risk Management Guidelines for Derivatives"、バーゼル銀行監督委員会、1994年

"The Practice of Risk Management", Goldman Sachs Warburg Dillon Reed, Euromoney Press, 1998

"Sending the Herd Off the Cliff Edge: The Disturbing Interaction Between Herding and Market-Sensitive Risk Management Practices," Avinash D. Persaud, 2000

第 3 章

大和銀行ニューヨーク支店損失事件と独立したリスク管理
【1995年】

● 本章のポイント

1995年9月に発覚した大和銀行[1]ニューヨーク支店の巨額損失事件は、当時欧米金融機関を中心に相次いでいた「不正トレーダー」による巨額損失問題[2]が、決して対岸の火事ではないことを明らかにした。また、事件発覚後の同行の対応をめぐっては、現地法令違反との判断が下され、同行は米国業務からの撤退を余儀なくされた。さらに、不正取引事件は、銅取引を対象とした住友商事でも発覚、各社は、市場業務のリスク管理強化を急ぎ、フロント部署から独立した市場リスク管理部署の設立が業界標準となった。

1 海外支店ディーリング取引

1995年当時、いわゆる「大手21行[3]」の1つとされた大和銀行は、主に国内業務に強みをもった都市銀行であった。当時の銀行行政においては、都市銀行、長期信用銀行、信託銀行、といったように業態が分けられ、異なる業態を兼営することは基本的に認められていなかった[4]。そのなかにあって大和銀行

---

1 現在のりそな銀行。
2 欧米金融機関における不正トレーダー事件については、『増補版 金融リスク管理を変えた10大事件＋X』、第6章「ベアリングズ銀行と不正トレーダー」参照。
3 「大手21行」「都市銀行」については、第4章「日本の金融危機とジャパン・プレミアム」参照。

は、都市銀行でありながら信託業を兼営する唯一の銀行として、本店を置く関西圏を中心としながらも全国に支店を展開していた。業務の中心は、国内の貸出業務であったが、ニューヨークやロンドンといった海外の主要都市にも支店を展開し、貸出業務と市場業務を行っていた。

第2章で示したとおり、市場業務は、取引先の外国為替や資金取引、あるいは債券売買のニーズに対応し、請け負った外国為替や金利取引、債券取引を市場で売買することで、取引先との取引からの収益と同時に市場取引そのものからも収益をあげようとする取引である。取引先の市場取引ニーズが活発化、あるいは市場そのものが活発化することで、収益機会が拡大する一方、市場が銀行の思惑に反する方向に動いた場合には、損失が大きく発生する可能性がある。

大和銀行の巨額損失はそうした市場業務、それも国内の本支店で預貸業務を行う多くの行員にとってはまったくなじみのない、米国ニューヨーク支店での米国国債のディーリング取引から発生したものだった。

2　米国国債取引からの巨額損失

井口俊英は1976年に大和銀行ニューヨーク支店に証券管理担当として入社した。都市銀行でありながら信託業務を兼営していた大和銀行は、自身の証券ポジションだけではなく、取引先

4　第5章「メガバンクの誕生と持株会社リスク管理」参照。

が保有する有価証券を保護預りし、その受払事務を受託する業務を行っていたのである。井口は翌1977年に同支店における証券管理担当の主任となったが、1980年には支店が行う有価証券投資取引の権限を得、1982年には、上限1,000万ドル（約24億円）の変動利付債取引を行うというポジション枠を許された。しかしながら、翌1983年に自らのポジションから発生した7万ドル（約700万円）の損失を上司に報告することをおそれて隠し、より値動きが激しく、彼には取引を行うことが認められていなかった[5]米国国債の取引を行うことで、発生した損失を取り返そうとした。

このような権限外取引と損失隠しが可能だったのは、井口が同支店において、証券取引を行うトレーダーであると同時に、取引された証券のやりとりを管理する証券管理担当の主任という立場も兼務していたためであった。井口は自身が行った取引の含み損が顕在化することを避けるため、含み損を抱えた証券の価格を改ざんしたり、さらには、顧客からの保護預り業務のなかで預かっていた有価証券を顧客に無断で売却して自身の取引から発生した損失を埋め合わせるなどの作業を繰り返すことで損失が明らかになることを隠し続けた。本来であれば、社内ルールとしての、ポジションリミットやロスカットリミットにより、井口のポジションは縮小され、解消されるべきであった。しかしながら、井口がポジションや損失を隠ぺいし、さら

5　市場取引では、取引を行うトレーダーに、為替や短期金利、短期債券、長期債券等、取り扱える金融商品を限定することが一般的である。

に大和銀行がそれを感知できなかったことから、与えられたポジション枠を超えた取引を行っていたことも、ロスカットリミットをはるかに超える損失を抱えていたことも、大和銀行は知ることもなく、ポジションと含み損失は拡大の一途を遂げることとなった。隠ぺいされた損失は、1983年の暮れには40万ドル（約9,300万円）に、さらに1984年の秋には、3,000万ドル（約74億円）に積み上がった。井口は抱えた含み損失を埋め合わせようと試みて、米国国債取引を続けたが、その望みもむなしく、含み損は雪だるま的に拡大した。また、銀行も積み上がる含み損失に気づくことはなく、権限外取引は、その後さらに10年間の長きにわたって続くこととなった。

3 「告白状」と米国業務撤退

1995年7月24日、大和銀行頭取宛てに、同行ニューヨーク支店の現地行員から1通の手紙が届いた。そこには12年あまりにわたって彼が行った権限外取引と、その結果として大和銀行ニューヨーク支店の米国国債ポートフォリオが巨額の含み損失を抱えていることが「告白」されていた。1983年以来続いた不正取引は、社内調査ではなく、取引を行った本人による告白状によって初めて日の目をみたのであった。

告白状を受け取った大和銀行は、事件の社内調査を開始した。まずは損失実態の把握に努めるとともに、損失を処理するための原資ねん出や決算対策が同時に検討された。同月26日には、かねて予定されていた500億円の優先株式の発行も予定ど

おり行われた。

　事件の調査を終えた大和銀行は、9月18日に、監督官庁であった大蔵省（当時）と日銀、および米国金融当局宛てに事件の報告を行い、26日に不正取引に基づく損失が約11億ドル（約1,100億円）にのぼった事実を公表した。

　これに対して、米国当局は疑問を呈した。まず、7月に井口からの告白状を受け取った時点で、犯罪の疑いすらある行為を認識しながら、監督当局への報告や損失公表までに2カ月近くかかったのは法令違反である、とした。また7月末に提出された業務報告書（6月末基準）においてこの損失の件が触れられていない点は問題であるとした。大和銀行側は、告白状到着直後で正確な事実がつかめていなかったことや、不正取引の全容解明に時間を要したと説明したが、報告に迅速さを欠いたとのそしりは避けられなかった。さらに米国からは、日本の金融当局が事前に事件の情報を知りながら米国当局と情報を共有しなかったのではないかとの疑念も巻き起こり、10月16日に米国下院議会で行われた公聴会では、日本の金融行政の不透明性や日本の金融の異質さについての懸念が示された。

　こうした懸念から米国当局は11月2日、大和銀行に対して、90日以内に米国内の全銀行業務を停止するよう求める処分を発表した[6]。そこでは、ディーラーが取引事務管理者を兼ねていた内部管理上の問題[7]に加えて、米国当局に問題を報告しな

6　大和銀行の米国業務は、住友銀行（当時）が継承した。

図表3-1　大和銀行損失に係る大阪地裁判決（2000年9月）

> **大阪地裁判決概要（内部統制システム部分に係る部分のみ）**
> ・取締役は、取締役会の構成員として、また、代表取締役又は業務担当取締役として、リスク管理体制を構築する義務を負い、さらに、代表取締役及び業務担当取締役がリスク管理体制を構築すべき義務を履行しているか否かを監視する義務を負う。
> ・監査役は、商法特例法の小会社を除き、業務監査の職責を担っているから、取締役がリスク管理体制の整備を行っているか否かを監査すべき職務を負うのであり、これもまた、監査役としての善管注意義務の内容をなすものと言うべきである。
> ・もっとも、整備すべきリスク管理体制の内容は、経験の蓄積と研究の進展により、充実していくものであるので、現時点で求められているリスク管理体制の水準をもって、本件の判断基準とすることは相当でない。
> ・また、どのような内容のリスク管理体制を整備すべきかは経営判断の問題であり、会社経営の専門家である取締役に、広い裁量が与えられていることに留意しなければならない。

大和銀行ニューヨーク支店事件に関する株主代表訴訟に対して大阪地裁は、経営陣に落ち度があったとして、賠償命令の判決を下した

かった銀行幹部の監督責任、等が問われ、元ニューヨーク支店長が逮捕されるという事態となった。

　翌1996年2月、大和銀行は、告白状受取り後も組織として損

7　米国当局は、1993年11月に、大和銀行において市場業務部門と証券管理部門の分離を行うよう指導し、大和銀行側は分離を実施した、としていたが、これが虚偽であったとされた。

失を隠ぺいしようとした「共同謀議」、米国司法当局への報告を怠った「重罪隠匿」、1992年、1993年のニューヨーク連邦準備銀行の金融検査の際の偽装工作を行った等を理由に3億4,000万ドル（約360億円）の罰金支払を命じられた[8]。

国内においては1996年に、大和銀行の株主らが、当時の取締役・監査役合計49名に対して株主代表訴訟を起こした。訴因は、行員が11年間にわたって不正取引を行い、約11億ドルの損失を発生させたこと、および、大和銀行がこの損失について虚偽の報告を米国当局に行ったことなどにより米国当局に対して罰金を支払ったこと、の2件において、取締役および監査役が、内部統制システムを構築すべきであったことに対する善管注意義務・忠実義務を怠ったことであった。

2000年9月に大阪地方裁判所は、株主代表訴訟における内部統制システムに関する部分について、取締役および監査役に落ち度があったとして、これら役員らに対する合計830億円の賠償命令を含む判決を下した。この訴訟は、経営陣の責任とその巨額の賠償命令によって注目を浴びたが、原告らが控訴を行う途上で、大和銀行が近畿大阪銀行と経営統合して大和銀ホールディングスを設立したことで訴えが却下される、という、あっけない結末を迎えた。大和銀行が銀行持株会社[9]の傘下に入ることによって、大和銀行の株主が原告を含む株主から銀行持株

---

8 井口本人は4年間の実刑判決を受けている。
9 銀行持株会社については、第5章「メガバンクの誕生と持株会社リスク管理」参照。

会社である大和銀ホールディングスに移り、原告が原告適格性を失った、というのがその理由であった。

4 国際銅取引における「ミスター5パーセント」

大和銀行における巨額損失の記憶が冷めやらぬ1996年6月、市場取引からの新たな不正巨額損失事件が世の中を騒がせた。問題となったのは、債券や為替、あるいは株式取引でもなく、国際的な銅市場を舞台にしたものであった。

住友商事非鉄金属部の浜中泰男は1987年に、同部署の利益計上を目的として、ロンドン金属取引所（LME[10]）の銅先物において自身に認められた権限以上の取引を行った。浜中はそこから発生した損失[11]を取り返すために権限外取引を繰り返した。1991年には、住友商事が架空取引を他社のトレーダーに持ち掛けたとの告発がLMEと英国証券・投資委員会（SIB[12]）宛てになされ、LMEとSIBの職員が浜中に面談を行ったが、税法上のメリットをねらった取引だとの説明を受け、同時に行われた住友商事の社内調査も問題なしとの判断を下した。1993年後半以降、浜中は実際の需要に基づかない現物の買いを実行、銅を対象としたデリバティブも使って[13]銅現物を大量に購入した。こ

---

10 London Metal Exchange. LMEについては『増補版 金融リスク管理を変えた10大事件＋α』、第14章「LIBOR不正とコンダクトリスク」参照。
11 彼が前任の担当から取引を引き継いだ時点で、すでに約5,700万ドル（約69億円）の含み損を抱えていたという説もあるが、真偽のほどは明らかではない。
12 Securities and Investment Board.

うした動きは相場操縦ではないか、との疑いをもたれ、市場関係者からLMEに対して告発もなされた。銅市場における圧倒的な存在感から、浜中は「ミスター5パーセント（銅市場の5％を動かす男の意味）」と呼ばれた。1995年終わりには、銅価格は、1トン当り3,000米ドルまで上昇した。

銅価格をめぐる不可解な動きに対して、1995年11月、銅価格を監視する国際非鉄金属加工業者協議会（IWCC[14]）は、LMEに調査を依頼した。LMEの調査では、住友商事が膨大な銅現物を保有し、その購入資金確保のため、LMEの会員会社から巨額のクレジット・ラインの供給を受けていることが明らかになった。SIBは調査を開始するとともに、SIBと米国商品先物取引委員会（CFTC[15]）は、同年12月に住友商事に対して、銅地金の異常な値動きに関する調査を依頼した。

これを受けて住友商事は水面下で調査を開始した。権限外取引を確信した住友商事は、翌1996年5月に浜中を非鉄金属部の調査専従に異動させて銅取引を扱えなくしたうえで、ポジション全容の解明に着手した。6月9日に浜中自身が取引の全容を告白したことを受けて副社長をヘッドとする調査チームを正式に結成、13日には浜中を解雇、14日に18億米ドル（約1,960億

---

13 市場実勢から離れた、いわゆるアウト・オブ・ザ・マネーのプット・オプション（対象商品を売る権利）を大量に売却、そこで得られたプレミアムでさらに銅現物を購入して、相場価格を吊り上げ、売る権利であるプット・オプションが行使されないように市場を操作しようとした、とされる。

14 International Wrought Copper Council.

15 Commodity Futures Trading Commission.

図表3－2　銅価格の推移（1990年1月～1998年12月）

銅価格は住友商事の権限外取引が明らかになった1996年半ばから急落した

（出典）　ブルームバーグ

円）にのぼる損失をCFTC等の関係者に報告した。さらに、9月には対象ポジションをクローズする過程で最終損失が26億米ドル（約2,830億円）に拡大したことを公表した。銅地金価格は1996年5月の「ミスター5パーセント」の退場後、大きく下落することとなった。

　住友商事のケースにおいても、フロント部門のヘッドである非鉄金属部長が取引決済の管理職を兼ねたという内部管理上の欠陥が明らかになった。1991年および1993年に市場関係者から相場操縦に関する告発がなされており、不正取引に関する手がかりは存在したが、不正取引が管理者によって行われていたこ

とから、調査が徹底されなかった点は否定できない。

さらにこの事件では、当時のLMEにおける取引形式が問題を不透明にした面も大きいとされた。たとえば、当時のLMEでは、会員会社と顧客の間で締結されたクレジット・ラインの範囲内であれば、取引後の価格変化から生じる証拠金のやりとりが行われなかったり、大口顧客との間では取引を市場の現在価値で値洗いせず、当初の約定価格を維持する、「ヒストリカル・プライス・キャリー」という取引慣行が残っていた。また、LMEにおいては正規の立会い取引を上回る額の場外取引[16]が行われ、かつ、その取引内容については取引所に対する取引報告義務が存在しなかった。LMEの銅取引については、過去にも不祥事が報告されていた[17]。SIBは1996年12月に、内部関係者を中心とした、いわゆる「クラブ」的なLMEの取引慣行は、取引所として市場を適切に監視するにはふさわしくなく、①大口取引報告による市場監視の強化、②会員会社の行為義務を明確にしたうえでそれを監視するようなルールの見直し、③英SFA（Securities and Futures Authority（当時））との情報共有、④市場透明性の向上、⑤コモディティ在庫情報についての透明性向上、⑥LMEのガバナンス体制の早急な見直し、⑦LMEの経営陣の役割・権限・資源の強化、からなるガバナン

---

16 カーブ（curve）取引と呼ばれる。
17 LMEの銅取引をめぐって、1994年にはチリ国営銅公社（Codelco）による2億7,000万ドル（約270億円）の損失、中国国際信託投資公司（CITIC）による4,000万ドル（約40億円）の損失事象が公表されている。

ス強化の提言を実施した。

　住友商事は最終的に28億5,200万ドル（約3,180億円）の損失を計上した。さらに1998年にCFTCに対する和解金1億9,800万ドル（約220億円）、会計事務所や法律事務所に支払った内部調査費1億3,800万ドル（約160億円）、米国集団賠償訴訟原告団との和解金1億7,500万ドル（約200億円）など、総負担額は、1998年9月までに合計33億6,300万ドル（約3,820億円）にのぼった。住友商事が雇った米国会計士・弁護士はピークで約100人ともいわれている。

5　日本の金融リスク管理への影響
　　　──職責の分離と独立したリスク管理部門

　市場取引に関連した不正取引と巨額損失事件が国内の大手企業でも発生した、という事実は、関係者に大きな衝撃を与えた。特に、それぞれの事件において、10年以上の長期にわたって不正取引が感知されなかった事実は、市場取引における内部管理体制構築について抜本的な見直しを迫るものとなった。

　大和銀行事件、住友商事事件、あるいは欧米金融機関における同様の事件に共通するのは、フロント部門の担当者が事務管理部門の管理者も兼ねていた、ということであった。たとえば大和銀行のケースで、損失を埋め合わせるために顧客の債券を売ってしまった、という不正取引についていえば、顧客から保護預りしている債券の残高と、顧客に送られていた有価証券の保護預り残高報告書の中身を突き合わせれば違いが明らかに

なっていたはずである。しかしながら、保護預り有価証券の残高を管理する責任をもつ井口自身が顧客の債券を勝手に売却し、報告書を改ざんしていたため、管理担当から上がるべき疑問は上がりようがなかったわけである。

また、井口が権限外の取引を行っていたことが感知されなかったのは、井口の取引を第三者の立場から確認し、ポジション枠やロスカットリミットをチェックする担当がいなかったためといえる。このように、取引の執行と管理を異なる人間が担当して両業務を分離することは「職責の分離」と呼ばれる。取引を執行する職責と、そのポジションを管理する職責を分離し、互いにそれをチェックすることで適切な内部管理体制をかたちづくろうとする考え方である。こうしたことから、市場リスク管理において、フロント部門とは独立した立場のリスク管理部門を設置すべきである、という考え方が広まっていった。

1990年代前半の邦銀において、市場業務から生じるリスクに対してポジション枠やロスカットリミットを置く実務は、すでに一般的になっていた[18]が、リスク管理部門をフロント部門から独立したかたちで設置する、という考え方はまだ広く採用されていなかった[19]。市場部門のトレーダーのポジション管理や損失管理は、独立した部署で行わなくても、市場部門内であり

---

18 第2章「VaR革命と「VaRショック」」参照。
19 G30レポート(「第2章「VaR革命と「VaRショック」」参照)が、「リスク管理はデリバティブ業務部門から独立して運営されるべきである」として独立したリスク管理部門の設置を謳ったのは1993年7月である。

ながら、市場取引そのものには従事していない、企画担当等のセクションで行うことで十分に管理が可能であり、また、複雑な市場取引においてフロント部門の外にリスク管理部門を置いても、フロント部門に対抗できるような専門性のある人材を置く余裕もないというのが、実情であった。優秀な人材は、利益を稼ぐフロント業務に置くべきであって、フロント部門と別にリスク管理部門を置いても、フロントに対抗できるような優秀な人材は配置できない、という思いもあった。当局にいわれて、独立したリスク管理部門などというものをつくるのは勝手だが、つまらない管理仕事に付き合わされたのでは、たまらない、というような空気さえあった。しかしながら、相次ぐ不正取引からの巨額損失事件は、こうした不安や疑問を吹き飛ばすのに十分なインパクトをもった。市場業務においてフロント部門から独立したリスク管理部門を設置し、フロント部門との間で適切な「職責の分離」を確立することは急速に業界標準となった。

6 今日の市場リスク管理部門の1日

こうして設立されたリスク管理部門は、今日につながる市場リスク管理の実務を構築していった。

市場リスク管理部門の1日は、市場部門の前日終了時点の取引ポジション明細を出力するところから始まる。そのポジション残高が、あらかじめ設定されたポジションリミットに収まっているかについてのチェックを行うためである。また、前日終

了時点の、為替や金利、株価などの市場指標に基づいてポジション残高を評価した結果として得られる損益、特に損失が発生している場合に、それがあらかじめ設定されたロスカットリミットを超えていないか、というチェックも行われる。これらのチェックを行った結果は、リスク管理レポートとしてまとめられ、経営陣やフロント部門に回付される。

仮に、ポジション残高がリミットを超えていた場合には、リスク管理部門はその事実をフロント部門に伝え、ポジションをリミットの範囲内に収めるための方策をフロント部門と協議することになる。損失がロスカットリミットを超えた場合には、フロント部門と相談し、即時にポジションを解消して損失を確定させるのか、徐々にポジションを縮小しながら損失の回復を図ることとするのか、という判断を行うことになる。

そうした作業が一段落すると、その日の日中の市場の動きが自社のポジションや損益にどのような影響を与えるか、といった分析作業を行うことになる。また、フロントから持ち込まれる新商品の提案や新しい業務アイデアについてのディスカッション、保有するポジションから発生しうる損益についての分析などの作業も行われる。また、トレーダーが外部と行っている電話での会話を録音し、それを定期的に聴くことで不正取引が行われていないか、というチェックも行われる。

リミット管理や新商品の検討を通じて、リスク管理部門からフロント部門に対して働き掛けがなされることもある。いまのポジション状況で、新たにこのような取引ポジションを加える

と、このリミットが超過する可能性がある、とか、新商品のスキームでは、いまの提案では、リスクが増加するが、異なるスキームにすれば、同じ経済効果を実現しながら、全体のリスクが減らせるはずだ、といったように、リスク管理部門の側から、より前向き[20]なリスク管理上の提案を行うことも広まっていった。

　夕方になって、各種の取引市場が終了すると、終了時点の市場終値を各種のシステムに取り込むことで入力し、その日の終了時点でのポジションに対する損益を計算するプロセスが始まる。その日のうちには損益やポジションの速報レポートが作成され、翌朝の確定値に対するリスク報告作成につながっていくのである[21]。

　リスク管理部門はまた、VaRの手法などを活用することによって、現在のポジションから発生する可能性のある損失について分析し、ポジションが過大なリスクをはらんでいないか、についても管理することとなった。VaRの弱点を補完するこうしたストレステストについては、リスク管理部門が中心となって議論が行われた。

　このように市場リスク管理の実務は急速に進展することになったが、その内容は、市場の動きそのものが、保有するポジ

20　前を向いたリスク管理、という意味で、「プロアクティブ（proactive）なリスク管理」と呼ばれる。
21　こうしたプロセスについては、『総解説 金融リスクマネジメント』第1章「リスクマネージャーの1日」に詳しい。

ションに与える影響を分析する方向性と、市場業務を行うフロント部門が、正しい手続に従って取引を執行しているか、といったオペレーション面における方向性、という異なるリスク管理に徐々に分化していった。本章で扱った不正取引損失事件は、市場そのものの動きとしてのリスクではなく、むしろ、不正取引を許した内部管理上の問題として、後者の対象と考えられる。後者のアプローチは、その後、オペレーショナルリスク管理として、独自の領域を築くことになった[22]。

7 不正取引損失事件のその後

このように独立したリスク管理部門による管理が行われることによって不正取引損失事件がなくなったかというと、現実はそれほど単純ではなく、不正取引事件は、その後も多くの金融機関で発生している（図表3-3参照）。

その後の不正取引事件に共通しているのは、そのほとんどが内部の監査や調査から発覚している点である。その意味では、リスク管理部門を中心とした内部管理体制は一定の効果を発揮しているといえるかもしれない。

そうした監視の目が行きわたっても、それでも不正取引事件がなくならないのは、不正取引事件が、自らの取引から発生した損失を上司に報告したくない、といったような人間固有の弱さから来ているからではないかと思われる。人間は、報酬への

---

22 オペレーショナルリスク管理については、第7章「バーゼルⅡと内部格付手法」参照。

図表3-3 不正トレーディングによる大規模損失事例

発覚時期	社名	所在国	損失金額（円換算額）	対象商品
1994年	キダー・ピーボディ証券	米国	3億5,000万ドル（約360億円）	米国国債
1995年	ベアリングズ銀行	英国	8億2,700万ポンド（約1,260億円）	SOMEX日経平均先物
1995年	大和銀行ニューヨーク支店	日本	11億ドル（約1,100億円）	米国国債
1996年	住友商事	日本	28億5,200万ドル（約3,180億円）	LME銅取引
1998年	UBS銀行	スイス	4億2,000万ドル（約530億円）	エクイティ・デリバティブ
2002年	アライド・アイリッシュ銀行	アイルランド	6億9,000万ドル（約910億円）	為替取引
2003年	ナショナル・オーストラリア銀行	豪州	2億6,800万ドル（約320億円）	為替取引
2008年	ソシエテ・ジェネラル銀行	フランス	50億ユーロ（約7,950億円）	株式先物取引
2011年	UBS銀行	スイス	23億ドル（約1,770億円）	株式取引

不正トレーディングによる大規模損失事例は後を絶たない。むしろその損失はさらに巨大化の傾向すらみてとれる

期待や功名心・プライドだけでなく、自らの失敗を恥ずかしく思う気持ちや失敗に対して叱責されることをおそれる傾向がある。そのため、発生した損失を素直に伝えることをためらう動機は常に存在するといえる。発生した損失を隠せるものなら隠したい、という感情をもったときに、たまたま内部管理体制の抜け穴が存在した場合には、損失を隠し、その事実を先送りに

して、その間に穴埋めをしようとする動機が発生しうるのである。

そうだとすると、不正取引を防ぐためには、まずは内部管理体制の抜け道をできる限りふさぐことで、そうした取引を行うことができないというメッセージを伝えることが有効である。適切な職責の分離や、リスク管理体制や内部監査体制の強化は必要条件としてそれに資するだろう。しかしながら、それを十分条件として補強するのは、業務から生じる損失は決して恥ずかしいものではなく、それを正確に伝えることこそが職業倫理なのだ、という行動様式を浸透させることである。これは、企業の「リスク文化」として、トレーディング業務を行う金融機関に確立されるべきものである。

欧米金融機関における巨額不正取引事件や、大和銀行・住友商事の不正取引損失事件は、市場業務における、独立したリスク管理というかたちで実務に大きな影響を与え、その後現在に至るまで業界標準となった。その後の金融リスク管理は、こうして設立された独立したリスク管理部門を中心軸として展開したのである。

目撃者のコラム

大和銀行事件、住友商事事件と続いた、日系企業の市場業務における巨額損失事件が明らかになった当時は、英国の邦銀証券現地法人で担当することとなった、リスク管理部門の業務確立に奔走していた。1995年2月にお膝元で発生したベ

アリングズ銀行の破綻事件[23]をきっかけとして、英国の監督当局（当時）であるイングランド銀行は、シティで市場業務を行うすべての金融機関に、フロント部門から独立したリスク管理部門の設置を義務づけた。その指示が回りまわって、独立したリスク管理部門の業務、というものを一からつくりあげる、という仕事を担当することになったのである。

　独立したリスク管理部門といっても実務の教科書は存在しなかった。親会社である東京の銀行本体では市場部門のリスク管理業務が構築されていたが、対象となる業務が異なることもあって、どうもしっくりこない。英国の現地当局が、独立したリスク管理部門に求めているものと必ずしも一致しないことも多い。最後にたどりついたのは、当時の勤務先の米国子会社であり、米国国債の指定業者[24]として活発なトレーディング業務を行っていた米国子会社のチーフ・リスク・オフィサーだった。わらをもつかむ気持ちで電話をかけ、拙い英語で、リスク管理部門をつくるにあたって中心的な指針となるリスク管理の手続体系をどのようにつくればいいのか悩んでいる、と打ち明けた。２メートル近い長身で、家にバスケットボールができる体育館をもっているという、そのチーフ・リスク・オフィサーは、同社のリスク管理の枠組みからリスク管理ポリシー・手続体系に至るまで懇切丁寧に教えてくれた。

　何色ものマーカーを引いたリスク管理ポリシーのなかで目を見張ったのは、リスクテイクに対するポリシーであった。根幹となるトレーディング・ポリシーの冒頭第１条では、会社のトレーディング業務のポリシーは、投機的な取引ではな

23　ベアリングズ銀行事件については、『増補版 金融リスク管理を変えた10大事件＋X』、第６章「ベアリングズ事件と不正トレーダー」参照。
24　「プライマリー・ディーラー（＝Primary Dealer）」と呼ばれる。

> く、ヘッジ取引を組み合わせ、慎重にコントロールされたリスクテイクで収益を追求することであると明記されていた。その当時、「リスクテイクを行う」ことを手続文書に記すことですら良しとしないのが一般的であった本邦金融機関のそれとは、1行目からして明確に異なるものであった。企業価値を追求するためには、リスクテイクは不可欠である一方、それを経営陣や取締役会が期待する範囲内で[25]慎重に行うこと、そしてそれを確実にするためにフロント部門に加えて独立したリスク管理部門を配する、とする論理はきわめて明快であった。かたや、日本のリスク管理実務では、フロント部門との接触は、情実につながるおそれがあり、リスク管理部門の独立性を損なう可能性があることから、フロント部門とは日頃の付き合いも差し控えるべきである、といったような極端な議論がなされることすらあった。「独立すること」と、「相対すること」はまったく異なる。その後日本の金融機関においても「独立したリスク管理部門」の考え方はこなれていったが、フロント部門から独立しながらも、リスク管理ポリシーで示された明確なリスクテイク方針に基づいて、フロント部門との協働のもとで、健全な牽制関係を構築する、という欧米型のリスク管理実務が確立するためには、さらに数年の月日を要したのである。

〈参考資料〉

『告白』、井口俊英、文春文庫、1999年

「住商巨額損失チェック不在の構図鮮明」、日本経済新聞、1996年6月15日

「住商機会2度逃す：不正取引発見」、日本経済新聞、1996年6月17日

25　第10章「バーゼルⅢとリスクガバナンス」参照。

「住商銅不正取引」、日本経済新聞、1996年6月18日

「住商巨額損失相場操縦の有無焦点に」、日本経済新聞、1996年6月25日

「国際不正取引解明へ糸口」、日本経済新聞、1996年10月23日

「住友商事と謎の「銅コネクション」」、週刊東洋経済、1996年8月3日

"Sumitomo deal in copper row" Financial Times, 1998.5.9.

"The manipulation of metals futures: lessons from Sumitomo" Chris Gilbert, Centeer for Economic Policy Research, 1996.12.

"Full Metal Racket – Sumitomo Corporation" Mark Nicholls, Modern Risk Management, 2004

"Sumitomo Aftershocks" Michael Taylor, The Financial Regulator, 1997.1.

『総解説 金融リスクマネジメント』、ゴールドマン・サックス ウォーバーグ・ディロン・リード、日本経済新聞社、1998年

第 4 章

日本の金融危機と
ジャパン・プレミアム
【1997〜1998年】

●本章のポイント

バブル経済の崩壊により、邦銀は巨額の不良債権を抱えた。金融機関破綻処理の枠組み、いわゆるセーフティネットが整備されていないなか、一部の地域金融機関から始まった経営破綻は、1997年の終わりには大手金融機関に波及、三洋証券、北海道拓殖銀行、山一證券の経営破綻や自主廃業が相次ぎ、金融市場は機能不全の危機に瀕した。

翌1998年には、大手銀行である日本長期信用銀行、日本債券信用銀行の国有化が発生した。「次はどの金融機関か」といった重苦しい空気のもと、各銀行は、不良債権処理を急いだ。後に「失われた10年」とも呼ばれる長期低迷時代が続いた。

1 南海の泡沫（バブル）事件

「いまの○○市場はバブルだよね」、といわれることがある。「本当、まったくバブってるよ」という会話が自然になされる。「バブル経済」の語源は、1720年の英国にさかのぼる。俗にいう「南海の泡沫（バブル）[1]事件」である。

1711年に英国で設立された南海会社は、危機に瀕していた英国財政に取り入って、国債を引き受けることの見返りにスペイン領西インド諸島との貿易権を取得、貿易による利益を目指し

---

1 South Sea Bubble.

図表4-1 1720年代における南海会社の株価バブル

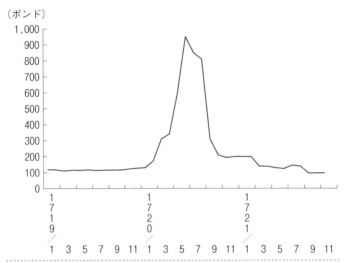

英国南海会社の株式は1720年に半年前の8倍に急騰した後に「バブル」がはじけ、元値を下回るまでに下落した

(注) 南海会社株価(月末値)の推移。
(出典) "The Rise of Financial Capitalism", Larry Neal, 1990

た。ところが、英国とスペインの関係が悪化したことから西インド諸島との貿易が冷え込み、本業はあえなく頓挫することとなった。追い込まれた南海会社は、国債引受けの見返りに同額面の南海会社株式を発行する許可を取得したが、これが大当たりすることとなった。英国経済拡大によって投資先を探していた中産階級が南海会社株に殺到、南海会社の株価は1720年1月の約128ポンドから6月には1,050ポンドまで、半年足らずの間に8倍以上に高騰した。

南海会社株の高騰は、東インド会社等、他社の株価上昇に波及、さらに政府からの許可を得ていない会社（泡沫会社[2]と呼ばれた）の設立と株式募集に発展した。ところが政府が6月に泡沫会社規制法を制定すると、これら泡沫会社の株価は急落、同時に南海会社の株価は翌1721年には急騰前の株価を下回る70ポンド前後まで急落した[3]。

2　1980年代の地価上昇とバブル経済

　1980年代の日本では、長期にわたる金融緩和、安定した物価の推移などを背景として、株価や地価をはじめとした資産価格が上昇した。1985年のプラザ合意[4]とそれに伴う円高不況を克服したという認識が高まったことなどから、日本経済に対する自信と期待が高まり、1980年代後半の実質GDPは年率4.5％という高い伸びを示した。日経平均株価は1986年に入ってから上昇テンポを速め、1985年9月から1989年12月までに3.1倍にまで上昇、1989年末の日経平均株価は、3万8,915円を記録した。

2　Bubble Company.
3　1630年代半ばには、オランダでチューリップの球根が投機の対象として人気を博し、一般市民も含めたチューリップ投資が発生した。一般庶民の平均年収が約250フローリン（当時のオランダの通貨単位）であったのに対して、一時は球根1個の高値が数千フローリンにまで暴騰したが、その後数年のうちに暴落、一般市民を含めて多数の破産者を残した。この事件は、「チューリップ・バブル」として後世に語り継がれることとなった。南海泡沫事件とチューリップ・バブル、さらに18世紀初頭にフランスで起こった「ミシシッピ会社」をめぐるバブルをあわせて、中世ヨーロッパ3大バブル事件と呼ぶこともある。
4　序章「プラザ合意」参照。

図表4−2　1980〜1990年における日経平均株価の推移

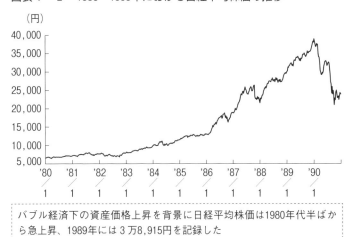

バブル経済下の資産価格上昇を背景に日経平均株価は1980年代半ばから急上昇、1989年には3万8,915円を記録した

　資産価格のバブル化は、地価に顕著だった。市街地価格指数は1985年9月〜1990年9月の5年間で約4倍に高騰した。1989年末時点で日本の土地資産は約2,000兆円となり、米国の地価合計の約4倍になったとされた。東京都を売れば米国全土が買え、皇居だけでカナダ全土を買えるともいわれた[5]。

　資産価格の高騰は株価や土地だけではなかった。ゴルフ会員権や絵画など希少価値があるとみられたあらゆる資産の価格が高騰していた。資産価格の高騰から、日本経済はバブル経済の様相を示した[6]。

5　国土の価値を土地価値で比べること自体が、「土地信仰」に基づく日本型の思想によっているといえよう。

図表4−3　1980年代の資産価格、物価の上昇率

(単位：％)

暦年	6大都市地価	株価	卸売物価	消費者物価	実質GDP	金利（公定歩合）
1975−79	5.3	11.7	3.2	7.4	4.4	5.6
1980−84	6.5	11.0	3.1	3.9	3.1	6.1
1985−89	24.4	26.4	−1.5	1.1	4.5	3.4
85	14.3	18.8	−0.8	2.0	4.4	5.0
86	25.8	30.5	−4.7	0.7	2.9	3.7
87	28.0	41.4	−3.2	0.1	4.2	2.6
88	24.4	16.5	−0.5	0.7	6.2	2.5
89	30.0	26.0	1.9	2.3	4.8	3.1

1980年代後半、金融緩和の長期化、安定した物価推移を背景として、経済に対する期待が強気化し、資産価格の高騰、いわゆるバブル経済が発生した

(出典)　「バブル期の金融政策とその反省」日本銀行金融研究所

　株高を後ろ盾とした「ジャパン・マネー」は海外の資産も買いあさった。1980年代後半には、ニューヨーク市マンハッタンの中心を貫く五番街のランドマーク的存在である宝石商ティファニーの本店ビルや、摩天楼が立ち並ぶロックフェラーセンターなどの不動産を相次いで購入、米国国民の神経を逆なでした。1987年以降の5年間でジャパン・マネーが世界で購入した美術品は1兆円を超えた。フランス印象派の画家ルノワールの名画を119億円で購入した大手企業経営者は、「死んだら一緒に

6　こうした資産価格の高騰に対して、1980年代には日銀による金融引締めは行われず、1990年に入って初めて公定歩合が引き上げられた（序章「プラザ合意」および脚注13参照）。

図表4-4 1980〜1992年における六大都市市街地価格指数推移

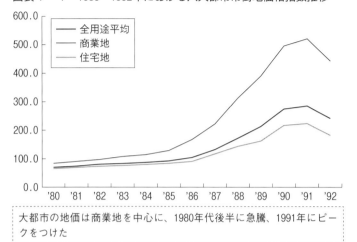

大都市の地価は商業地を中心に、1980年代後半に急騰、1991年にピークをつけた

(注1) 六大都市は、東京区部、横浜、名古屋、京都、大阪、神戸。
(注2) 2000年3月末を100とした指数。
(出典) 「市街地価格指数」日本不動産研究所

棺桶に入れてほしい」と発言し、世界中の非難を浴びた。それでも日本経済への期待の表れから、資産価格の急騰も不自然なことではない、と思われていた。1991年10月、経済企画庁(当時)は経済成長継続が第二次世界大戦後の、「いざなぎ景気」に並んだ、と発表した。

3 エクイティファイナンスと「財テク」

このようなバブル経済を資金面で支えた金融の役割は無視できない。まず株高を背景として、事業法人の時価ファイナンスが活況を呈した。株高に伴い、株式の額面を大きく超えた時価

ベースで公募増資を行った場合、株式の額面に対して行われる配当負担は調達した額に対して微々たるものになる。さらに転換社債や、この頃金融新商品としてもてはやされたワラント債[7]を発行した場合[8]、支払金利はゼロというケースも多かった。

配当や利払負担のないエクイティファイナンスに飛びつく企業や、その発行を勧誘する証券会社は多かった。将来の株高期待から、これら商品を購入する投資家にも事欠かなかった。さらなる株価上昇への期待感から発行直後に価格が高騰する転換社債やワラント債には、投資家の申込みが殺到し、証券会社は優良顧客に優先的にこれら証券を割り当てることも行っていた。

エクイティファイナンスの発行会社は、必ずしも調達した資金を設備投資に充てる当てがあったわけでもなかった。低利で調達した資金は、もっぱら資金運用、いわゆる「財テク」に充てられた。

「財テク」とは、「財務テクノロジー」の略で、企業の本業以外に、余剰資金や低利の調達資金を株式・債券・不動産などに投資して利鞘をかせぎ、収益をかさ上げしようとする活動と定

---

[7] 新株予約権付社債。社債の一種で、新株予約権を付した社債。通常の社債とは異なり、社債部分のほかに、その社債を発行した会社の株式を決められた一定価格で購入する権利である、「新株予約権」（もしくは「ワラント」と呼ぶ）が付され、社債とワラントは切り離されて各々売買される。価格上昇が当然のように思われた株式を、発行時に定められた行使価格で買うことができるワラント債は投資家の人気を博した。
[8] これらをあわせて、エクイティファイナンスと呼ぶ。

義される。この時期の優良企業の財務担当者は、財テクができて一人前とされるような風潮すらあり、証券会社や銀行が持ち込む資金調達案件や資金運用案件に積極的に飛びついた[9]。本業よりも金融市場で大規模な資金運用を行うことが有名になった「財テク企業」すらみられた。

金融市場の取引を仲介することで手数料を得る証券会社は、財テク企業との取引拡大に奔走した。株高が続くことを想定して、企業から資金を預かり、運用を実質的に一任で請け負う「営業特金[10]」や、元本のみならず、一定の運用利回りを保証する「利回り保証」も横行する[11]状況だった。

エクイティファイナンスで無利息同然の資金を調達、その余裕資金を証券会社の運用に預けて、そこで新たに他社が発行したエクイティファイナンス商品を購入する。株高が上昇を続けることを前提とした「財テクマネー」は市場を席巻した。

財テクと同様に活況を呈したのは、上昇する地価を後ろ盾とした不動産開発であった。成長を続ける日本では、土地は常に足りなくなる、という「土地信仰」ともいうべき風潮に拍車がかかり、各地で不動産開発が行われた。大都市の商業地価は約

---

[9] 資金調達と資金運用をセットにして、利鞘を確定させる案件持込みも多くみられた。
[10] 営業特金は、取引先から預かった資金を一任運用することから問題が多く、大蔵省（当時）は1989年12月に通達を出し、1年以内に営業特金を解消することを命じている。
[11] 「利回り保証」が、運用契約上で行われることはまれであり、契約上交わされない、営業担当者との間の約束事、いわゆる「ニギリ」として行われることが一般的であった。

10年で6倍近い上昇となった。より広い開発地を確保するために、脅迫まがいの行為で土地買収を推し進める、不動産「地上げ」が横行した。ゴルフ場開発も全国各地で行われ、1985年に全国に1,400カ所あったゴルフ場は1990年代終わりには2,400カ所にまで増加した。

4 地価・株価下落と不良債権問題

しかしながら、経済の「ユーフォリア[12]」は長続きしなかった。すでに1990年に入ってから株価は下落に転じていたが、1990年3月と8月に日銀が公定歩合を引き上げると[13]、株価はするすると下落、日経平均株価は同年10月には、前年の終値である最高値3万8,915円に対して半値を割り込んだ。

また、経済企画庁が「いざなぎ景気越え」を宣言した1991年には、地価が下落を始めた。前年の3月に大蔵省（当時）が導入した土地関連融資の総量規制が、銀行による不動産融資の道を断ち切った効果に加え、翌年に地価税制改正が施行されると地価は一気に下落に転じた。

---

12 幸福感。景気循環においては、「熱狂的陶酔感」として表現される。
13 1980年代後半の資産価値の高騰に対して、日銀が金融引締めを行わず、結果として経済のバブル化を許したのではないか、という議論に対して、日銀関係者は、当時、1985年のプラザ合意で示された①為替市場協調介入、②日本の内需拡大要請、の政策合意と、円高不況からの脱却を目指した金融緩和姿勢を背景としたなかで、公定歩合引上げによる金融引締めへの転換に向けて本格的に取り組み始めたのは1989年に入ってからであり、かつその目的はあくまで「インフレの予防」であった、としている。序章「プラザ合意」参照。

図表4-5 1986〜1996年における公定歩合の推移

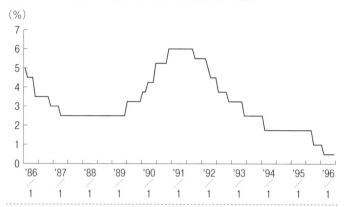

公定歩合は、バブル経済が進展した1980年代後半にいったん最低値となった後、1989年後半から引締めに転じた。その後、バブル経済の崩壊と日本経済停滞を受けて、急速に緩和に転じた

　地価や株価を中心とした資産価格が下落に転じたことは、金融機関の貸出資産が劣化することを意味した。金融機関は融資にあたって不動産や有価証券を担保とするのが一般的である[14]。こうした担保付貸出では、融資先企業の業績が悪化した場合の最終的な貸出金の回収は担保を処分することによるが、その価値が下落することは、貸出先が倒産した場合の貸出金回収が困難になることを意味したのである。特に資産価格が上昇を続けたバブル経済期には不動産開発絡みの融資案件が多く、地価の下落はこうした貸出資産から劣化した。これらの貸出が

14　第1章「BIS規制と「リスク」アセット」、第2項「日本における「銀行貸出審査」」参照。

図表4－6　1982～1999年における日経平均株価の推移

日経平均株価は、1989年末に3万8,915円の最高値をつけた後、下落に転じた

(出典)「日本におけるバブル崩壊後の調整に対する政策対応」日本銀行金融研究所

行われた企業は不動産開発やリゾート開発、さらには不動産投資そのものを行っていた企業が多かった。担保価値と同時に本業の業績も急速に悪化するなか、これら企業の資金繰りは、急速に悪化、銀行借入れに対する返済や利払いができなくなり、金融機関の貸出資産は不良債権となっていった。貸出資産が不良化するに伴い、1990年代前半には経営体力が弱い地域金融機関から経営が立ち行かなくなるケースが出始めた。

1992年、愛媛県に本拠を置いていた東邦相互銀行が経営危機に陥った[15]。地域経済の混乱を避けるため、同県の大手地方銀行である伊予銀行が救済合併を申し出、さらに伊予銀行の負担

図表4－7　1980～2000年における六大都市市街地価格指数推移

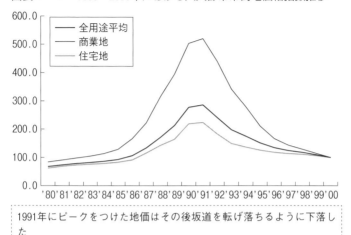

1991年にピークをつけた地価はその後坂道を転げ落ちるように下落した

（注1）　六大都市は、東京区部、横浜、名古屋、京都、大阪、神戸。
（注2）　2000年3月末を100とした指数。
（出典）　「市街地価格指数」日本不動産研究所

を軽減するために、預金保険機構が伊予銀行に対して低利の貸付[16]を実施、救済合併のための資金援助を行った。

　同年、大阪市に本拠を置く東洋信用金庫[17]が、同金庫を発行者とする架空預金証書事件[18]に巻き込まれた。巨額の架空預金証書が出回った同金庫は経営が立ち行かなくなり、10月に三和

15　1947年に四国建物無尽として設立。1991年3月末時点で、資本金36億円、預金残高3,313億円、従業員は545人であった。東邦相互銀行は1971年から来島どっくを中心とした来島グループ入りしていたが、1985年以降の円高で造船業が苦境に陥ったこと等をきっかけに業況が悪化した。
16　金額80億円の低利融資。預金保険機構による初の援助融資となった。
17　1992年3月の預金残高は、3,042億円。

銀行（当時）に救済合併された。預金保険機構は三和銀行による合併を支援するため、200億円の金銭贈与による資金援助を実施した。

金融機関、特に広く一般預金者からの預金を預かる預金金融機関には、一定金額の預金を守る預金保険制度[19]が適用される。銀行などの預金金融機関は、集めた預金に対して一定の預金保険料を預金保険機構に納める。預金保険機構は、特定の預金金融機関の経営が破綻して預金の返還ができなくなった場合に、預金保険限度額までの金額を預金者に支払うことになる。1986年には預金保険法改正法が成立して、経営危機に陥った預金金融機関に対して預金保険基金から資金援助を行う資金援助制度の枠組みが準備された[20]。しかしながら、預金保険基金には限りがあり、多くの預金金融機関が一度に経営危機に陥ることを想定したものではなかった。

この時期までにおいて、金融機関の経営が立ち行かなくなった場合の処理策は、都市銀行[21]を中心とする大手金融機関が不

18　「北浜の天才相場師」と呼ばれたこともある大阪市の料亭のオーナーが、同信用金庫の支店長らに架空定期預金証書を作成させ、それを担保に資金を借り入れて運用を行っていた事件。バブル経済崩壊とともに運用が悪化し、架空預金事件が発覚した。
19　預金保険制度は1971年に創設された。
20　1992年の三和銀行による東洋信用金庫救済における200億円の資金援助の実施が初めての適用ケースとなった。
21　都市銀行は、「普通銀行のうち六大都市またはそれに準ずる都市を本拠として、全国的にまたは数地方にまたがる広域的営業基盤を持つ銀行（金融制度調査会、1968年10月）」と定義され、1973年以降、13行が存在していた（図表4－8参照）。

図表4-8 1973～1990年代半ばまでの「大手行体制」

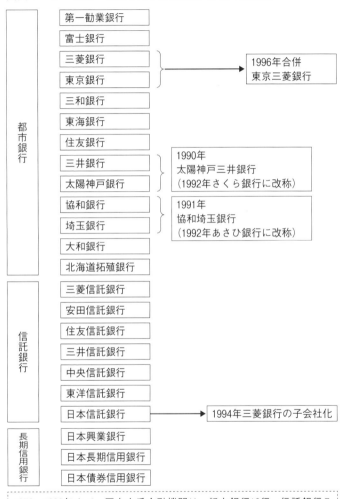

1973～1990年まで、国内大手金融機関は、都市銀行13行、信託銀行7行、長期信用銀行3行からなる、「大手23行体制」として安定していた。1990年代に入り、大手行の合併再編により「大手21行体制」へと姿を変えた

振金融機関を救済合併するケースが一般的であった。経営体力に余裕のある大手金融機関に不振金融機関の経営や貸出債権を委ねることで経営再建を確実にすることができたのである[22]。一方、こうした措置がとられた背景には、当時の日本においては金融機関の破綻処理に対する法的枠組み、いわゆる「セーフティネット」が確立していなかったことから、金融機関を法的枠組みのもとで破綻させることができず、仮に金融機関の破綻が発生した場合、預金者を含む債権者の不安が一気に高まって、いわゆる金融システミック・リスクにつながる可能性があったという事情もあった。しかしながら、経営不振に陥る金融機関が急増する一方で、バブル経済の崩壊から、大手金融機関自らが抱える不良債権も増加しており、大手金融機関による不振金融機関の救済合併という手法も限界を迎えつつあった。1990年代のバブル経済の崩壊と資産価格の下落は、それまでの不振金融機関に対する対応をはるかに超える動きを強いることとなったのである。

5 住専問題

バブル経済崩壊期の金融情勢に影響を与え、大きな政治問題となったのが、住宅金融専門会社、いわゆる「住専」の不良債権問題であった。

---

[22] 一方、それを引き受ける大手金融機関にとっても、事業法人の貸出需要を満たす資金枠や店舗網を一気に拡大できる点で相応のメリットがあったと考えられる。

住専は元来、個人向けの住宅ローンを専門に行うために、大手金融機関が中心となって出資することによって、1970年代に設立された金融会社であり、銀行免許はもたない、いわゆる「ノンバンク」であった。その設立に携わった大手銀行は「母体行」と呼ばれていた。住専の設立当時、母体行たる大手銀行の主たる関心は事業法人に対する貸出にあり、小口の個人の住宅資金需要に応じる態勢にはなっていなかったことから、住宅ローンを専門に取り扱う会社として住専が設立されたのである。ところがその後、事業法人向けの貸出需要の伸びが停滞すると、大手銀行自身が個人向けの住宅ローン貸出に乗り出し、住専が行う住宅ローンは伸び悩んだ。存亡の危機に直面した住専は、バブル経済下で当時活況となっていた不動産融資に急速に傾斜した。住専はノンバンクなので、その資金調達は銀行借入れに頼っている。母体行を中心とした金融機関は、住専に対する貸出を拡大することで、不動産開発融資にまい進する住専の旺盛な資金需要を支えることになった。さらにその資金需要は母体行を中心とした銀行だけではまかないきれなくなり、農林系の農協系統金融機関がそれを補完するかたちで、住専に対する貸出を急速に拡大していった[23]。

　しかしながら、バブル経済の崩壊によって、こうしたビジネスモデルも崩壊した。住専が積み上げた膨大な不動産関連融資が、不良債権の山となったのである。1995年夏、大蔵省（当

23　特に農協系統金融機関については、不動産向け融資の総量規制が実施された前後から融資量が増加している。

時)は住専8社に立ち入り調査を行い、8兆円を超える不良債権を指摘した。その金額は住専の総資産のほぼ半分にものぼっており、住専の経営が立ち行かないのは明白であった[24]。住専が預金を集めず銀行借入れからなる、いわゆる「ノンバンク」であることからすると、これほど多額の不良債権を抱えた住専は、本来債務超過と認定され、倒産もやむをえなかった。しかしながら、その金額的影響の大きさに加えて、銀行の出資によって個人向けの住宅ローンビジネスを始めた経緯と、住専に対する融資金額の多かった農協系統金融機関が母体行による責任負担を求めたことから、住専問題は大きな政治問題となった[25]。1995年6月には、政府与党による「住専問題のためのプロジェクトチーム」が設立され、11月にその提言が公表された。提言の内容は、設立の中心となった「母体行」が総額3.5兆円に及ぶ債権放棄を行うことで損失を負担し、それ以外の一般銀行は総額1.7兆円の負担、農林系統金融機関は5,300億円の負担を行う一方で、「足らず米」となった6,850億円については公的資金を投入して抜本的処理を行う、というものだった。1996年6月には、住専の処理に関する、いわゆる住専法[26]が成立、同年7月には、住宅金融債権管理機構が設立され、住専のもつ債権回収にあたることとなった。

---

24 その後の経緯から、住専処理は農林系を除く7社を対象とすることとされた。7社ベースで指摘された不良債権は6.4兆円であった。
25 1996年1〜6月まで行われた通常国会は、住専に対する公的資金投入問題を中心に議論が行われたことから、「住専国会」と呼ばれる。
26 特定住宅金融専門会社の債権債務の処理の促進等に関する特別措置法。

こうして、住専の不良債権処理問題は政治情勢と複雑に絡み合って進んだのである。

6 相次いだ金融不祥事と預金全額保護

この時期の金融界と社会情勢を特徴づけたのは、金融不祥事が多数発生したことであった。先に示した東洋信用金庫問題は、1991年に、同金庫の総預金量をも上回る数千億円分もの定期預金証書が偽造されて金融業者に出回った、という事件が発端となったものであった。同年春には富士銀行（当時）赤坂支店で総額7,000億円を超えるといわれる不正融資事件が発生していた。バブル経済を通じて事業法人や金融機関と、いわゆる「ヤミ社会」とのつながりもみられた。1990年に発生した「イトマン事件」では、1883年創業の名門繊維商社であるイトマンが、不動産や絵画取引を通じて多額の資金を詐取された[27]。1991年6月には野村證券の損失補てん問題が報道された[28]。バブル経済崩壊や不動産融資の総量規制によって、銀行が不動産融資の道を閉ざしたなかで、1993年8月には、和歌山県に本店を置く第二地銀である阪和銀行の副頭取が射殺され、翌年9月には住友銀行名古屋支店の支店長が射殺される、という事件が発生した。1995年には、金融機関行政を司る大蔵省（当時）を

---

[27] イトマンは1993年に住友金属工業の子会社である住金物産に吸収合併された。
[28] 同月の証券取引法（当時）改正により、事後の損失補てんが禁止されていた。

めぐるスキャンダルが問題となった。1997年には野村證券による総会屋への利益供与が発覚した。さらにその対象となった大物総会屋には、大手都市銀行である第一勧業銀行（当時）が資金を融資していたことが明らかになった。バブル経済の崩壊を契機に、バブル期に埋め込まれていた社会のウミが表面化し、社会動向は異常さを増していった[29]。

　地域金融機関の破綻は続いた。1995年7月には、4,300億円の預金量を有したコスモ信用組合（東京都）が破綻した。金融システム不安に対する影響を重くみた日銀と預金保険機構は、預金の全額保護を宣言した。同年8月には、大阪府が1兆3,000億円の預金量を有した大阪の木津信用組合に対する業務停止命令を発表、同信組は経営破綻した。預金保険機構はそれまでで最大の1兆円を超える資金贈与を行うことで預金を全額保護した[30]。また同日には、一時は3兆円を超える預金量を有した兵庫県の第二地銀である兵庫銀行が、銀行としては第二次世界大戦後初めて経営破綻した。政府は、1996年6月に預金保険法を改正し、2001年3月までの時限立法として、預金の全額保護を

---

[29] 経済事件以外にも、1995年1月には阪神・淡路大震災、3月には地下鉄サリン事件が発生した。さらに1995年夏には第3章で取り上げた大和銀行ニューヨーク支店巨額損失事件が発生している。

[30] 命令発表の前日には、同信組の店頭に預金の払戻しを請求する預金者が列をなす、いわゆる「取付け騒ぎ」が発生した。また、破綻処理も混乱を生じ、資金繰り支援のために日銀が行った資金融通、いわゆる「日銀特融」のうち1億円が行方不明になる、という事件も発生した。木津信用組合の破綻直前の総資産1兆3,131億円に対し回収不能な債権は9,585億円とされ、回収不能債権の比率は、73%にのぼった。

制度化した[31]。この結果、預金に対する金融不安はいったん収まりをみせた。

しかしながら、金融システムに対する不安は収まらなかった。1997年の金融危機は、全額保護を宣言することで死守を約した預金システムの外側にあり、そこでは守られない金融機関から勃発した。

7 マヒした短期資金市場と1997年秋の金融危機

バブル経済崩壊の痛みは、貸出資産を抱える銀行に限られたものではなく、エクイティファイナンスのアレンジでそれを支えていた証券会社も直撃した。株価の下落によって株式取引の委託手数料が減少し、株価上昇期待が薄れたことから、エクイティファイナンスもすっかり姿を消した。株式を購入する権利を付与したエクイティワラントは、株価がワラントが設定した株式購入の行使価格を大きく下回ったことから、行使価格で株式を購入できる、という購入権の価値がなくなり、「紙クズ」と化した。加えて、財テク企業との間で利回り保証などの「ニギリ」を行った証券会社[32]は、これら財テク企業との間でトラブルを抱えていた。さらに大手の証券会社は、系列ノンバンク子会社を通じて企業融資や不動産開発等を拡大しており、これらの系列ノンバンク子会社が不良債権の山を築いていた。

---

31 具体的には、預金保険機構による資金援助方式について、ペイオフ・コストを超える援助を可能とする「特別資金援助」が加えられた。
32 第3項「エクイティファイナンスと「財テク」」参照。

大手証券会社に次ぐ中堅証券会社の位置づけだった三洋証券は1980年代半ば以降、業務を急拡大させていた。1988年に三洋証券が竣工させたトレーディング業務センターは、当時世界最大とされ、東京証券取引所の立会場の約2倍の面積を誇った。また、系列ノンバンクも次々と設立していた。

　バブル経済崩壊は、三洋証券の拡大路線を直撃した。株式取扱手数料が停滞するなか営業収入は激減し、過大投資に対する固定費負担も加わって、1992年から大幅な赤字を2年連続で計上、その後6年連続赤字決算が続いた。主要取引銀行や親密証券会社が中心となって、1994年に経営再建策が策定され、緊急融資もなされたが、1997年8月に大蔵省の金融検査部は、三洋証券は実質的に債務超過である、との結論を出した。

　1997年11月3日、三洋証券は会社更生法を申請して経営破綻した。証券会社としては、第二次世界大戦後初の倒産であった。ところが、三洋証券による会社更生法申請は思わぬ波紋を呼び、1997年11月の金融危機を引き起こす大きな要因となった。

　会社更生法等の倒産法制は債権者平等の原則に基づいており、会社更生法が申請されると債権者の権利を平等に保全するため、倒産会社の資産はいったん凍結され、債務を支払うことができなくなる。三洋証券は、金融機関が日常の資金のやりとりを行うため、短期資金市場である無担保コール市場や債券貸借市場（債券レポ市場）で資金のやりとりを行っており、翌11月4日にはそれ以前に借り入れた資金の返済が予定されてい

た。ところが、11月3日に申請した会社更生法に基づいて資産凍結の措置がなされたことから、三洋証券は、4日に満期が来るこれら取引の資金返済を行うことができなくなってしまった[33]。金融機関間の短期金融市場で史上初のデフォルトが発生したのである[34]。

　短期金融市場はマヒした。経営不振の金融機関を取引相手とした市場取引は、取引相手の金融機関が会社更生法を申請した場合、突然返済不能になる可能性があることに、多くの金融機関はこの時初めて気づいたのである[35]。金融機関は短期金融市場での資金のやりとりに極端に慎重になった。その結果、経営に不安がある、あるいは、不安があるとみなされた金融機関は、短期金融市場を通じた資金調達から事実上締め出され、市場はパニック状況に陥ってしまった。

　三洋証券が経営破綻した翌週末には、都市銀行の1つとして北海道を中心に経営基盤を置いていた北海道拓殖銀行（以下「拓銀」）が銀行間資金市場からの資金調達に窮し、11月15日の臨時取締役会で営業継続断念を決定、経営破綻した。拓銀も、バブル期に拡大していた系列ノンバンクが積み上げた不良債権

---

[33] 三洋証券の会社更生法申請は11月3日の祝日（月曜日）に行われたため、翌11月4日（火曜日）の資金決済がストップした。

[34] 無担保コール市場では三洋証券に対して10億円の資金を供与していた群馬中央信用金庫が、債券レポ市場では83億円の信用供与に応じた都城農協が、返済を受けられなくなった。

[35] それまでの金融機関破綻処理は、大蔵省（当時）等の指導のもとで、大手金融機関の救済等の方法で行われていたため、金融機関は会社更生法申請時の破綻処理に対する感覚が鈍かったといわざるをえない。

処理に苦慮していた。すでにこの年の4月には、単独での生き残りはもはや困難との判断から、北海道の大手地方銀行である北海道銀行との合併を翌1998年に行うことを発表していた。しかしながら、合併準備作業の過程で経営方針の違いが表面化し、9月に合併の半年延期が発表された。市場関係者は、合併は白紙撤回されたと解釈し、拓銀の経営破綻を噂した。そうした拓銀の存続にとどめを刺したのは、三洋証券の経営破綻後の短期金融市場の混乱から資金調達が困難になったことであった。

さらに拓銀の経営破綻からわずか1週間後の11月24日[36]、国内四大証券会社の一角に数えられていた山一證券が自主廃業を発表した。

山一證券を破綻に至らしめたきっかけは、バブル期における営業特金[37]獲得の過程で行われた利回り保証と損失補てんであり、バブルの崩壊とともにそこから積み上がった損失を簿外債務として処理する、いわゆる「飛ばし」が、金融不安のなかで立ち行かなくなったことであった。

山一證券がバブル期に獲得した営業特金はピーク時には2兆円を超えたとされている。その多くで行われていた「利回り保証」は、バブルの崩壊とともに立ち行かなくなり、営業特金を預かった取引先との間でトラブルとなっていた。預かっていた資産が、市場価格下落から含み損を抱え、取引先との間で

---

[36] 11月24日は月曜日であったが、勤労感謝の日の振替休日であった。
[37] 第3項「エクイティファイナンスと「財テク」」参照。

「握った」利回りを還元することができなくなったのである。山一證券は損失の一部を自社が引き受け、海外現地法人の口座や新たにペーパーカンパニーを設立して含み損を抱えた有価証券を転々とさせることで、損失を「飛ばし」、多額の簿外債務を抱えることとなった。株価下落から山一證券自体の業績も悪化し、決算における赤字計上から、1997年3月の株主資本は4,434億円に急減した。さらにその簿外債務が広く知られるところとなったことから、山一證券の資金繰りは急速に悪化した。山一證券は10月以降取引銀行に資本増強や貸出支援を求めたが断られた。万策尽きた山一證券は、11月24日の休日に臨時取締役会を開催し、自主廃業を決定した。

　一般預金者の預金を預かる銀行ではなかったとはいえ、地方銀行、都市銀行に続いて大手証券会社の一角までも経営破綻を起こしたことは、日本の金融機関がきわめて深刻な状況に陥っていることを印象づけることとなった[38]。知名度という点では、山一證券は拓銀よりもはるかに高い。「山一ショック」は市場を直撃し、日経平均株価は1万6,000円を割り込んだ。

　折から1997年の夏には、アジア通貨危機が発生していた。アジア通貨危機と日本の金融危機には直接の関連はなかったが、極東に位置する日本の金融危機が世界恐慌の引き金となりかねない、との懸念が生まれていた。日本の金融システムに対する内外の信頼は大きく低下していた。橋本龍太郎首相（当時）は

38　山一證券が自主廃業した週の週末には宮城県に拠点を置く徳陽シティ銀行が自主再建を断念して破綻し、仙台銀行への営業譲渡を発表した。

「日本発の世界恐慌は起こさない」と明言、自主廃業を発表した山一證券に対する当座の資金供給を潤沢に行う[39]とともに、12月16日に金融システム安定化のための緊急対策を決定した。翌1998年2月16日には、異例の速さで預金保険法の改正と金融機能安定化緊急措置法が成立し、10兆円の国債と20兆円の政府保証を原資として30兆円の公的資金を活用する枠組みが準備された[40]。これにより、銀行は自己資本増強のために公的資金注入を申請することができることとされたが、公的資金申請が経営不振を想起させることをおそれた銀行側が申請を躊躇したため、13兆円の一部の1兆8,000億円を大手銀行に横並びで注入するにとどまり、十分な効果をあげることはできなかった。金融システムに対する不安を払しょくするには程遠かった。積極的な危機対応政策を打ち出すことで、連鎖的な金融機関破綻はいったん小康状態となったが、金融機関破綻を伴う金融危機は翌年に第2幕を迎えることとなった。

8 金融再生トータルプラン六法案と早期是正措置の導入

1998年2月に成立した預金保険法の改正と金融機能安定化緊急措置法は、金融危機に対する、いわば応急措置としての制度

---

[39] 山一證券破綻後に顧客保護を目的として実行された日銀特別融資は1兆2,000億円にのぼった。
[40] このうち17兆円は預金保険法のもとで預金の全額保護を図る体制整備のため、残りの13兆円は緊急措置法のもとで金融機関の自己資本充実のための公的資金投入のために使用されるものとした。

であり、金融機関の破綻処理に対する抜本的体制は、1998年10月16日に成立した金融再生関連法、いわゆる金融再生トータルプラン関連六法案[41]の成立を待つ必要があった。トータルプランでは、公的資金枠が60兆円に拡充されるとともに、経営が困難となった金融機関を一時的に政府の管理下に置く特別公的管理制度が織り込まれた。

こうした公的資金の枠組みに加えて、金融検査を通じて不振に陥った金融機関を浮き彫りにする手だても準備された。銀行の不良債権に対して適正な引当額を算出し、その大きさに応じて業務改善命令や業務停止命令を実施することができる、とする早期是正措置が導入されたのは1998年4月であった[42]。さらにその執行を確実にするために、1998年6月に金融監督庁[43]を発足させ、早期是正措置を含む金融行政の執行体制を整備した。金融再生トータルプラン関連六法案と早期是正措置の導入により、懸案であった金融システムを守るセーフティネットが、一応の成立をみたと考えることができる。

9 1998年の金融危機

長期信用銀行[44]、いわゆる長信銀は、第二次世界大戦後に産

---

41 金融再生トータルプラン関連六法案は、金融機能再生緊急措置法(金融再生法)、金融機能早期健全化緊急措置法、預金保険法改正法、サービサー法、競売制度関連2法、根抵当権譲渡臨時措置法、等から構成された。
42 早期是正措置については、第10項参照。
43 大蔵省(当時)から金融行政を分離独立させた。

業復興のための資金を供給するために成立した長期信用銀行法のもとで設立された。満期が比較的短い定期預金や普通預金を資金調達源としていた都市銀行に対して、長信銀は満期5年の金融債[45]を無担保で発行することが認められ、これら金融債は都市銀行や地方銀行等の金融機関にも広く購入された。一方長信銀による貸出は、原則として企業が中長期の設備投資を行う際の設備投資資金や、業容拡大に伴う増加運転資金のニーズに対応するものであった。金融機能における機能分化が「長短金融の分離」というかたちで行われていたわけである。長期資金を貸し出すためには、企業の長期的な業績見通しに対する審査能力が不可欠となる。そのため、長信銀では企業や設備投資案件の審査能力や、さらにさかのぼって産業調査や経済調査が重視されていた。

しかしながら、日本経済が戦後の高度経済成長期から、安定成長期へと変化する過程で、国内企業の設備投資は鈍化し、長信銀が設備投資に限定して貸出を拡大し続けることはむずかしくなっていった。一方、貸出拡大を目指す都市銀行も、より利鞘の大きい長期貸出に収益機会を見出していった。金融の自由化が進展するにつれて、長信銀と都市銀行の間の長短金融の垣根は、徐々にあいまいなものとなっていった。1980年代に入って長信銀は、プロジェクトファイナンスや企業の買収合併に助

---

44 日本興業銀行、日本長期信用銀行、日本債券信用銀行の3行。図表4−8参照。
45 同時に期間1年の割引債の発行も認められていた。

言を行うM&A業務、企業の資本市場での資金調達に絡んだスワップ取引等のデリバティブ業務や市場業務等、新たな業務に活路を見出すべく積極的に取り組んだが、これら新型のファイナンスからの収益で長信銀の業容を支えるのは困難であった。

そうしたなかで、不動産開発を中心としたバブル期の開発金融ブームは、長期資金需要を渇望していた長信銀にとって恵みの雨ととらえられた。長信銀は大都市における不動産プロジェクトや地方におけるゴルフ場、リゾート施設等の開発プロジェクトに積極的に取り組んだ。しかしながら、当時の日本全体がバブル経済の行方を見誤ったのと同様、バブル経済の崩壊とともに、こうした開発金融の多くが不良債権化することとなった。

長信銀3行のうち、日本長期信用銀行(「長銀」)と日本債券信用銀行(「日債銀」)では、自身による不良債権増加に加えて、系列のノンバンクが巨額の不良債権を抱えている事実が明らかになった[46]。1997年の金融危機が発生するなか、これら2行の経営問題がクローズアップされた。

先に動いたのは日債銀だった。1997年4月1日に、海外業務からの全面撤退や本店売却などの再建策を自ら打ち出すと、大蔵省(当時)は大手銀行12行に対して日債銀に対する債権支援

---

46 前述の拓銀や山一證券のケースでもみられるとおり、当時の金融機関では、大なり小なり系列ノンバンクや不動産会社による不良債権が発生していた。しかしながらその規模や集中度合はまちまちであり、結果としてその違いがその後の経緯に大きく影響したといえる。

を要請した[47]。4月11日には米国のバンカーズ・トラスト銀行との業務提携を発表、さらに系列ノンバンクを清算するにあたっては、当時の常識とされていた「母体行主義[48]」に従わず、他の金融機関にも負担を強いる自己破産申請に踏み切った。

これに対して長銀は、1997年7月にスイスの3大銀行の1つであるスイス銀行と、3％の相互株式持合いによる資本提携や、投資銀行・投資顧問・プライベートバンキングの3部門での合弁子会社の設立、スイス銀行を引受主幹事とする大型増資の実施、といった内容を含む戦略的提携を打ち出した。資本提携を含む欧米先進金融機関との包括的業務提携は、当時としては先進的な提携の試みとして評価された。

しかしながら、下落を続ける資産価値の濁流は、こうした両行の取組みをも一気に飲み込んでしまうこととなった。

1998年春、長銀が市場の標的とされた。6月に発売された月刊誌の報道をきっかけに、長銀の経営不安についてのマスコミ報道が踊った。その直後に、UBS[49]との戦略的提携の結果として誕生した長銀ウォーバーグ証券[50]が、市場に巨額の長銀株を

---

47 当局が民間金融機関である日債銀の資本調達に対して一律の協力を促した点で「奉加帳方式」と呼ばれた。
48 系列ノンバンクに対する責任は全面的に親銀行が負うとするもので、当時の金融界の慣例であった。住専処理においても母体行主義に基づいた処理がなされていた。
49 スイス銀行は、長銀との提携を発表した5カ月後にスイス最大手のスイス・ユニオン銀行との合併を発表、1998年時点では、UBSとなっていた。

売りに出したことが明らかになった[51]。市場は提携解消を懸念、長銀株は大きく売り込まれることとなった。マスコミは同じく経営不安説のあった日債銀との合併を報道した。6月25日には長銀株は額面と同額の50円をつけた。前年の金融危機を思わせる空気が再燃した。

長銀の規模は前年秋の拓銀や山一證券を大きく超えており、国際的な知名度も高い。さらに長銀が活発なデリバティブ業務を行っていたことから、仮に破綻した場合に巨額のデリバティブ取引の処理ができるのかも懸念された。個人顧客は金融債を中途解約するために長銀の本支店を多数訪れた[52]。事態は一刻の猶予も許されなかった[53]。6月26日、長銀は住友信託銀行との合併検討を公表、住友信託もこれに答えた。しかしながら、市場は合併の実現をいぶかっていた。

大蔵省から分離独立するかたちで設立された金融監督庁は、6月22日に長銀に対する金融検査に着手、系列ノンバンクも含めた不良債権の全体像を把握する作業に集中した。7月に始

---

50 長銀ウォーバーグ証券は、長銀とUBSとの合弁子会社設立の第1号として、同月1日に業務を開始していた。なお、「ウォーバーグ」は、UBSの投資銀行業務における当時のブランド名である。
51 長銀ウォーバーグ証券は、同証券の英国顧客の売り注文によるものであり、UBS自身の自己取引勘定による売りではない、と説明したが、市場の疑問は払しょくしきれなかった。
52 金融債は本来長信銀が発行する無担保社債であったが、政府は金融債に対する個人投資家の不安に配慮し、金融債を預金保険の保護対象とする決定を行った。
53 1998年5月に200円台だった長銀の株価は6月25日に額面である50円をつけた後、8月には額面を割り込み、さらに10月12日には10円まで下落した。

まった国会では連日のように金融危機をめぐる議論がなされ、長銀問題は政治問題化した。

金融監督庁による長銀の金融検査結果は、不良債権を再評価すると長銀が債務超過状態になる[54]、というものだった。金融再生法が施行された10月23日当日、その適用第１号として、政府は長銀の破綻を認定し、破綻銀行に適用する金融再生法36条に基づいて一時国有化することを決めた[55]。

金融監督庁は長銀に続いて日債銀に対する金融検査を実施した。12月13日、政府は検査結果に基づいて日債銀についても破綻銀行と認定、長銀と同じく金融再生法36条に基づく一時国有化を決定した[56]。

---

[54] 1998年３月末時点では資産超過であったが、同年９月末では自己資本そのものが1,600億円の資産超過であるのに対し、有価証券や動産・不動産を当時の時価で評価した場合、含み損が約5,000億円上乗せされるため債務超過に転じる、との評価であった。同年４月に導入された早期是正措置を適用し、金融監督庁が不良債権に対する適正な引当規模を算出、それに基づくと長銀の自己資本が債務超過水準にある、という判断を下したものである。この点についてはその後、長銀および日債銀の経営陣に対して、それぞれの銀行が債務超過状態にあることを隠匿したとする、証券取引法（当時。現金融商品取引法）違反の疑いが問われた際に論点となった。最高裁は両行の経営陣には刑事責任・民事責任とも認められないとして、それぞれ2008年（長銀）、2009年（日債銀）に無罪判決を下した（脚注59参照）。

[55] 長銀は資産超過の金融機関に適用される金融再生法37条に基づく国有化申請を実施したのに対して、政府は上記（脚注54参照）の含み損を織り込むことにより、債務超過の金融機関に適用される金融再生法36条に基づく国有化の決定を行った。10月16日に成立した特別公的管理制度は、そのわずか１週間後に実際に適用されることになる。なお長銀は、2000年に、米国の企業再生ファンドであるリップルウッド社を中心とする投資組合に売却された。その後新生銀行に改称され、2004年に東証第一部に再上場した。

図表4－9　1997～1998年の金融危機の結果としての「大手行体制」

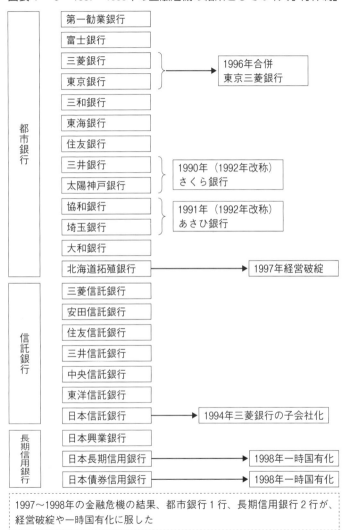

第4章　日本の金融危機とジャパン・プレミアム【1997～1998年】

日債銀の一時国有化から2日たった12月15日、金融再生委員会が発足した。金融再生委員会は金融機関の破綻処理や免許付与・取消しを担うこととなり、金融監督庁が行う金融検査との切分けが成立、金融システムを守る枠組みが法制面に加えて行政面でも強化されることとなった。

　大手銀行が相次いで一時国有化される、という1998年の冬を経たものの金融情勢は「あく抜け」とは程遠かった。金融監督庁は1998年12月に集中金融検査の結果として不良債権残高は49兆円にのぼると公表した。市場は次なる経営不振銀行を探していた。1999年3月、金融再生委員会は、大手銀行15行に対して、約7兆5,000億円の公的資金注入を決定した。前年3月に行われた第1回目の公的資金注入が1兆8,000億円にとどまったことを考えれば、その後1年も経たないうちに4倍近い公的資金注入が決定されたことになる。また、第1回目の注入がすべての対象銀行に同額の注入が行われたのに対して、今回の注入では、銀行ごとに金額を変える対応とし、公的資金の必要度の違いを認めた対応とした。この第2回公的資金注入をもって、金融危機の激流は一時の落ち着きを取り戻した[57]。しかしながら1997〜1998年にかけての金融危機のつめ跡は大きかっ

56　なお日債銀は、2000年に、ソフトバンク・オリックス・東京海上火災保険（当時）が組成した投資ファンドに売却された。その後あおぞら銀行に改称され、2006年に東証第一部に再上場した。あおぞら銀行は2015年に公的資金を完済している。
57　この時期に大手行に注入された公的資金は、その後の収益回復等により、日本長期信用銀行（当時。現新生銀行）に対するものを除き、全額回収されている。

図表 4 −10　金融機関の破綻件数

年度	'91〜'94	'95	'96	'97	'98	'99	'00	'01	'02	'03	'04	'05
銀行	1	2	1	3	5	5	0	2	0	1	0	0
信用金庫	2	0	0	0	0	10	2	13	0	0	0	0
信用組合	5	4	4	14	25	29	12	41	0	0	0	0
計	8	6	5	17	30	44	14	56	0	1	0	0

バブル経済の崩壊に伴う金融機関の破綻は1990年代に急増、1997〜1999年の3年間で91件にのぼった

(出典)「金融機関の破綻事例に関する調査報告書」中北・西村教授グループ

た。金融機関破綻事例は、1997〜1999年までの3年間で91件にのぼった。

10　早期是正措置と金融検査マニュアル

　第8項で示した早期是正措置では、金融検査を通じて銀行の不良債権に対する適正な引当を求め、それをもとにした銀行の自己資本比率を算出したうえで、結果としての自己資本比率が健全性の目安となる一定の基準値を下回っている場合、その差に応じて業務改善命令や業務停止命令を実行することとされた。

　図表4 −11で示されるとおり、早期是正措置が実行されるのは、直接的には銀行の自己資本比率が下落することが引き金となるが、銀行の不良債権が拡大する時期に、こうした自己資本

図表4−11 早期是正措置

区分	自己資本比率		措置の内容
	国際基準行	国内基準行	
第一区分	4%以上 8%未満	2%以上 4%未満	原則として資本増強に係る措置を含む経営改善計画の提出およびその実行
第二区分	2%以上 4%未満	1%以上 2%未満	資本増強計画の提出・実行、配当・役員賞与の禁止またはその額の抑制、総資産の圧縮または抑制、高金利預金の受入れ禁止、営業所における業務の縮小・廃止等
第二区分の2	0%以上 2%未満	0%以上 1%未満	自己資本の充実、大幅な業務の縮小、合併または銀行業の廃止等の措置のいずれかを選択した上当該選択に係る措置を実施
第三区分	0%未満	0%未満	業務の全部または一部の停止

早期是正措置は、認定された引当額に基づく自己資本比率に応じて業務改善命令や業務停止命令を実行する客観的な基準として導入された

比率が低下する主な原因は、貸出債権の劣化による貸倒償却の発生や貸倒引当金の積増しである。

銀行の貸出債権に対する取扱いを明確にするため、1998年10月の金融機能再生緊急措置法では、銀行の貸出債権を、債務者の財政状態や業績等に基づき、正常債権、要管理債権、危険債権、破綻更生債権（およびこれらに準ずる債権）に区分することとした。

銀行は保有する貸出債権に対して貸倒引当金を積むことで、将来の貸倒れと、そこから生じる損失の発生に備えている。そ

れぞれの貸出債権に対しては、適切な引当率に基づく貸倒引当金が算出され、貸倒引当金は銀行の資本勘定から差し引かれる。不良債権が増加し、正常債権から、要管理債権→危険債権→破綻更生債権、と債権劣化が進むと引当率が上がって貸倒引当金が増加し、銀行の資本勘定が減少して、自己資本比率が低下、その結果として早期是正措置を受ける可能性が高まる、ということになる。

銀行の貸出債権は1銀行当り何万件にものぼる。それぞれの貸出債権が適切に区分されることを確実にするために導入されたのが、自己査定制度である。まず、銀行は自らが保有する貸出債権に対して、その質についての査定を行う。この査定は、銀行自らが行うことから「自己査定」と呼ばれ、債務者を、その財務状況、資金繰り、収益力等から、「正常先」「要注意先[58]」「破綻懸念先」「実質破綻先」「破綻先」の5種類に区分する。自己査定制度における債務者区分と金融再生法における債権分類は似ているものの微妙に異なっている。両者の対応関係はおおむね図表4－12のように整理される。

また貸出債権は、貸出先の区分や担保状況から、貸出回収のリスクの度合いを測り、Ⅰ～Ⅳの区分に分類することとした。このうち貸出回収に懸念がない資産はⅠ分類資産[59]であり、回

---

[58] ただし、要注意先については、要管理先とそれ以外を分けて管理することが望ましいとされており、実質的には、「正常先」「要注意先」「要管理先」「破綻懸念先」「実質破綻先」「破綻先」の6区分であると考えることができる。
[59] 「非分類資産」と呼ばれる。

図表4−12 債務者区分と金融再生法における債権区分の関係

債務者区分		金融再生法における債権区分との関係	
正常先	業況が良好であり、かつ、財務内容にも特段の問題がない債務者	正常債権	正常先に対する債権および要注意先に対する債権のうち、要管理債権に該当する債権以外の債権
要注意先	金利減免・棚上げを行っている、あるいは元利返済が事実上延滞している債務者のほか、業況が低調または財務内容に問題がある債務者など今後の管理に注意を要する債務者 なお、要注意先となる債務者については、要管理先である債務者とそれ以外の債務者に分けて管理することが望ましい		
		要管理債権	要注意先に対する債権のうち、3カ月以上延滞債権および貸出条件緩和債権をいう
破綻懸念先	経営難の状態にあり、具体的には、実質債務超過に陥っており、貸出金が延滞状態にあるなど元利金の最終回収に重大な懸念があり、今後、経営破綻に陥る可能性が大きい債務者	危険債権	破綻懸念先に対する債権
実質破綻先	法的な経営破綻の事実は発生していないが、再建の見通しが立っていないなど実質的に経営破綻に陥っている債務者	破綻更生債権	実質破綻先および破綻先に対する債権
破綻先	法的な経営破綻が発生している債務者		

> 銀行の自己査定制度および金融再生法で債務者および貸出債権のリスクに応じた区分が行われた

収懸念や価値毀損の懸念がある資産は、その程度によってⅡ〜Ⅳの3つに区分され、「分類資産」とされた。自己査定制度は、1998年3月の決算期から実施された[60]。

　監督当局である金融監督庁は、金融検査を通じて銀行が行っ

図表4-13 自己査定上の分類区分

Ⅰ分類	「Ⅱ～Ⅳ分類としない資産」であり、回収の危険性または価値の毀損の危険性について問題のない資産 正常先に対する債権はⅠ分類（非分類）とする
Ⅱ分類	債権確保上の条件が満たされない、あるいは、信用上疑義があるなどから、その回収に危険を含む債権などの資産 要注意先に対する債権で、金利減免・棚上げや元本返済猶予などを行っている債権で優良担保等による保全措置が講じられていない部分をⅡ分類とする
Ⅲ分類	最終の回収または価値について重大な懸念があり、したがって損失の可能性が高いが、損失額の合理的な推計が困難な資産 破綻懸念先に対する債権のうち優良担保等で保全されている債権（非分類）を除いて、回収が可能と認められる部分はⅡ分類、それ以外はⅢ分類とする
Ⅳ分類	回収不可能または無価値と判定される資産 実質破綻先および破綻先に対する債権のうち優良担保等で保全されている債権（非分類）を除いて、回収が可能と認められる部分はⅡ分類、担保評価額と処分可能見込み額の差額をⅢ分類、これ以外の回収見込みがない部分をⅣ分類とする

> 貸出先の債務者区分や担保等による保全状況から、自己査定上の貸出分類が決定される

た自己査定結果を検証し、その結果が妥当性に欠けると判断した場合には、債務者区分およびその結果としての債権分類についての修正を求めることになる。その結果として必要となる引当額が増加し、当該銀行の自己資本比率が下落した場合には、

早期是正措置に基づく監督措置が執行される可能性が高まることになる。

このように早期是正措置が有効に機能するためには、貸出債権に対して銀行が行う自己査定と、当局が金融検査を通じて行う検証の水準感が十分に擦り合っていなければならない。早期是正措置を通じて銀行の生殺与奪が決まるとなるとなおさらである。一方で、新たな基準に対して、両者の間のコンセンサスが即時に形成されることはありえない。こうしたことから金融監督庁は、金融検査に際しての検査官のチェックポイントを「金融検査マニュアル」として整備し[61]、1999年7月から適用を開始した。金融検査マニュアルにおける「資産査定管理態勢の確認検査用チェックリスト」は金融検査官のための基準となるとともに、銀行が自己査定を行う際の目安としての役割も果たすことになった。

---

[60] 1997年3月の大蔵省通達公表を受けて、同年4月に日本公認会計士協会が、自己査定についての実務指針を公表、この実務指針に従うかたちで1998年3月決算より、貸出資産の自己査定が開始された。ちなみに、長銀・日債銀の経営破綻に係る訴訟では、上記1997年3月の大蔵省通達が、「金融機関が従うべき唯一の会計基準」であり、これに基づく大蔵省の査定結果と異なる開示を行った両行経営陣が債務超過状態を隠ぺいした証券取引法違反に当たるとして争われたが、最高裁判決は、1998年3月および9月決算時点では、「唯一の会計基準」としては認められていなかったとして無罪判決を下した。

[61] 金融検査マニュアルは、1998年に「新しい金融検査に関する基本事項について」で打ち出した、金融機関の自己責任原則と市場規律の重視の方針に基づいて制定され、1999年7月から適用された。なお2007年に全面改正が行われている。

11 「ジャパン・プレミアム」

　1990年代後半、本邦金融機関の不良債権問題と経営不安は全世界の知るところとなった。海外の金融機関は、邦銀は不良債権の開示が十分ではなく、不良債権がいくらあるのか実態が不透明である、という不信感を抱いていた。1992年4月、大蔵省が初めて公表した大手21行の「破綻先・延滞債権」額は約8兆円であった。その後の株価下落に伴い、同年10月には、同21行の不良債権額は12兆3,000億円[62]とされた。1995年6月、対象をすべての預金受入金融機関に広げ、また破綻先・延滞債権だけでなく金利減免等債権も対象に含めた不良債権として約40兆円という数字が公表されていた。定義や対象範囲の違いはあれ、当局が公表する不良債権額が短期間にふくれあがる状況は、「邦銀の不良債権はいったいいくらあるのか」、という疑心暗鬼を生じさせても仕方なかった。海外のアナリストやエコノミストの発言には80兆円や100兆円といった数字もみられた[63]。また、株価や地価が下落するなか、不良債権の発生は一部の金融機関の問題ではなく、すべての邦銀が不良債権問題を抱えている、という認識も広まっていた。タイミングが悪いことに1995年9月に発覚した大和銀行ニューヨーク支店の不正取

62　破綻先債権および6カ月以上の延滞債権との定義。
63　ソロモン・ブラザーズ証券は1991年12月の顧客向けレポートで大手行の不良債権を約20兆円とした。また、英フィナンシャル・タイムズ紙は1992年5月に、邦銀の不良債権額を42兆円から56兆円の範囲内とした。なお、政府は1999年7月に不良債権額を80兆円と公表した。

図表4−14 1995〜2000年にかけてのジャパン・プレミアム推移

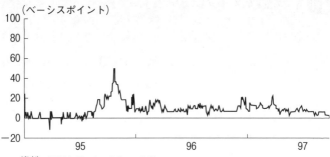

資料：British Bankers' Association
備考：ジャパン・プレミアムは、東京三菱銀行とバークレイズ銀行の3カ月物ドルLIBORレートの差。
(出典)　「日本におけるバブル崩壊後の調整に対する政策対応」日本銀行金融研究所

引[64]損失発生に関する経緯は、日本の金融が特殊かつ透明性に欠けるとの疑念をさらに強めることとなった。さらに1998年の金融再生トータルプラン関連六法の成立以前は、金融機関の破綻処理に対する法的枠組みも欠けており、実際に金融危機が発生した場合、日本は適切に対処できるのか、という疑問も抱かれていた。日本の金融システムに対する懸念は一気に高まりをみせた。

こうしたなか、国際的な銀行間で短期資金のやりとりを行うインターバンク市場において、邦銀を相手方とする取引を避ける、あるいは邦銀と取引する場合には、信用リスクを勘案して

---

[64] 第3章「大和銀行ニューヨーク支店損失事件と独立したリスク管理」参照。

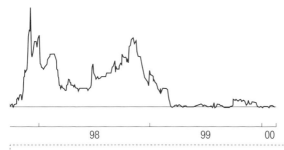

ジャパン・プレミアムは1990年代後半に断続的に発生、1997年秋には、1％に達した（1％＝100ベーシスポイント）

取引レートを引き上げる、という動きが広まった。銀行間のインターバンク市場は、銀行間取引に適用される金利を主要な銀行が提示し、その平均をとって基準金利とする「LIBOR[65]」金利を中心に形成される。通常LIBOR金利は一定の信用力をもつすべての銀行間取引に同一レートが適用されるが、邦銀の信用懸念から、邦銀に対する取引金利については、LIBORレートに金利が上乗せされることが一般的となった。「ジャパン・プレミアム」と呼ばれた上乗せ金利は、1997年秋の金融危機時に最高1％を超える幅に拡大、その後1998年の金融危機時にも0.8％以上に拡大した。

---

[65] London Inter-Bank Offered Rate（ロンドン銀行間オファーレート）の略。

ジャパン・プレミアムは邦銀の資金調達、特に米ドルを中心とした外貨調達を悩ませた。まず調達コストが海外の金融機関より高いということは、貸出における価格競争力を失うことを意味する。たとえば、米ドルLIBOR＋1％の貸出案件があった場合、LIBORそのもので資金が調達できる欧米金融機関にとっての利鞘は1％になるが、仮に邦銀のジャパン・プレミアムが1％あったとすると、邦銀の調達金利は実質的にLIBOR＋1％になってしまい、この案件は利鞘がない案件ということになってしまう。それ以上に問題だったのは、ジャパン・プレミアムを上乗せしさえすれば、外貨調達ができた、というわけでは必ずしもなく、レートを上乗せしても外貨調達ができないケースがしばしばみられたことであった。

　当時邦銀が海外向けに外貨建ての貸出を行う際に必要とされる外貨は、インターバンク市場で調達することが一般的であり、インターバンク市場での外貨調達は邦銀の国際業務にとって死活問題でもあった。インターバンク市場では、相手の銀行に対して、その銀行の信用状況に応じて、エクスポージャーの総額に、「クレジット・ライン」と呼ばれるリミットを設定するのが一般的である。これ以上リスクをとりたくない相手からの資金要請に対しては、「ライン・フル[66]」と伝える等により、取引を拒絶することになる。ジャパン・プレミアムが発生していた時期の資金担当者は、「ライン・フル」の返答をおそれな

---

[66]　「(Credit) Line Full」＝クレジット・ラインが一杯になっている（ので資金を貸すことはできない）、という意味。

がら、外貨資金調達に奔走していたのである。このように、ジャパン・プレミアムは邦銀に対して、国際貸出市場からの退場をも迫るものでもあった。

このような資金調達に対するリスクは、資金流動性リスクと呼ばれるが、ジャパン・プレミアムの場合は自国通貨以外の外貨についての資金流動性によるものであることから、一般に外貨流動性リスクと呼ばれる。1998年の金融危機前後の金融再生関連法の施行や金融再生委員会の発足等から、日本の金融システミック・リスクに対する不安は薄れ、ジャパン・プレミアムも徐々に解消するが、1990年代後半のジャパン・プレミアムは、邦銀の、特に外貨資金担当者にとっては、いまもトラウマとして外貨調達のこわさを常に意識させるものとなっている。

12 金融リスク管理への影響

ジャパン・プレミアムの経験は、邦銀の外貨流動性のリスク管理に変革を求めるものとなった。そもそも資金流動性リスク管理には王道はない。資金調達先をできるだけ多く分散し、それも安定的に資金を置いてくれる先を地道に増やす努力を続けるのである。資金調達先としては、各国の中央銀行のように、（日本にとっての）外貨を本源的に保有し、どこかの銀行に預けざるをえない運用者の資金を安定的に受け入れることが望ましい。そのためには、自行の健全性を説明するために定期的に行脚するようなことも必要となる。インターバンクでのクレジット・ラインを確保するためには、自行の健全性を銀行間で説明

することも行われる。また国内の預金者からの外貨預金の受け入れも、安定的な外貨調達として有効な手段となりうる。

資金流動性リスクのこわいところは、銀行の信用力に懸念が示された際に、潮が引くように資金が引き揚げられてしまう可能性があることである。銀行は信用のうえに成り立っており、その信用力に疑問符が付されると、直前まで潤沢にあった資金がすうっと消えてしまう可能性がある。そうした事態が知らないうちに進行しないように、自行の評判や風評については、常にアンテナを張りめぐらせる必要があり、また、特定の通貨や特定の海外支店で資金が枯渇した場合に備えて、資金を送金したり、コミットメントラインからの引出しを行う、といった訓練を行うことも、外貨流動性リスク管理の重要な実務となっている。

しかしながら、邦銀が個人預金による潤沢な円資金を後ろ盾として海外業務を展開している、という基本図式に変化がない以上、いまなお、外貨流動性リスクは根本的な解決には至っていないといわざるをえない。今後も調達源の多様化や分散に向けて地道な努力が求められる。

バブル経済が本邦金融機関のリスク管理に与えた影響は計り知れない。この時期、多くの金融機関はバブル経済崩壊後の不良債権処理に忙殺された。不良債権は借り手企業の痛んだ資産に起因しており、それを治療しない限りは、不良債権が「良化」することはない。多くの借り手企業は借入れを膨張させており、それを元手にして手に入れた資産の価値が大きく毀損し

ていた。資産価値は減少しても負債の側の借入金は減らないため、両者の差額は損失となって借り手企業の資本を毀損することになる。貸し手である金融機関は、貸出企業の不良債権事業を切り離し、処理を図るための専門部隊を相次いで設置した。こうした専門部隊は、当該企業のプロジェクトに対して、開発は終わっているが、借入負担から赤字に陥っている事業であれば、売却のアレンジをする。開発途上の案件の場合、事業計画を精査して採算がとれそうであれば、多少の損失は覚悟してでも開発を続けるが、その見込みが立たない場合は、事業の凍結と償却・売却を提言する、といった作業を丹念に行っていった。不良債権の患部は時間とともに広がり、劣化する。バブル崩壊による資産価格下落が進むなか、貸出債権の一つひとつを見極めたうえで、不良債権を特定し、外科手術で患部を切り離すように、それを当該企業のバランスシートから切り離す作業が必要になる。その意味で、この時期の不良債権処理は、リスクの発生を未然に防ごうとする枠組みではなく、リスクが顕在化した後での、いわば危機対応としてのリスク管理、あるいは不良債権からの傷（＝損失）を極小化するという意味で、「リスク軽減」の性格が強かったといえるだろう。

　不良債権処理には、債権者である金融機関の負担が避けられない。企業業績が持ち直して返済が進めば問題はないが、経済全体が悪化を続ける局面では、不良債権企業の業績が自律的に反転良化[67]することは期待しがたかった。かたや、赤字事業を売却すると、いわゆる「損切り」になって、損失が確定するこ

とになる。金利減免や債権放棄等の金融支援を行うことで、金融機関が損失を一部負担することになってでも、不良債権を企業のバランスシートから切り離すことを促進する必要がある。しかしながら、この時期の金融機関による損失負担には、金融機関の収益力による限界があった。当時の金融機関経営は横並び意識が強く、自ら進んで公表利益を減らし、無配や赤字決算に転落することは、仮にそれが他行に先駆けて不良債権処理を行うという、いわば前向きの理由であったとしても、大きなためらいがあった。また正常な貸出先とみなされる企業に金融支援を行って、銀行が損失の一部を負担することは、株主からの株主代表訴訟を起こされるおそれもある。結果として金融機関による損失負担は、当該決算期の収益の範囲内にとどまり、それを超えた抜本的な不良債権処理を行うことはできなかった。

金融危機への対応を振り返るに、日本の金融システムにおいてセーフティネットが欠如していたことは、危機への対処において大きな制約となっていたといわざるをえないだろう。従来経営不振に陥った金融機関を引き受けてきた大手金融機関自身がバブル崩壊で余力を失うなかで、金融行政が金融危機対応とセーフティネットの構築という、いわば「両面作戦」を強いられたのは不運であり、それによる混乱があったことも否定しがたい。金融危機対応という、いわば台風のさなかに窓に板を打ち付ける作業を行いながら、同時に、腐った木の柱を鉄筋コン

---

67 先の例でいえば、破綻懸念先から、要管理先、要注意先、さらには正常先へと移っていくこととなる。

クリートの柱に取り換えるような努力が続いたのである。その意味で、金融危機対応とセーフティネット構築の「両面作戦」は、前線におけるいくつかの金融機関の破綻という犠牲を払いながら、何とか鉄筋コンクリートの柱を打ち立て、金融システミック・リスクの顕在化という最悪の事態だけは回避できたものということができるだろう。

しかしながら、金融機関の体力を前提とした不良債権処理は抜本的処理には程遠かった。金融再生トータルプラン関連六法の成立によって金融システム不安がいったん遠のき、金融危機は最悪期を脱したものの、不良債権処理問題の根本的解決には、さらに数年の時間を要することとなる。

目撃者のコラム

バブル経済からバブル崩壊に至る期間は、いま考えても異常な時期であったと思う。地価の高騰によって、サラリーマンの自家保有は不可能に思えた。些末な例では、海外からの来客との会食の後、来客を滞在先のホテルに送るためにタクシーを呼ぼうと、二次会の居酒屋の公衆電話[68]から、タクシー会社に何度電話しても話し中でつながらず、タクシー1台を呼ぶために、夜10時半から2時間もプッシュホンを押し続け、ようやくつながったタクシー会社から、「1時間以内に1台回すので、待っててください」といわれてほっとした記憶がある。繁華街である東京の六本木の交差点で、1万円札を振ってタクシーを止めた、というような「伝説」も、まんざら嘘

---

68 当時は携帯電話は普及していなかった。

とはいえないような時代だった。

1997〜1998年の金融危機にかけては、一個人としてその真っ只中にいた。1997年11月前半はロンドンで、三洋証券や拓銀といった、慣れ親しんだ金融機関の破綻の報を聞き、まさに日本金融が、日本経済が崩壊するのではないか、との思いに駆られていた。

その翌週に帰国してついた新たな仕事は、本文でも記した長銀とスイス銀行（後のUBS）との提携に係る交渉業務だった。帰国から2週間後に再びロンドンに出張した11月24日の勤労感謝の日の振替休日の朝、成田空港の大画面のテレビが山一證券の自主廃業を繰り返し報じ、休日のなか、背広姿で本社に向かう社員の姿を繰り返し報道するのを横目に出発ゲートに向かったことが鮮明に思い出される。到着したロンドンの夜10時、現地BBC（英国放送協会）のニュースは、"Yamaichi"の自主廃業を報じ、「これから2時間後に始まる日本の株式市場がどのような動きをするかで、世界危機が起こるかどうかが決まる[69]」、とまくしたてていた。

UBSとの提携交渉は、苦難をきわめた。資本提携のためのデュー・ディリジェンス過程で長銀の劣化した資産内容を察知したUBS側は、提携実現のためには厳しいリストラが必要だと主張した。UBS側の交渉担当のヘッドは、UBSアジア本社のヘッドで、レバノン系のフランス人だった。長銀との交渉における「リスク管理」手腕が認められたのか、その後、UBSのナンバー2にまでのぼり詰めた。

1998年に入ってからは、長銀危機が週刊誌やマスコミで繰り返し報道されるようになる。国会でも毎日のように論戦と

---

[69] この年の11月24日は月曜日であったが休日であり、日本におけるこの週の最初の営業日は、翌25日火曜日となっていた。他国では24日月曜日は営業日であり、翌25日の日本市場の動きに対する関心が高まっていた。

なり、長銀に勤務していること自体が後ろめたいような気分になってくる。そんななか、提携交渉中は敵のように思えたUBS東京支店長が、前述のG30レポート作成の主要メンバーであり、彼の勧めでリスクマネジャーとしてのキャリアを歩むことになったのは、皮肉なめぐりあわせだった。長銀に残った者、長銀を後にした者、それぞれにさまざまな思いを抱いていたと思うが、各界での長銀OBの活躍を耳にするとそれだけでうれしく思う。

　そもそもバブル期における不動産開発や財テク資金に対する過剰融資を許したリスク管理上の責任が問われてしかるべきである。本章でも示したような地価の上昇や株価の上昇が異常なものだという認識がなぜもてなかったのか、なぜブレーキをかけられなかったのか、あるいは次になんらかのバブルが発生したときにブレーキがかけられるのか、という疑問に対して、リスクマネジャーは明快な答えを示せていない。バブル経済崩壊の時期は、海外現法のリスク管理体制整備に没頭していたが、正直にいって仮に本店でリスク管理を担当していたとしても、過剰融資は止められなかっただろうと思う。バブルの渦中にそれに竿をさし、奔流を止めることは至難の業である。時として自分を育ててくれた組織そのものに苦言を呈し、その方向性に逆らうことにもなる。仮に奔流に竿をさそうとしても、時代が読めない変わり者とのレッテルが貼られていただろうし、無視されていたかもしれない。しかしながら、世の中が常識を超えて一方方向に動いていると感じたなら、常識に従って行動することがリスクマネジャーの使命であろう。これって何かおかしくないか、という「健全な懐疑心」は常に忘れるべきではない。その時点では想定されていない事象が起こったらどうなるのか、というストレステストは常に必要であるし、起こるとは思いにくいが起こりう

るストレスシナリオを考えるには、過去の事例も頭に置いて想像力をおおいに働かせる必要がある。バブル経済はかたちを変えて将来必ず発生する。常識に照らしておかしいと思ったことに対しては、それが仮に受け入れられる情勢でなかったとしても、これはおかしいのではないか、こうあるべきではないか、という意見を表明することがリスクマネジャーとしては必要である。バブル崩壊時に自身がもてなかったのは、自分の意見に対する自信とそれを表明する強い意志であり、それがバブル経済崩壊の目撃者としての最大の反省と自戒となった。

　本文にも記載したとおり、金融危機時の対応は、金融システムに対するセーフティネットの整備とほぼ並行して行われた。長銀国有化時の経緯にみられるように、セーフティネットを構築する作業を行いながら、それを即時に適用し、金融システミック・リスクの顕在化をぎりぎりで回避した関係者の努力には頭が下がるが、事前にセーフティネットの構築がなされていればよかったのに、と思うこともある。時代遅れとなったルールが現実の危機において機能しないことを認識することは、後に欧米で発生した金融危機でもかたちを変えて再現されることになる。その意味では世界共通の問題だとも思うが、そうしたさまざまな経験を正しく理解して、制度疲労を事前に察知してそれを直す努力は今後とも不断に続けなければならない。それは必ずしも公的制度だけの問題ではなく、民間金融機関における金融リスク管理の実務にも当てはまる。そのためにも過去のさまざまな「事件」の本質を正しく理解することは役に立つのではないだろうか。

〈参考資料〉

「バブルで膨らんだ地価」、野口悠紀雄、週刊東洋経済、1987年11月

『戦後日本経済史』、野口悠紀雄、新潮社、2008年

「日本におけるバブル崩壊後の調整に対する政策対応：中間報告」、白塚重典・田口博雄・森成城、日本銀行金融研究所、2000年12月

「バブル期の金融政策とその反省」、香西泰・伊藤修・有岡律子、日本銀行金融研究所、2000年12月

「資産価格バブルと金融政策：1980年代後半の日本の経験とその教訓」、翁邦雄・白川方明・白塚重典、日本銀行金融研究所、2000年12月

『頭取たちの決断』、藤井良広、日本経済新聞社、2000年

『私の事件簿』、中坊公平、集英社新書、2000年

『金融動乱　金融庁長官の独白』、五味廣文、日本経済新聞社、2012年

「金融機関の破綻事例に関する調査報告書〜金融庁委嘱調査」、中北徹・西村吉正、2007年

『真説バブル―宴はまだ、終わっていない』、日経ビジネス編、日経BP社、2000年

『金融危機にどう立ち向かうか―「失われた15年」の教訓』、田中隆之、ちくま新書、2009年

『金融行政の敗因』、西村吉正、文春新書、1990年

『しんがり　山一證券最後の12人』、清武英利、講談社、2014年

『巨大銀行の消滅』、鈴木恒夫、東洋経済新報社、2008年

『金融再編の深層』、高橋温、朝日新聞出版、2013年

『セイビング・ザ・サン』、ジリアン・テット、日本経済新聞社、2004年

『検証　バブル失政』、軽部謙介、岩波書店、2015年

『ドキュメント銀行』、前田裕之、ディスカバー社、2015年

「日本の金融規制と銀行行動」、渡部和孝、フィナンシャル・レ

ビュー、2010年
「マネー栄枯盛衰〜戦後70年日本のかたち」、日本経済新聞、2015年
　　9月20日

第 5 章

メガバンクの誕生と
持株会社リスク管理
【2000〜2002年】

> ●本章のポイント
>
> 1997〜1998年の金融危機の後、大手銀行は金融危機後の金融界における覇権を目指すべく、大規模な経営統合に打って出た。企業グループを越えた経営統合が相次ぎ、「大手21行体制」は、4メガバンクと呼ばれる銀行グループを中核とした体制に大きく舵が切られた。大手金融機関の経営統合という大変革を後押ししたのは、1999年に解禁された金融持株会社だった。金融持株会社体制のもと、各メガバンクは金融持株会社によるリスク管理態勢の実現という新たな課題に取り組んだ。

1 フィナンシャルグループ

　大都市の目抜き通りには、必ずといっていいほど、大手銀行の店舗が軒を連ねている。三菱東京UFJ銀行、みずほ銀行、三井住友銀行[1]など、看板も色とりどりである。テレビでも大手銀行グループのCMが繰り広げられている。だがよくみると、表示されている名前が銀行の名前と異なっていることに気がつくだろう。三菱UFJフィナンシャル・グループ、みずほフィナンシャルグループ、三井住友フィナンシャルグループ、といった具合であり、それぞれが「金融持株会社」であるとされている。そうした背景には、金融業界をめぐる法制度の大きな転換

1　名前はそれぞれ2015年現在のもの。

と、1990年代終わりの金融危機を経験した大手行の大きな戦略があった。

2 バブル崩壊からのボディブロー

1997～1998年に発生した金融危機は、都市銀行（北海道拓殖銀行）、大手証券会社（山一證券）、長期信用銀行（日本長期信用銀行と日本債券信用銀行）といった国内大手金融機関を一気に飲み込んだ。しかしながら、他の大手金融機関が安泰であったわけでは決してない。1999年に入っても、多くの銀行はジャパン・プレミアムによる外貨調達に苦労しており、国内のインターバンク調達においても、「次はどの銀行か」という空気は払拭しきれていなかった。不良債権処理は道半ばであり、不動産を中心とした資産価値は下落し続けていた。貸出資産からは、さらなる不良債権の発生が避けられない状況にあった。市場は微妙な均衡の上に成り立っており、それはいつ崩れてもおかしくない状況にあった。

不良債権処理には資本力が必要である。前章で示したとおり、貸出資産が不良化すると、それらに対する引当率が上がって、増加する貸倒引当金が自己資本を毀損し、自己資本比率が悪化する。貸出先が倒産ともなれば、貸出金の償却損失が発生し、自己資本を直接毀損することになる。また、不良債権の抜本的処理を行うためには、これらの貸出先に対する金利減免や債権放棄といった方法で、過重債務からの返済負担にあえぐ貸出先の債務負担を軽減させなければ、業績の回復は望めず、不

良債権を正常化させることもできない。しかしながら、金利減免は銀行が受け取るべき貸出金利を、債権放棄は返済してもらうべき貸出債権そのものをいわば「棒引き」にして、本来支払うべき企業の債務を銀行が損失のかたちで負担することを意味する。銀行の利益は減ることになるし、赤字決算ともなれば銀行の自己資本を直接毀損することになる。債権放棄によって銀行が損失を被るということは、いわば取引先の企業経営の失敗を、貸し手である銀行が負担することになる。銀行も民間企業である以上、収益を追求しており、不良債権処理による負担が外部関係者、なかんずく株主の立場から納得いくものでなければ、債権放棄によって「自ら進んで」損失を計上することに対して、株主が銀行経営陣を相手取って株主代表訴訟を起こさないとも限らない。

　自己資本比率規制も重荷になっていた。前述のとおり、BIS規制は1993年4月から正式に施行された。不良債権処理による利益減少や赤字決算からの資本の直接的な毀損に加えて、一時は膨大な含み益をティア2資本に算入することで自己資本規制比率を支えてきた邦銀の政策株式保有は、その後の株価下落によって、時価が保有簿価を下回る、いわゆる「含み損」を抱える状況にも直面し、自己資本規制比率を底上げするどころか財務上の負担にさえなりつつあった。決定当初は、バブル経済下の株高に支えられて問題視されなかったBIS規制が、にわかに足かせになってきた。邦銀は、不良債権と政策株式含み損の両面からの影響がいわばボディブローとなって、BIS規制による

図表5-1 1986〜2000年における日経平均株価の推移

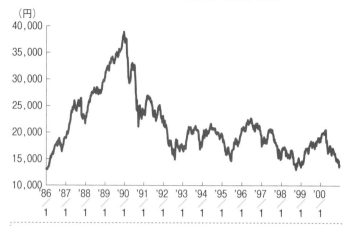

株価の下落により、一時は株式含み益によって銀行の自己資本規制比率の底上げに貢献した政策株式保有は、逆に「含み損」を抱えることとなった

自己資本比率維持を意識した運営に舵を切らざるをえない状況になった[2]。

バブル崩壊と自己資本比率規制の重しから、貸出に対する銀行の姿勢は慎重になった。前向きな案件に対しても貸出を躊躇する銀行の姿勢は「貸し渋り」である、として、広く世の中から批判を浴びた。

前章で示した金融機能安定化法を活用して公的資金の注入を申請すれば、不良債権処理で毀損した自己資本を回復させる道

---

2 第1章「BIS規制と「リスク」アセット」参照。

は開かれるが、公的資金を申請することは、経営が自前では立ち行かなくなったととられる可能性があり、不振金融機関としてのレッテルを貼られるおそれがある。また、公的資金が注入されているということは、それが返済されるまでは、その金融機関の資本の一部を国民の税金によってまかなっていることになる。注入された公的資金を確実に回収して国民負担を避けるために、金融当局は公的資金を注入した銀行の経営状態を厳重に監視することになる[3]。結果として、金融当局による銀行経営の監視や介入が行われ、銀行経営の側からすると、利益配当のみならず、従業員の処遇や、IT投資等に至るまで、自行の経営が思うようにできなくなる可能性がある。すでに大手行では2回の公的資金注入を受けており、これ以上の公的資金注入を求めることは、経営陣として万策尽きた場合の選択肢ととらえられた。

不良債権処理をめぐる環境から銀行の手詰まり感が強まるなか、銀行が活路を見出そうとしたのは、合併による合従連衡であった。

3 「メガバンク」の誕生

前章で示したとおり、1970年代〜1990年まで、都市銀行13行、信託銀行7行、長期信用銀行3行、による、「大手23行体

---

[3] 1998年の公的資金投入時には、金融監督庁は、公的資金投入銀行に「経営健全化計画」の提出を義務づけ、計画の進捗状況を3カ月ごとに検証することとした。

制」と呼ばれる体制が継続した。都市銀行のなかでは、資金量が大きい第一勧業銀行、富士銀行、三菱銀行、住友銀行、三和銀行が「大手5行」と呼ばれていた。

その後、1990年に三井銀行と太陽神戸銀行が合併して太陽神戸三井銀行[4]が発足、1991年には協和銀行と埼玉銀行が合併して協和埼玉銀行[5]が発足することで、大手銀行は「大手21行」と呼ばれることとなった。銀行の合併は過去からみても異例なことではなかった。過去を振り返れば、大手5行の第一勧業銀行や三和銀行も、元はといえば合併行であった[6]。しかしながら1999年以降の経営統合の動きは、従来の常識ではとらえられない規模と組合せで起こった。

巨大経営統合の号砲を鳴らしたのは、大手都市銀行の第一勧業銀行と富士銀行に、長期信用銀行の日本興業銀行が加わった3行が、1999年8月に全面的経営統合を発表したことだった[7]。2000年秋に各銀行の株式を移転するかたちで持株会社を設立、3行が設立された持株会社の子会社になることで、その傘下に入って一体運営を行い、その後2002年春をメドに、対象顧客別の銀行[8]を会社分割によって設立、各銀行がもつ金融機能を分野別に集約する、という壮大な構想であった。都市銀行

---

4 1992年に「さくら銀行」に改称。
5 1992年に「あさひ銀行」に改称。
6 第一勧業銀行は、1971年に第一銀行と日本勧業銀行が合併して成立した。三和銀行は1933年に三十四銀行、山口銀行、鴻池銀行の3行が合併して成立した。また1990年に三井銀行と合併した太陽神戸銀行は、1973年に太陽銀行と神戸銀行の合併により成立した銀行であった。
7 後にみずほフィナンシャルグループと名づけられた。

第5章　メガバンクの誕生と持株会社リスク管理【2000〜2002年】

大手5行のうちの2行、さらに長期信用銀行中の最大手の日本興業銀行を加えた統合は、総資産合計で141兆円、株主資本で6兆円強[9]と、それまでの国内金融機関の規模をはるかに超える規模での経営統合となった[10]。マスコミは高らかに「メガバンク（巨大銀行）の誕生」を報道した。3行統合で世の中が驚いたのは、この統合が、業態を超えた統合を打ち出したことであった。第4章で示したとおり、大手21行体制は、大きく都市銀行・長期信用銀行・信託銀行の3業態からなり、従来の常識では、こうした業態を超えた合併や経営統合は考えられなかった。こうした意味でも3行統合は、新たな経営統合への道を開いたことになる。

3行統合の衝撃は、雪崩を打って次なる統合を引き起こした。1999年10月、大手都市銀行の住友銀行とさくら銀行は、統合を前提とした全面提携を発表、翌2000年春には、両行は2001年4月に合併して、行名を三井住友銀行とする、と発表した[11]。三井住友銀行誕生においては、合併した両行が、住友と

8　この計画に基づいて2002年4月に、主に個人や中堅企業を取引先として国内取引に特化するみずほ銀行と、主に大企業を取引先として内外取引をカバーするみずほコーポレート銀行が設立された（第6章「システム障害と危機管理態勢」参照）。なお、みずほ銀行とみずほコーポレート銀行は2013年7月に合併した。
9　第一勧業銀行が総資産52兆円、株主資本約2兆4,000億円、富士銀行が総資産約46兆円、株主資本2兆3,000億円、日本興業銀行が総資産約42兆円、株主資本1兆6,000億円であった。
10　世界的にも、同時期に統合を公表したドイツ銀行とバンカーズ・トラスト銀行の総資産約97兆円、シティグループの約80兆円を超えて総資産・自己資本額で世界第1位、業務純益・時価総額で第4位という規模となった。

三井という、いわゆる旧財閥グループを超えた合併として成立したことが注目された。2000年4月には、東京三菱銀行が、2001年4月に三菱信託銀行と持株会社を設立して傘下に入り、三菱東京フィナンシャル・グループを設立することを発表した。信託銀行業界では、三井信託銀行と中央信託銀行が2000年4月に合併、中央三井信託銀行が誕生した[12]。

　経営統合の潮流のなかでは、合従連衡に戸惑う例もみられた。東海地方に中心を置く都市銀行である東海銀行は、第一勧銀・富士・興銀の3行統合に先駆けるタイミングの1998年9月に首都圏に拠点を置くあさひ銀行との間で持株会社のもとでの統合構想を打ち出したが、その後の提携交渉に時間を費やす間に他の大手行再編が進んだ。両行は、大手行である三和銀行の統合の申出に同調、2000年3月に三和・東海・あさひによる経営統合が発表された。しかしながら、3行の間で統合後の経営方針に足並みがそろわず、2000年6月、あさひ銀行が統合から離脱することとなった[13]。残った三和銀行と東海銀行の統合構想には、三和銀行と親しい東洋信託銀行が同調することとなり、同年7月に三和・東海・東洋信託による経営統合が確定した[14]。大手銀行再編が急速に進むなか、再編の組合せや、再編

11　三井住友銀行は、2002年に金融持株会社「三井住友フィナンシャルグループ」を設立、その子会社となった。
12　また、富士銀行と関係の深かった安田信託銀行は、2000年のみずほフィナンシャルグループ設立時に、みずほアセット信託銀行と商号を変更した。
13　あさひ銀行は、その後2002年に大和銀行と経営統合し、りそなホールディングスを形成した。

に乗り遅れることへの危機感、残った「花嫁候補」に対するアプローチなどが急速に進んだ。

1999年8月の3行統合発表に端を発した銀行経営統合の嵐は、その後1年足らずのうちに、すべての大手行を巻き込み、1970年代から続いた体制を根底から突き崩した。1998年に経営破綻に陥った銀行を除けば、2年間のうちに大手21行体制は、わずか9グループに再編され、みずほ、三菱東京、三井住友、UFJの4つの「メガバンク」グループを生み出すこととなった。

4 大手銀行合併の背景

この時期に大手行の経営統合や合併が相次いだのには、いくつかの背景がある。まず、海外においても大手銀行の経営統合の流れがあった。米国では1998年に、米国南部に本拠を置くネーションズバンクが、大手銀行のバンク・オブ・アメリカを吸収合併して（新生）バンク・オブ・アメリカとして業務を開始したほか、同年シティグループは、保険会社であるトラベラーズ・グループと経営統合を行った。2000年には、大手銀行のチェース・マンハッタン銀行が同じく大手銀行のJPモルガン銀行と合併してJPモルガンチェースとなった。欧州においては、1998年にスイス3大銀行中最大のスイス・ユニオン銀行

---

14 3行は、2001年に金融持株会社「UFJホールディングス」を設立し、その子会社となった。なお、三和銀行と東海銀行は2002年1月に合併してUFJ銀行となり、東洋信託銀行は同じ2002年1月にUFJ信託銀行に改称した。

図表5-2　1999～2000年代初における銀行統合

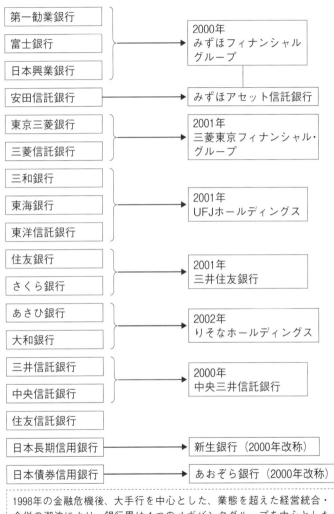

1998年の金融危機後、大手行を中心とした、業態を超えた経営統合・合併の潮流により、銀行界は4つのメガバンクグループを中心とした9金融グループに再編された

が第3位のスイス銀行と合併してUBSとなったほか、フランスでは1999年にフランス3大銀行のうち、パリ国立銀行（BNP[15]）とパリバ銀行が合併してBNPパリバが成立した。英国では2000年に、北部のロイヤル・バンク・オブ・スコットランドが大手銀行ナショナル・ウエストミンスター銀行を買収した。またドイツでは、1998年にドイツ銀行が米国第6位のバンカーズ・トラスト銀行を買収した[16]。このように世界的にも大手銀行の合併と各国市場の寡占化が進むなか、グローバルな競争に伍していくためには、合併による経営力の強化が必要と考えられたのである。

また、合併そのものにもメリットがあった。まず考えられたのは、合併によって、システム統合や本部機能を一本化することで生じるコスト削減効果である。スイスのUBS合併では、合併に伴うシステム統合や人員削減によるコスト削減効果は、合併初年度で約40億スイスフラン（約3,300億円）にのぼるとされた[17]。国内の大手銀行の合併の場合、たとえば大都市における店舗が重複するケースが多い。東京でいえば新宿や渋谷、池袋といった町には必ずといっていいほど大手銀行の支店があり、

---

15 Banque Nationale de Paris.
16 ドイツ銀行によるバンカーズ・トラスト銀行の買収については、『増補版 金融リスク管理を変えた10大事件＋*X*』第5章「FRBショックとデリバティブ損失」参照。
17 合併によって人員削減を柔軟に行うことができる欧米銀行と異なり、邦銀の場合には、合併を行っても大きく人員削減を行うことはできず、本部人員を営業部門に回したり、将来の採用を抑制するなどで間接的な効果を享受することとなる。

図表5－3　欧米金融機関の経営統合

統合年	国	統合金融機関名	形式	統合後金融機関
1998年	米国	ネーションズバンク	合併	バンク・オブ・アメリカ
		バンク・オブ・アメリカ		
1998年	米国	シティバンク	合併	シティ・トラベラーズ
		トラベラーズ・グループ		
1998年	ドイツ	ドイツ銀行	買収	ドイツ銀行
	米国	バンカーズ・トラスト銀行		
1999年	スイス	スイス・ユニオン銀行	合併	UBS
		スイス銀行		
1999年	仏	パリ国立銀行（BNP）	合併	BNPパリバ
		パリバ銀行		
2000年	米国	チェース・マンハッタン銀行	合併	JPモルガン・チェース
		JPモルガン銀行		
2000年	英国	ロイヤル・バンク・オブ・スコットランド	買収	ロイヤル・バンク・オブ・スコットランド
		ナショナル・ウエストミンスター銀行		

> 1998年以降、欧米においても大型の経営統合が相次いだ

これらの重複した支店を統合すれば、そこからもコスト削減効果が得られることになる。コスト削減は銀行の損益に直接的に影響を与え、かつ一度コスト削減を達成すると毎年安定した効果が得られることで、銀行のいわば「足腰」としての統合効果が得られることになる。

こうしたコスト面での統合効果に加えて、収入面でのプラス効果も期待された。大手行とはいえ、それぞれの銀行の得意分

野は異なる。経営統合によってこれらを互いに補完して、ビジネス基盤を強化し、合併の収益効果を得ることも可能である。たとえば、三井住友銀行の合併においては、もともと関西圏に強い営業基盤をもつ住友銀行と、東京に本拠を置く三井銀行の合併により、地盤の強み弱みを補完することが可能になったとされた。三和・東海・あさひ銀行の統合構想は、関西圏に強みをもつ三和銀行と、名古屋を中心とした中京圏に強い東海銀行、さらに首都圏に強みをもつあさひ銀行を補完的に統合しようとする試みであった[18]。米国におけるチェース・マンハッタン銀行とJPモルガン銀行の合併や、ドイツ銀行によるバンカーズ・トラスト銀行の買収は、商業銀行業務を中心としていたチェース・マンハッタン銀行やドイツ銀行が、投資銀行業務などの資本市場業務に強かったJPモルガン銀行やバンカーズ・トラスト銀行と合併することで、強固な商業銀行顧客基盤に、幅広い投資銀行サービスを提供する、という機能的補完を企図したものであった。

合併に伴う財務上のメリットも無視できなかった。企業が合併した場合に、合併により受け入れた純資産額が、発行された株式の資本金計上額と合併交付金額の合計を上回る場合、その差額は、会計上「合併差益」として、資本剰余金（資本準備金）として会計処理される[19]。また合併差益のうち消滅会社の利益準備金は、合併後の利益準備金とすることができる[20]。資本剰

---

18 実際には、あさひ銀行が統合構想から離脱したことにより、当初の構想は実現しなかった。

余金や利益準備金は自己資本の一部であるから、自己資本比率を維持しながら、不良債権処理を急いでいた邦銀にとって、合併差益によって会計上[21]の自己資本を強化することには大きなメリットがあった。

こうした合併によるメリットは、1つ目のコスト削減効果が損益計算書上の費用項目に対するものであり、ビジネスの補完効果は損益計算書上の収入項目に対するもの、さらに会計上の合併差益は貸借対照表、いわゆるバランスシート上の資本に直接的に作用するもの、と整理することができる。

しかしながら、この時期の国内の大規模な銀行統合は、金融法制度上の重要な転換があってはじめて実現したものであった。

この時期の経営統合をみると、第一勧業銀行・富士銀行・日本興業銀行（みずほフィナンシャルグループ）、東京三菱銀行・三菱信託銀行（三菱東京フィナンシャル・グループ）、三和銀行・東海銀行・東洋信託銀行（UFJホールディングス）の経営統合は、それぞれ金融持株会社を設立して、それぞれの銀行がその傘下に入るかたちをとっている。さらに、合併形式を選択した三井住友銀行や中央三井信託銀行も後に金融持株会社を設立

---

19 たとえば、純資産が10億円の会社を7億円の現金支払によって合併した場合、差額の3億円が合併差益として資本剰余金に組み込まれる。
20 第9章「金融再生プログラムと不良債権最終処理」第4項参照。
21 不良債権処理によって赤字計上がなされたとしても、同じ決算期に合併による合併差益が計上されていれば、赤字計上による資本勘定へのマイナス効果は軽減することができる。

(2002年、三井住友フィナンシャルグループ。同年、三井トラスト・ホールディングス)して、その傘下に入ったことを考えると、2000～2002年に国内の主要銀行はすべて金融持株会社形式をとったことになる。そもそもこの金融持株会社制度が銀行に認められたのは、1999年であり、この制度がなければ、メガバンク誕生はありえなかったともいえるのである。

5 業態別子会社方式から金融持株会社解禁へ

日本の金融行政は、第二次世界大戦後、一貫して銀行・証券分離、信託分離、長短金融分離といった「業態分離」の方針のもと、銀行、証券会社、信託銀行、長期信用銀行が融合しない運営がなされていた。また、第二次世界大戦前における財閥による産業界支配が、三井や三菱といった財閥の持株会社を通じて行われていたとの認識から、戦後GHQ[22]は、財閥解体を行い、その後は持株会社の設置は独占禁止法で禁止されていた[23]。

しかしながら、東西冷戦終結に続いた経済や金融のグローバル化と、世界規模での競争激化のなかで、上記のような制度運営を行うことは、経済発展や金融高度化を阻害すると考えられ

---

22 General Headquarters. 連合国軍最高司令官総司令部。
23 厳密には、持株会社自身が一定の業務を行う「事業持株会社」は認められていたが、それ自身は業務を行わず、子会社の経営管理のみを行う「純粋持株会社」が認められていなかった。本章では特に指定のない限り、「持株会社」とは、経営管理のみを業務とする「純粋持株会社」のことを指すものとする。

るようになった。規模の経済が競争優位を決するグローバルな競争社会においては、持株会社形式のもとで、企業グループ経営を推し進めることが競争力向上に資する、という考え方への転換がなされたのである。

これに対して、金融制度の将来像を議論する金融制度調査会は、1991年6月に業態別子会社方式による業態間の相互参入を基本とする報告書を公表、それに基づき、1993年以降1996年までに業態別子会社方式による、銀行、証券、保険の相互参入が可能になった。

業態別子会社方式とは、たとえば銀行が証券業に参入したり、保険会社が証券業に参入するなど、銀行・証券・保険といった金融機関が異なる金融業態に参入する場合に、参入を目指す業態において持株比率50％超の子会社を設立する、または当該業態における会社の株式を取得して子会社化することによって、その業態に進出することを認めるものである（図表5－4参照）。従来の業態別の監督行政は維持するものの、子

図表5－4　業態別子会社方式による金融業の相互参入

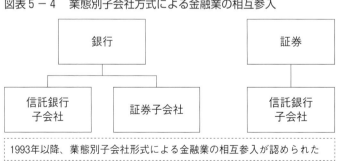

1993年以降、業態別子会社形式による金融業の相互参入が認められた

会社を通じて他の金融業態に参入することを認めたわけである。ただし、業態別子会社を通じた他業務参入には、当初さまざまな業務制限が課せられた。たとえば、銀行が業態別子会社を通じて設立した証券会社は、国債関連業務や社債業務しか認められず、株式売買等のエクイティ業務は認められなかった等である。それでも業態別子会社による金融業の相互参入は、大きな一歩ととらえられた。

しかしながら、国際金融自由化の潮流は、業態別子会社方式から、さらなる変革を求めた。1996年、橋本内閣（当時）は、日本の金融市場をニューヨーク、ロンドン並みの国際金融市場とし、日本経済を活性化する、という「日本版ビッグバン[24]」を掲げ、フリー、フェア、グローバル[25]、の三原則にのっとった改革[26]を進めた。そのなかの重要な施策が金融持株会社の解禁であった。

前述のとおり、第二次世界大戦後の日本では（純粋）持株会社の設立が認められていなかった。しかしながら、「日本版

---

[24] ビッグバン（Big Bang）とは、宇宙の始まりをもたらした大爆発のことであるが、金融業では、1980年代後半にサッチャー政権下の英国で行われた、株式売買手数料の自由化、取引所会員権の開放や取引所集中主義の撤廃等を含む証券市場の抜本的改革を、物理学における大爆発になぞらえて、ビッグバンと呼ぶ。
[25] 「フリー」は市場原理が働く自由な市場、「フェア」は透明で信頼できる市場、「グローバル」は国際的な市場をそれぞれ意味し、市場原理を重視した原則となっていた。
[26] 具体的な施策としては、金融持株会社の解禁、改正外為法の施行、株式売買手数料の完全自由化、銀行・保険の相互参入の促進、等の施策が進められた。

ビッグバン」では、個々の企業の機動力を損なうことなく、企業の経営統合効果、いわゆるシナジー効果を得ることができる企業再編手段として、持株会社制度を活用する方向性が示されたのである。

まず1996年の独占禁止法改正[27]で、自らは実業としての業務を行わず、経営管理のみを業務とする（純粋）持株会社が解禁された。この改正には金融持株会社解禁は含まれていなかった[28]が、1999年3月に「銀行持株会社の創設のための銀行等に係る合併手続の特例等に関する法律」が施行され、金融持株会社設置の認可制や業務範囲規制等が規定された。また、別途商法を改正することで、持株会社を設立して株式交換や株式移転によって銀行がその傘下に入るための「三角合併」という合併方式も導入された[29]。さらに2001年の商法改正で会社分割制度が導入された[30]ことにより、銀行の親会社として金融持株会社を設置して、銀行がその子会社としてその傘下に入る法制度が整った。業態別子会社方式による金融業態の相互参入の容認からわずか5年で、金融持株会社方式による金融業態の相互参入

---

27 施行は1997年。
28 銀行を子会社とする金融持株会社については、傘下の銀行を悪用する、いわゆる「機関銀行化」の防止や、預金者・投資家等の保護に配慮するための業法上の整備を行う必要性から、独占禁止法とは別のアレンジが行われたものである。
29 株式交換や株式移転による親子会社創設制度は2000年の商法改正で規定された。
30 第一勧業・富士・日本興業の3行統合は、この制度を適用したことになる。

図表5-5　金融持株会社方式による金融業の相互参入

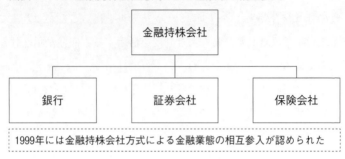

1999年には金融持株会社方式による金融業態の相互参入が認められた

が認められたわけである。

銀行持株会社を規定する銀行法[31]では、銀行持株会社は、子銀行および法律で子会社とすることが認められている会社を経営管理する以外の業務を行うことができないことを規定した。また、その設立は内閣総理大臣の認可を必要とすること、さらには取締役の兼職の制限、自己資本比率規制等の銀行規制の適用、銀行規制当局による監督や立入検査等について規定しており、銀行持株会社が銀行と同様の規制に服することを示している[32]。

では、銀行持株会社に係る法整備が銀行の経営統合を後押しした理由は何だろうか。まず第一のメリットとしてあげられるのは、機動性である。企業合併の意思決定は、株主利益や株価

31　本稿執筆時点で、銀行法52条の17以降に記載がある。
32　本書では、銀行持株会社について記載しているが、保険持株会社については、保険業法で規定されている。なお、証券持株会社については、通常の事業持株会社として対応することとし、証券持株会社としての法整備は行われなかった。

図表5－6　金融業務の自由化の経緯

年月	主な系譜
1991年6月	金融制度調査会報告
1993年4月	「業態別子会社方式」による銀行と証券、銀行と信託の相互参入解禁
1996年6月	独占禁止法改正、純粋持株会社解禁（金融は除外）
1996年10月	「業態別子会社方式」による銀行と生保、損保の相互参入解禁
1996年10月	内閣府審議会「わが国金融システムの活性化のために」公表
1996年11月	第二次橋本内閣「日本版ビッグバン」提唱
1997年12月	金融持株会社2法成立
1998年12月	銀行本体での投信販売解禁
1999年3月	金融持株会社2法施行
1999年10月	業態別子会社の業務範囲の撤廃、株式売買手数料の完全自由化
2001年4月	保険商品の銀行窓口販売開始

第二次世界大戦後、業態分離を基本としていた日本の金融制度は、1991年の金融制度調査会報告と、1996年の日本版ビッグバン提唱を契機として大きく転換、2000年前後には、業態間の相互参入と持株会社形式による総合金融業を可能とする制度体系がほぼ完成した

に与える影響や、さらにはビジネス戦略や取引先に与える影響等を考慮してなされるが、そもそも衆人環視のもとで行われる性格のものではなく、本来トップ同士、ないし、少数の関係者の間で方向性が決定される。さらにいったん合併が公表される

と、前述の合併効果をいかに早期に実現するかに注目が集まる。その一方で、企業合併は周到な準備を必要とする。合併比率を正確に計算するためのデュー・ディリジェンスから人事制度の調整や一本化の検討、異なるシステムの統合等、検討事項は山のようにある。業務が多岐にわたり、かつ複雑な大手行同士の合併となると、検討事項はなおさら多くなる。一方で、検討事項の多さから合併のチャンスを逸しては本末転倒である。ここで金融持株会社形式を採用して、経営統合する銀行がいったん金融持株会社の傘下に入るかたちをとれば、金融持株会社のもとで経営統合を実現した後でも、各銀行は当面各々の銀行のままで業務を継続することができ、経営統合に向けた機動性を確保しながら、持株会社のもとで、対応すべき事項を十分に時間をかけて検討することができる。スピード合併といわれた三井住友銀行の合併でも、1999年10月の合併の方向性公表から2001年4月の合併実現までに1年半を要したのに対して、より規模の大きい第一勧業銀行・富士銀行・日本興業銀行の経営統合が、公表から、持株会社傘下での経営統合まで1年3カ月で実現したことをみても、持株会社形式による経営統合が機動性を有することがわかる。

　次なる利点は柔軟性である。金融持株会社形式での経営統合の場合、経営統合後の子銀行の合併の有無やタイミング、さらにシステム統合の実施時期の検討等、その後の子銀行の統合プロセスを、時間をかけて検討することも可能になる。また、みずほフィナンシャルグループの例にみられるように、会社分割

制度を活用して子銀行の業務を再編成するといったことも可能となる。さらに金融持株会社形式をとることで、複数の金融業に参入することにも柔軟に対応できることになる。日本の金融法制は、銀行法や信託法、保険業法や金融商品取引法といったように、法規制も業態ごとに異なる。金融持株会社を使えば、子会社としての各エンティティは別々に運営することも可能であることから、異なる法規制に従う複数の金融業態を傘下に置くことで、幅広い金融業を1つの金融グループに含めた、「金融コングロマリット」としての運営も可能となる。

また経営管理を専業とする金融持株会社を設立することにより、子銀行に対する経営監視機能を強化する、いわゆるガバナンス上の効果も期待された。

6 金融リスク管理への影響――持株会社によるリスク管理

大手銀行による経営統合の進展と、そこにおける金融持株会社(以下「持株会社」[33])の活用は、金融リスクの実務家に、「持株会社によるリスク管理」という新しい難題を課することとなった。

前項で示したとおり、持株会社は、経営管理を行うことを唯一の「業務」としている。銀行経営において健全性の確保は前提条件であることを考えると、持株会社の経営管理業務におい

---

33 以下では、銀行持株会社に係る実務を中心に記述することとし、銀行業界で一般に使われる「持株会社」の呼称を使うこととする。

て、リスク管理が占める部分は当然にして大きいと期待される。一方で、子会社たる大手銀行は引き続き独立した法人として存在しており、そこにおいてもリスク管理実務は重要な位置づけを占めている。また、そもそも金融機関のリスク管理の実務とは、自らの業務から発生する不測の損失に対する備えとして展開したものであり、（持株会社自らの業務ではなく）子会社（子銀行）に対する経営管理としてのリスク管理という考え方は、ある意味で未知の領域であった。持株会社が、子会社である銀行に対する経営管理としてどのようなリスク管理を行うべきか、という疑問は、そのまま持株会社における金融リスク管理とは何か、という問いに対して回答を出すことであった。「持株会社によるリスク管理」は、新たに設立された持株会社のリスク管理部門の実務家にとって大きな課題となった。

また、この時期設立された日本の持株会社は、子銀行の株式移転によって、いわば「子が親を生む」かたちで設立された経緯があり、子会社たる銀行のほうが圧倒的な経営資源をもっている、という固有の事情もあった。子銀行からすると、得体も知れず実態もない持株会社というものが突然出てきて、これから「経営管理」をします、といわれても、いったい何ができるのか、という意識もあっただろう。持株会社による経営管理そのものも手探りのなか、昨日まで机を並べていた同僚と、「経営管理」の決着点を探ることも容易ではなかった[34]。そうした「経営管理」の課題を解決するために、まず考えられたのが、経営管理契約だった。

そもそも持株会社とは、子会社（この場合主に子銀行）の株式を保有する親会社であり、親会社としての権利は、最終的には株主総会における議決権の行使に集約される。しかしながら、それだけでは銀行法に定める「経営管理業務」と、そこにおけるリスク管理業務を果たすことはできない。そのため、持株会社は子銀行と経営管理契約を結ぶこととした。持株会社がどのような「経営管理」を行い、子銀行が何に従うかについての双方の権利義務関係を、契約によって明確にしたのである。

次に経営管理契約のもとで具体的なリスク管理の実務が規定された。前述のとおり、実際の業務とリスクを抱える子銀行でも、自らの損失の可能性を抑えるためのリスク管理業務を行っており、持株会社が同じことを行っては、屋上屋を重ねることになるし、実質的な意味もない。

そうしたなかで考案された持株会社リスク管理上の枠組みが、「協議・報告」、リスク資本配賦の活用、子銀行に対する評価等であった[35]。

① 「協議・報告」と「指導・助言」

前述のとおり、持株会社が子銀行に対して行う、リスク管理を含む「経営管理」の内容は、持株会社と子銀行が締結する

---

34 現在では、持株会社のリスク管理部門職員が、子銀行のリスク管理部門を兼務することも広く行われているが、制度開始当初は、経営管理を行う持株会社職員が、管理される側の子銀行の職員を兼務することに懸念が示されることも多く、両者の兼務は一般的ではなかった。

35 各金融グループにおける持株会社の枠組みや、子会社群は同一ではないため、本章での実務対応例がすべての金融持株会社に共通するわけではない。

「経営管理契約」で規定される。「協議・報告」ルールとは、どのような事柄については、子銀行から持株会社に、事前に「協議」をしなければならないか[36]、どのような事柄については、事後の「報告」をしなければならないか、を経営管理契約のなかで明確に規定するものである。

持株会社が、子銀行が行う「協議・報告」の内容や仕振りをみて、子銀行に対して特定の行動や是正を求める場合には、経営管理会社としての「指導」や「指示」を行い、あるいはよりよい方法があると考えられる場合には、「助言」を行うこととする。持株会社から受けた「指導」や「助言」に対して、子銀行は結果報告を行うことになる。こうすることで、持株会社は、子銀行のリスクの状況を把握し、子銀行が行うリスク管理に対して影響力をもつことが可能となる。

② **リスク資本管理**

子銀行は、業務を行う際に信用リスクや市場リスクといったさまざまなリスクをとっている。子銀行の経営管理を行うのであれば、そのとっているリスクの大きさを把握し、仮に過大なリスクをとっている場合には、それを抑えることができなければ、経営管理をしていることにはならないであろう。このように子銀行のリスクテイクをコントロールし、時に抑えるために、持株会社は当時銀行実務として一般的になりつつあった、リスク資本管理の枠組みを活用した。

---

[36] 協議事項のなかには、事前に持株会社の「承認」を得なければならない事項が含まれる。

図表5－7　持株会社と子会社金融機関の間の協議・報告／指導・助言の体制

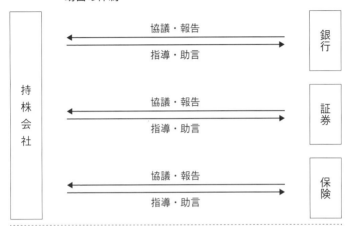

持株会社は、子会社との間で、「協議・報告」を求める事項を事前に定め、その内容によって、子会社に対して「指導・助言」することを通じて、経営管理を行った

すでに触れたように[37]、銀行がとる各リスクについて、信用VaR、市場VaR、オペレーショナルVaRといった、統計的な手法で計量化する実務が進展している。VaRの考え方に基づけば、これらのリスクから発生する損失の可能性が、一定の期間、かつ、一定の確率で、どの範囲に収まるか、という目安を示すことができる。持株会社によるリスク資本管理の実務は、持株会社の資本の一部を銀行や証券会社等の子会社、あるいはそれを構成する、リテール部門や法人部門といった事業部門に

---

[37] 第2章「VaR革命と「VaRショック」」、第7章「バーゼルⅡと内部格付手法」参照。

図表5-8 リスク資本配賦の実務例

① リスク資本配賦総額の決定

資本総額	
リスク資本配賦総額	

② 各リスク資本額の決定

信用リスク資本	市場リスク資本	オペリスク資本

③ 部門ごと・リスクごと資本配賦の実施

	信用	市場	オペ	合計
法人				
リテール				
国際				
市場				
証券				
合計				

持株会社は、リスク資本配賦とリスク資本管理によって子会社のとるリスクをコントロールすることとした

対して、VaRで表される各種リスク量のかたちで「リスク資本」として「配賦」し、その範囲内での運営を求めることで、グループが抱えるリスクを一定の範囲内に抑えようとするものである[38]。子会社や事業部門は、配賦されたリスク資本の範囲内でリスクテイクを行うことが認められ、持株会社は、期中にその使用状況をモニタリングすることで、子会社や事業部門が

---

38 リスク資本は「経済資本」とほぼ同じ意味で用いられる。

図表5－9　リスク資本管理における期中モニタリング例

リスク資本使用状況（20●●年6月末基準）

		信用		市場		オペ	合計
銀行	法人	95%		30%		80%	80%
	リテール	80%		20%		90%	60%
	国際	110%	超過	75%		95%	95%
	市場	60%		115%	超過	95%	85%
証券		70%		95%		90%	85%
合計		85%		80%		90%	85%

> 配賦されたリスク資本は、期中にその使用状況をモニタリングし、リスク資本使用額が配賦額を超えた場合（上記例では、銀行国際部門の信用リスクと銀行市場部門の市場リスク）には、是正することが求められる

とっているリスクが、あらかじめ配賦されたリスク資本の範囲内に収まっているかどうかをチェックする。図表5－8の例でいえば、①まず、持株会社の取締役会が、持株会社の資本総額のなかから、リスクテイクを行う部分としてのリスク資本配賦総額を決定し、②次にそれを、信用、市場といった各リスクにどれだけ配分するかの内訳を定める。③さらに、リスクカテゴリーごとのリスク資本を、銀行法人部門・銀行リテール部門といった、子会社ないし子会社の事業部門に配賦する。各事業部門は配賦されたリスク資本を使って事業運営を行うことになる（図表5－8参照）。

こうして配賦されたリスク資本に対しては、期中にどれだけ

使われたかをモニタリングすることになる。仮にリスク量が配賦されたリスク資本を超えていることが判明したとすると、その事業部門は、持株会社の取締役会が認める以上にリスクをとり、リスク資本枠を「超過」したことになる（図表5－9参照）。こうした状態が続いては、持株会社の取締役会の意思に反することになるため、持株会社のリスク管理部門は、当該事業部門に、リスクが枠の範囲内に収まるまで減らすことを求めることになる。

こうしたリスク資本の配賦と、期中のモニタリングによって、持株会社は子会社のリスクテイクをコントロールし、管理することができるわけである。

またリスク資本の考え方を使えば、配賦したリスク資本に対してどれだけの収益をあげることができたか、という、リスク調整後業績評価を客観的に行うことも期待できた。子会社や事業部門は与えられたリスク資本の範囲内で、収益の極大化を目指すことになる。

子会社へのリスク資本配賦と期中のモニタリングからなるリスク資本管理の実務は、子会社の経営管理を行うことを業とする持株会社にふさわしいものと考えられた。以後、持株会社のリスク管理は、リスク資本管理の枠組みを中核に据えて展開することになる。

③　子会社評価

このように子銀行との間で、事前協議や事後報告、あるいはリスク資本配賦を行う枠組みができても、持株会社よりも多く

の経営資源を有する子銀行を本当に管理できるのか、という疑問は残る。子銀行が「暴走」しないように、「にらみ」を利かせるには、どうしたらいいのだろうか。持株会社によるリスク管理において、経営管理の実効性をどう確保するかはむずかしい課題だった。1つの結論は、子銀行における、リスク管理上の対応状況を、子銀行の評価や、子銀行の頭取の評価項目に加えることであった。持株会社は、経営管理契約を通じて子銀行やその頭取の評価を行うのが一般的である。評価項目は、利益目標の達成度や自己資本比率の維持等といった定量項目と、コンプライアンス上の問題点が発生していないか、等といった定性項目から構成されることが多い。持株会社が子銀行のリスク管理の状況を評価し、子銀行でリスク管理上の問題が発生した場合には、子銀行の評価が下がる、といったような評価項目を加えれば、リスク管理の状況によって子銀行を評価することが可能となるし、子銀行経営者もリスク管理に関する持株会社からの指導・助言項目に注意を振り向けざるをえなくなる。評価項目としては、たとえば、期中にリスク資本管理上の枠超過が何回発生したか、といった基準が考えられる。

　メガバンクグループ設立に際して、持株会社による経営管理としての金融リスク管理の実務をいかに確立するかは、日本の金融リスク管理にとって、大きなチャレンジだった。持株会社のリスク管理担当者は、持株会社内や子銀行との間で議論を尽くし、金融リスク管理上のツールを駆使して、この新たな金融リスク管理実務の整備に取り組んだのである。

7　持株会社検査マニュアルの制定

　持株会社による子銀行の経営管理実務は、金融機関を監督する当局にとっても大きな課題であった。金融庁は、2003年7月に、すでに金融検査の現場で運用されていた「金融検査マニュアル[39]」の持株会社版である、「金融持株会社に係る検査マニュアル」を新たに制定した。持株会社が大きく銀行法に基づいて設立されるケースと、保険業法に基づいて設立されるケースがあることから、「金融持株会社に係る検査マニュアル」は、銀行法や保険業法に分けて制定された。また、同じ持株会社であっても、その枠組みや経営管理のスタイルには、幅広いパターンがあることから、金融検査において検査マニュアルを適用する際にも、その運営の多様性に配慮することを明記したものとなった[40]。

---

[39] 金融検査マニュアルについては第4章「日本の金融危機とジャパン・プレミアム」参照。

[40] 2003年に制定された時点の同検査マニュアルの前文(持株会社検査の際のアプローチ)では、「持株会社グループの態様によって、持株会社の役割や、内在するリスクの波及形態は異なり、構築される管理態勢も様々である。……本チェックリストは、全ての持株会社に対し、直ちに求められる役割を記載したものではない。……検査官はまず、持株会社グループの実態を正確に把握したうえで、本チェックリストを活用しながら、持株会社グループの管理態勢が適切に構築されているかどうかを検証する必要がある」と明記された。

図表5−10 日本における主な銀行持株会社グループ

名前	設立	傘下の銀行
みずほフィナンシャルグループ	2000年9月	みずほ銀行
		みずほ信託銀行
三菱UFJフィナンシャル・グループ	2001年4月	三菱東京UFJ銀行
		三菱UFJ信託銀行
三井住友フィナンシャルグループ	2002年12月	三井住友銀行
りそなホールディングス	2001年12月	りそな銀行
		埼玉りそな銀行
		近畿大阪銀行
三井住友トラスト・ホールディングス	2002年1月	三井住友信託銀行
ほくほくホールディングス	2003年9月	北陸銀行
		北海道銀行
山口フィナンシャルグループ	2006年10月	山口銀行
		もみじ銀行
		北九州銀行
ふくおかフィナンシャルグループ	2007年4月	福岡銀行
		熊本ファミリー銀行
		親和銀行
		十八銀行 (注)

持株会社形式による銀行再編は、当初のメガバンクグループから、地方銀行に範囲が広がっている

(注) ふくおかFGによる、十八銀行の経営統合は予定(2016年8月時点)。

目撃者のコラム

　金融持株会社による経営統合が相次いだ、2000年10月、自身が新たに担当した業務は、設立を半年後に控えた金融持株会社のリスク管理態勢の検討と整備であった。経営管理のみを本業とする金融持株会社のリスク管理とは何か、どうあるべきか、日々頭を悩ませながら議論を重ねた。その1つの結論が、本文で示した、「協議・報告」と「指導・助言」による枠組みであり、子会社評価の枠組みであった。特に子会社評価の枠組みは、想像以上にむずかしかった。本文でも示したとおり、持株会社が子銀行に対する「経営管理」を業とする、といくら粋がったところで、親会社たる持株会社は子銀行があってはじめて成り立つものであり、そもそも持株会社の運営は、経営管理契約に基づいて子銀行から徴収される経営管理フィーがなければ成り立たないのである。子銀行に対する持株会社のリスク管理が、いかに実効力を保てるかは、悩ましい課題であった。

　こうした状況下で「子会社評価」は、大きな効果を生み出した。評価項目全体を100点とすると、当初リスク管理項目が占める部分は小さなものであったが、具体的に評価の対象になるとなった瞬間から、議論は真剣になった。効果がある評価項目とは、評価される側にとっては、管理されたくない項目であることもある。有効かつ現実的な評価項目を提示できるかどうかによって、持株会社自身も子銀行から評価されている、ともいえた。評価される側だけでなく、評価する側も真剣である。評価を行うためには、何をもって評価するのか、という評価項目と、どこまでやれば満点や合格点になるのか、という点を事前に合意することが必要になる。子会社評価項目と評価基準についての議論は、当初から白熱した。

　持株会社による子会社リスク管理の実務と、リスク資本管理の枠組みは親和性が強いと思われた。さらにリスク資本管

理に、収益指標を組み合わせることによって、子会社のパフォーマンスをより客観的に評価するツールとして使うことも期待された。そこには欧米金融機関で行われているリスク調整後業績評価が実現できるのではないか、という期待感が存在した。持株会社によるリスク管理を考えるなかで、リスク資本管理は、中核をなすツールとして、高度化・精緻化を遂げていった。

「持株会社によるリスク管理」の態勢整備は、道のない原野を切り拓く作業に似ていた。議論を重ね、考え出した手法を試してみる。うまくいかない。また議論を尽くす。子銀行の事業ポートフォリオを、リスク資本管理の手法で評価できないかと考え、3日間徹夜して報告書をつくってきた担当者がいた。目の下にはクマができていたが、その瞳は輝いていた。そんな充実感が組織に漂っていた。リスク管理の実務に大きな可能性を感じた時期だった。

金融持株会社は欧米では当然な形態であり、その運営方法を参考にすればいいではないか、と思われる向きも多いかもしれない。しかしながら、長銀とUBSとの提携交渉でかいまみた欧米金融機関の運営状況からすると、欧米銀行における「持株会社」とは、必ずしも日本における持株会社のように実態をもった運営ではない。そもそも欧米では、広く金融業を営む、ユニバーサルバンキング制度を敷いている国も多い。業態別の法規制に基づく日本とは事情が異なるのである。欧米金融機関では、銀行の名刺をもったまま、プロジェクトに応じてグループとして（持株会社として）の立場で業務にあたることもしばしばである。長銀とUBSとの提携におけるUBS側交渉ヘッドやその補佐は、UBSグループの持株会社の立場の人間といえよう。その交渉ヘッドの補佐は、オックスフォード大学の物理学の博士学位をもった、UBSアジアの投資銀行部門の部長だった。力量を見込まれたのであろう。ヘッ

ドの補佐として、元の名刺のままで交渉業務のサポートをしていた。「ヘッドに呼び出されてから3カ月、ずっと彼(交渉ヘッド)について出張だ。早くシンガポールで元の仕事に戻りたい」、とことあるごとにグチをいっていた。

金融持株会社による経営管理実務としてのリスク管理は、時代の要請の変化とともに常に変化する。特にグローバルな競争が激しさを増すなか、グループ経営の必要性はさらに高まっている。本章で示した金融持株会社による子会社リスク管理は、その第一幕にすぎず、金融持株会社を通じた経営管理はその後も展開を続けている。2015年には、金融審議会が報告書を提出、金融持株会社を通じて、金融グループの経営管理機能の充実とグループ全体の柔軟な業務運営を促進するための可能性につき、提言を行った。日本における金融コングロマリット成立には、金融持株会社の経営管理機能が重要なキーワードとなる可能性がある。そのためには、金融持株会社自身においても、「持株会社のリスク管理」をさらに高度化する努力を行う必要があると思うし、その可能性は十分に残されていると思う。

〈参考資料〉

『戦後日本経済史』、野口悠紀雄、新潮社、2008年

『頭取たちの決断』、藤井良広、日本経済新聞社、2000年

『金融動乱 金融庁長官の独白』、五味廣文、日本経済新聞社、2012年

「金融グループを巡る制度のあり方に関するワーキング・グループ報告〜金融グループを巡る制度のあり方について」、金融審議会、2015年12月

「金融持株会社に係る検査マニュアル」、金融庁、2003年7月

第 6 章

システム障害と危機管理態勢
【2001〜2002年】

●本章のポイント

2001年9月に米国ニューヨーク市で勃発し、金融市場を混乱に陥れた同時多発テロ[1]は、緊急時において金融機関の業務をいかに復旧、継続させるかについての関係者の認識を一変させた。さらに翌年、日本では大手銀行の合併時にシステム障害が相次ぎ、各行は業務継続計画と危機管理態勢の整備を急いだ。

1 「セプテンバー・イレブン」と金融市場への影響

2001年9月11日、米国東海岸で米国航空会社の定期フライト便4機がイスラム原理主義者の過激派テロリストによって、相次いで乗っ取られた。そのうち2機は、ニューヨーク市マンハッタン島の高層ビル、ワールド・トレードセンター[2]に突入した。ツインタワーとして知られた同ビルは、突入した航空機のジェット燃料から発生した火災の熱に耐えられず、相次いで崩落した[3]。2,000名を超える犠牲者を出したこのニューヨー

---

[1] ニューヨーク同時多発テロについては、『増補版 金融リスク管理を変えた10大事件+X』、第9章「ニューヨーク同時多発テロとBCP」も参照。
[2] 「ワールド・トレードセンター」は、全7棟からなる複合オフィス地域全体を総称した名称。このうちツインタワーとして知られた超高層ビルは第1棟と第2棟であった。なお同時多発テロにより、ツインタワーのほかに第5棟、第7棟が崩壊、第4棟、第6棟が半壊した。
[3] 残り2機のうち1機は、ワシントンの国防総省ビルに墜落した。最後の1機は、乗客が乗っ取り犯の企てを妨害し、ペンシルヴェニア州ピッツバーグ市郊外に墜落した。

ク同時多発テロは、発生した日付から後に「セプテンバー・イレブン」と呼ばれることとなった。

ニューヨーク同時多発テロは、マンハッタン島の南部、いわゆるダウンタウン地区の電力やガスなどのライフラインの供給を切断、ニューヨーク証券取引所も機能停止に陥った。特に株式取引の決済は、取引所で集中して行われていたことから、ニューヨーク証券取引所の一時閉鎖によって、株式取引は休場に追い込まれた。取引が再開されたのは、テロ発生から6日後の9月17日であった。

米国国債を中心とした債券取引は、取引所で集中決済される株式取引と異なり、取引相手となる金融機関同士が直接電話で取引を実行するため、株式取引よりも再開は早く、テロ発生から2日後の13日には取引が再開された。しかしながら、相対取引であるがゆえに、取引決済には大きな影響が出た。米国では、国債を担保とする債券レポ取引が、金融機関の資金調達の中核を担っている。債券レポ取引は、債券を担保とした資金貸付であることから、担保となる米国国債のやりとりを必要とするが、そうした「債券クリアリング」の中心的な存在である、バンク・オブ・ニューヨークのマンハッタン島のデータプロセシング・センターが同時多発テロで被災したため、業務を行えなくなったのである。債券市場の取引決済の重要な担い手であるバンク・オブ・ニューヨークを欠いたことから、米国国債取引決済が停滞、金融機関の資金調達そのものにも影響が生じることになった。各金融機関は、ほかの手段で資金決済を行うこ

ととしたが、手作業に頼ったぎりぎりでの対応を余儀なくされた。

2 業務継続計画とコンティンジェンシープラン

　金融機関は「業務継続計画[4]」、あるいは「BCP[5]」と呼ばれる手順を定めている。業務継続計画は、なんらかの事象によって、通常の業務を行うことが困難になった場合でも、金融機関として止めることができない業務を継続することを目的として、事前に定められた行動計画である。たとえば地震や水害などが発生した場合、公共交通機関が混乱したり、あるいは停止することで、従業員がオフィスにたどりつけないことが想定される。あるいは、ニューヨーク同時多発テロ発生時のように、オフィスそのものへの立ち入りができなくなったり、システムセンターの電源が立ちあがらないといったケースも想定される。業務継続計画には、たとえば通常のオフィスが使えなくなった場合のバックアップシステムや代替オフィスの確保と、そこでのシステムやPC端末等の設置、さらにそこで実際にどのように業務を立ちあげるか、といった内容が含まれることになる。大規模な停電が発生しても基幹システムを稼働させるために、大規模な自家発電機能を整えている銀行もみられる。シ

---

4 『増補版 金融リスク管理を変えた10大事件＋X』、第9章「ニューヨーク同時多発テロとBCP」参照。
5 「ビジネス・コンティニュイティ・プラン（＝Business Continuity Plan）」の略。

ステム要員など、どうしても確保しないといけない要員の特定や、そもそも代替オフィスにどのように移動するか、といった内容も業務継続計画のなかに書き込まれることになる。

　業務継続計画を発動せざるをえなくなるようなケースでは、オフィスやシステム、あるいはそれらを動かす従業員などが通常に比べて限定されていることが想定され、すべての業務を通常どおりに行うことはできない。各金融機関は、業務継続計画のなかで、資金決済業務など、金融機関が社会インフラとして、災害時でも優先的に継続すべき重要な業務を特定して、それらを優先的に復旧、継続させることを示している。

　一方で業務継続計画は「万能の杖」ではありえない。たとえば、地震が発生して業務継続計画が発動されるケースにしても、それが従業員の出勤前の早朝に起こるケースと、従業員が出勤後の日中に起こるケース、あるいは帰宅時に起こるケースや週末に起こるケースなど、事象発生の時間1つとってもさまざまなパターンが考えられ、その時々にとるべき行動は異なる。すべてのケースにオールマイティに使えるような業務継続計画はありえない一方で、これらすべてのケースに対して異なる業務継続計画をつくることもありえない。多数の業務継続計画を策定することは、業務継続計画自体が膨大なものになってしまい、実際にそれを使おうとするときに混乱する可能性があるためである[6]。その意味では業務継続計画は、業務継続における、いわば「最大公約数」、ないし「プロトタイプ」として制定されるものである。

各金融機関は、現実に災害やテロ事象が発生した際に、業務継続計画が有効に機能することを確保するため、定期的に訓練を実施する。ニューヨーク同時多発テロの際に、適切な避難と、代替オフィスでの業務立ちあげを迅速に行うことができた金融機関の多くが、日頃から業務継続計画に基づく訓練を行っていたこともあり、業務継続計画における訓練の重要性が強く認識されることとなった。業務継続計画において訓練が重要なのは、身をもって体験する、ということだけではない。先に示したように業務継続計画では、パターンを絞った典型的な計画しか定めることができない。そうしたパターンと実際の事象との間のギャップは、業務継続計画と異なるパターンの訓練を実施し、臨機応変な対応を行うことではじめて埋めることができるのである。さらに訓練で得られた教訓から、大本の業務継続計画をさらに改善することも可能となる。業務継続計画を基本問題とするなら、さまざまなパターンの訓練を、応用問題として実施することで、業務継続計画を実効的に補完するわけである。

　ニューヨーク同時多発テロ後の業務継続計画をめぐる議論においては、一部に混乱もみられた。大規模なテロ行為が起こった場合でも業務継続を確保するためには、仮に米国東海岸のニューヨークからワシントンにかけての地域が核兵器によって

6　システムがダウンしている場合には、業務継続計画をシステム上で呼び出して参照することもできなくなる可能性があり、ハードコピーとして手元にもっておく必要も考えられる。

攻撃されたケースも想定すべきであり、業務継続計画策定にあたっては、これらの地域の外で業務を継続することを想定した計画とすべきである、という議論もなされたのである。どんなに精緻に準備された業務継続計画であっても、実際に機能しなければ意味はない。業務の中枢が被災した場合に備えて、そこから離れた場所で緊急業務を立ちあげるべき、という結論は一見正しいが、混乱が予想される緊急時に、経営者を含む主要な要員を遠く離れた場所に移動させることは容易ではない。ニューヨーク同時多発テロ発生時では、多くの金融機関で、ニューヨークのマンハッタン島からハドソン川を隔てたニュージャージー州の側にある代替オフィスに移動することですら困難をきわめたとの報告があった。業務継続計画では、安全性と実効性とのバランスを考える必要がある[7]。

　業務継続計画と似た概念として、コンティンジェンシープラン[8]がある。業務継続計画が、重大な事象が発生した場合でも、最低限の業務を継続するための計画として整備されるのに対して、コンティンジェンシープランは、事象が発生した際の被害や損害を最小限にとどめるための初期対応について、あらかじめ定められた行動計画や対応策として整備される。両者は

---

[7] 2011年の東日本大震災の際には、余震に対する懸念や福島第一原発の放射能拡散懸念から、多くの非日系ITベンダーや、社内のIT要員を含む外国人職員が関西地区や国外に一時避難し、金融機関のITサポートが停滞した、という事例が報告されている。こうしたことを業務継続計画にすべて織り込むことは困難である。
[8] 「Contingency Plan」。緊急時対応計画と訳されるが、略して「CP」と呼ばれることも多い。

図表6-1　業務継続計画上重要な過去の事象

発生年	発生事象	種類	概　　要
2001年	ニューヨーク同時多発テロ	テロ	ニューヨーク市ワールド・トレードセンターで発生した同時多発テロ行為
2003年	香港SARS（注）	疫病	香港におけるSARS発生により、300名が死亡
2003年	北米大停電	停電	2日間にわたり北米北東部（米国・カナダ）の広い範囲で停電
2005年	ロンドン同時テロ	テロ	ロンドン市内における地下鉄・バスへの同時爆弾テロ
2010年	新型インフルエンザ	疫病	鳥インフルエンザから派生した新型インフルエンザの発生
2011年	東日本大震災	地震	東北地方で発生した巨大地震。地震・津波被害に加え、原発事故も発生
2012年	ハリケーン・サンディ	台風	米国東海岸を襲った大型台風。マンハッタン島では、広い範囲で停電や交通網の遮断が発生

ニューヨーク同時多発テロ後も、自然災害や疫病、社会インフラなど、さまざまな事象から業務継続計画が発動された

（注）　重症急性呼吸器症候群（Severe Acute Respiratory Syndrome）。
（出典）　『増補版　金融リスク管理を変えた10大事件+χ』

きわめて似かよった概念だが、コンティンジェンシープランが、事象発生直後の緊急対応や初動対応により重点が置かれるのに対して、業務継続計画が、事象発生後の事業の継続や復旧に力点を置いたものと整理することができる[9]。

たとえば、台風に伴う水害で一部の支店での業務が困難に

9　業務継続計画の初期部分の一部としてコンティンジェンシープランをとらえる考え方もある。

なった、ということであれば、事象発生時のコンティンジェンシープランと、業務を継続・復旧させるための業務継続計画はいわば一体として実施されよう。一方で、同じ事象における対外広報対応についていえば、それらの支店が一時的に閉鎖している、という事実を早急に伝えるというコンティンジェンシープランで完結し、業務継続計画にはつながらない、ということも考えられる。業務継続計画とコンティンジェンシープランは密接に関連する計画として整備する必要がある。

3 メガバンク誕生とシステム統合

この時期の日本では、成立したメガバンクグループによる経営統合作業が佳境を迎えていた。銀行持株会社傘下に入った大手行が、時間をかけて合併準備や、システム統合作業を行っていたのである。

巨大銀行同士のシステム統合は、膨大な作業を要し、かつ細心の注意を要する作業である。社会インフラの中核を担う銀行としては、統合時のシステム障害から、資金決済や振込みが滞るような事態の発生は、何としても避けなければならない。その一方で、預金や貸出、為替、資金決済、給与振込みなど、複雑かつ巨大化した大手銀行のシステムを統合、あるいはシステム同士をつなぐ[10]作業からは、障害発生の可能性は完全には排除しきれない。むしろ一定のシステム障害は発生することを前提に作業を進める必要がある。

そもそもシステム障害にも、さまざまなパターンがある。単

純に頭に浮かぶのは、プログラムにバグがあってプログラム自体が正しく動かないパターンであろう。機械故障の世界では、俗に「バスタブ曲線」と呼ばれる現象があり、システムのプログラムにも同様のパターンがみてとれる。あるシステムを導入した当初は、プログラムのバグ等によるシステム障害が多くみられる。それらを修正していくことで時間とともに障害は減少するが、システムを使い続けると、新しい状況や拡大する取引量に徐々に対応できなくなって再び障害が増える。時間とともに障害が減り、その後再び増加する、というこのパターンがお風呂の浴槽（「バスタブ」）の形状に似ていることからつけられた名前である。金融機関のシステムは複雑かつ、数えきれないほどのプログラムステップで構成されており、そのすべてが完璧で1つのバグもなくつくりあげることは事実上不可能なのである。

　システム障害の原因は、プログラム不良だけではない。なんらかの理由で、想定した以上の負荷がシステムにかかって、プログラムのパフォーマンスが遅くなる、さらに最悪の場合停止する、といったパターンも考えられる。またシステムを支えるサーバーの故障や停電、火災の発生など、システム関連のハー

10　金融機関が合併する場合、合併と同時にシステムを一本化するパターンと、合併当初は両者のシステムを維持しながら、それらをいったん「つなぐ」処理をしたうえで、2段階目で統合一本化する、というパターンがある。後者の場合、合併後システム一本化までは2系統のシステムを運用維持することが必要となることから、前者のほうがコスト面や運用面でのメリットは大きい。一方で前者の場合、より高度な統合作業が必要となり、かつ、システム障害のリスクも高くなる。

図表6−2 システム障害における「バスタブ曲線」

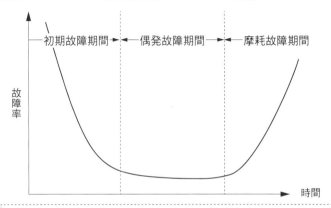

システム障害は、システム導入当初とシステムが老朽化した時期に増加する、「バスタブ曲線」のパターンを示す

ドウェアや建物設備の問題からシステムが停止することも、「システム障害」とされる。見落とせないのは、システム障害における人的ミスの要因である。なんらかの理由でシステムのパフォーマンスが落ちたり、ダウンした場合には、人間の手でシステムを再起動したり、手順をマニュアル作業に変更することになる。この際に、手順自体が発生した障害の復旧にふさわしいものになっていなかったり、手順を間違えたり、といった人的ミスから、結果的にシステム障害を発生させることも多いのである。

　システム統合の日程が公表されると、IT担当者は、期限に対するプレッシャーを受けながら、膨大な統合作業に取り組むことになる。テストにテストを重ねるのに加えて、万が一シス

テム統合時に障害が発生した場合に対する業務継続計画も策定、さらに障害発生を想定した訓練の実施も行う、という二重三重の作業を並行して進めることになる。システム統合はIT担当者だけの仕事ではない。システムが変わるということは、そのうえに成り立つ事務手続も変わるということであり、事務部門にも同等の負担がかかることを意味する。また仮にシステム障害が発生した場合の業務継続計画は、最悪の場合、事務部門による手作業に頼らざるをえなくなる可能性もある。IT部門は事務部門と密接に連携してシステム統合に臨むことになる。国内メガバンクの統合は、こうした銀行担当者の作業に、大きな洗礼を浴びせることとなった。

4 メガバンク誕生とシステム障害の発生

2001年4月に成立したUFJホールディングス傘下の三和銀行と東海銀行は、2002年1月17日に合併してUFJ銀行が成立した。合併初日のシステム統合は順調とみられていたが、日を追うにつれて、振込処理に遅延が生じるなど、徐々にシステム処理が遅れをみせ始め、1月下旬になって18万件にのぼる銀行口座からの二重引落しが発生するというシステム障害が発生した。混乱は1月末までに収束したが、メガバンクのシステム統合のむずかしさを痛感させた。

2002年4月には、みずほフィナンシャルグループのもとで経営統合を行った、みずほ銀行とみずほコーポレート銀行[11]で、システム障害が発生した。みずほ銀行においては、4月1日と

4月8日に、ATM障害が発生、旧富士銀行の店舗で旧富士銀行以外の銀行のキャッシュカードが使えないなどのトラブルが発生したほか、4月1日以降、システムの不具合や事務の混乱などから、口座振替えの引落し遅延や振込遅延、二重引落しなどの障害が発生した。またみずほコーポレート銀行でも、システムの不具合などから、振込みの遅延や口座振替えの遅延などが発生した。関係者の懸命の修復作業を経て、4月末までに混乱は収束した。

　事態を重くみた金融庁は、みずほフィナンシャルグループに対して報告書の提出を求めるとともに、5月に立ち入り検査を実施した。検査では、システム障害の発生原因は、①システムの機能を確認するシステムテストや運用テスト等、必要な準備がなされていなかったこと、②そうした重要な情報が、一部のシステム開発部門内にとどまっていて、経営陣に報告されなかった等、十分なガバナンスが発揮されなかったこと、③みずほコーポレート銀行において、大量の事務処理を支える事務インフラが不十分であったこと、等にあるとしたうえで、根本原因として、旧経営陣がシステム統合に係るリスクを十分認識していなかったことから、統合に伴うシステム開発などの前提となる基本的事項の意思決定が遅れ、システム開発やテスト、事

11　みずほフィナンシャルグループでは、旧第一勧業銀行、旧富士銀行、旧日本興業銀行を、個人取引を中心とするみずほ銀行と、法人取引を中心とするみずほコーポレート銀行に再編する統合作業を行い、両行は、2002年4月1日に発足した。第5章「メガバンクの誕生と持株会社リスク管理」参照。

務の訓練に必要な期間が十分に確保できなかった、と指摘した[12]。

5 金融リスク管理への影響——危機管理態勢の整備

　UFJ銀行やみずほ銀行のシステム障害のケースは、銀行のシステム障害が、単なる障害復旧対応や業務継続計画の実施にとどまらないことを示した。預貸業務に加えて広く資金決済機能を果たしている銀行におけるシステム障害は、その社会的影響を通じて、銀行のレピュテーション（＝評判）や、企業のイメージ全体に影響を及ぼし、企業のブランドイメージを大きく傷つけるほどのインパクトをもつものであることが認識されたのである。記者会見で謝罪する経営者の姿を繰り返し報道するマスコミへの対応は、単なるシステム障害への対応にとどまらず、企業を守る「危機管理態勢」としての対応であることが強く認識された。

　危機管理態勢を整備するにあたっては、危機事象とは何かという定義を行ったうえで、危機事象が発生した際に行うべき行動を特定することが重要になる。こうした金融機関の「危機」は、たとえば以下のように定義することができる。

　この例では、一般的に想像されるよりも広い範囲の事柄として、「危機」を定義している。危機事象とは、大地震のよう

---

12 「みずほフィナンシャルグループに対する行政処分について」、金融庁、2002年6月より。

[危機の定義例]

1	ある事象の発生を放置した場合、業務が遅延、もしくは中断するケース
2	ある事象の発生により、大きく信用が失墜し、企業の存続が危ぶまれる状態に陥る可能性が高まるケース

に、発生当初からだれがみても「危機」ととらえられるものだけでなく、最初は重大と思わなかった事象が徐々に悪化し、業務の大きな遅延や、さらには企業の存続にかかわる事態につながるケースも想定して対処しなければならない、という考え方に立っているわけである。このように広い範囲を「危機」と定義した場合、たとえば、危機事態がきわめて悪化したケースを、「非常事態」としてくくりだすことも考えられる。いずれにしても危機事象の定義を明確にすることは、危機対応の方向を間違えないためにも重要である。

こうした「危機」は、いろいろなかたちで発生する。金融市場が混乱して保有する債券や株式等の金融資産の価値が下落して多額の損失を被るケースも考えられるし、大地震の発生から業務が中断を余儀なくされることも考えられる。こうした危機事象の要因は、金融リスク管理上の要因と、相当程度重なっている。株価や外国為替市場といった金融市場の混乱に伴う危機事象は市場リスク、システム障害に伴う危機発生はオペレーショナルリスク、といった具合である[13]。この場合、危機事象が発生するリスク要因ごとに対応計画を策定することが必要になる。

次に、危機事象が発生した場合に対して、大きく、「事前管理」「渦中管理」「事後管理」の3つの枠組みを整備することが必要となる。

 「事前管理」とは、危機事象が発生する以前に、いわば「転ばぬ先の杖」として準備しておく作業である。そこでは、そもそも自社にとっての危機事象とは何か、を明確に定義したうえで、危機事象が発生した場合の業務継続計画やコンティンジェンシープランを策定する。

 業務継続計画やコンティンジェンシープランが、実際に有効に機能することを確実にするためには、定期的な訓練を実行する必要があり、訓練の実施も事前管理の重要な要素となる。事前管理では、危機事象発生時の緊急連絡網などの連絡体制の整備も重要な要素となる。危機事象が発生した場合の従業員の安否確認や対応態勢の連絡は、緊急連絡網を通じてなされることになるため、連絡網の整備に加えて、それが実際に機能するかどうかについての事前の訓練も必要になる。

 これに対して、危機対応における「渦中管理」は、いわば「火事場における火消し」の作業と考えられる。発生する危機事象に対して、業務への影響を判断したうえで、業務継続を確保する行動が、渦中管理の内容となる。危機事象は、さまざまな理由で発生する。台風による一部支店の浸水と一時的業務停

---

13 上記以外の危機事象の要因としては、たとえば、訴訟・行政処分や取引先とのトラブル、資金調達環境の悪化、大口与信先国の政情の悪化、風説の流布、大口取引先の倒産、などが考えられる。

図表6−3 危機管理における3つの枠組み

事前管理	危機事象への対応態勢を事前に整備すること
渦中管理	危機事象が発生した際に、業務を継続するための業務継続計画等を実行するなどして、危機事態を収拾すること
事後管理	業務の通常機能への回復を行うとともに、対応の検証を行うこと

危機管理の枠組みは、「事前管理」「渦中管理」「事後管理」の3つに大別される

止、首都圏大規模地震による中枢システムのダウン、海外の国情悪化による支店の一時閉鎖や従業員の国外退避の実施、当局からの業務改善命令と一部業務停止等、発生する危機事象はさまざまである。これらの危機事象のすべてに対して、渦中管理を詳細に特定することは不可能であり、渦中管理では、ある程度臨機応変な対応が求められることになる。その過程では、特定の業務を一時停止させる等といった、経営トップによる判断が必要になる可能性もある。

　経営トップが行う重要な意思決定を誤らないためにも、情報を集約したうえで、経営判断を行うための適切な判断材料を提供する必要がある[14]。危機対応の本部では、発生事象についての情報を集約して、指示についてもそこから一貫したかたちで発信することが必要になるが、そのためには、危機対応本部に

14　第10章「バーゼルⅢとリスクガバナンス」参照。

情報を集中するのだ、ということが組織構成員の隅々にまで浸透していなければならない。そのためにも、定期的な訓練や、実際の小さな危機事象の経験を通じて、不断の検証を行う必要がある。その一方で重要なのは、細かい判断まで本部から発することは慎み、ある程度の判断は現場の支店長や部門長に委ねることである。現場でどのように対応すべきかは、実際のお客様を前にした現場の長が、最もよく理解している。業務を継続するのか、できるのか、お客様にどのような説明をするのか、などは、本部が細かく指示するのではなく、ある程度現場に委ねるべきである。渦中管理として、当面の延焼と火の粉の拡大を防ぐことができるのは、あくまで現場なのである[15]。

渦中管理によって、当面の業務継続が確保された後は、「事後管理」のフェーズに移ることになる。渦中管理では、危機事象発生時における緊急対応、いわば傷口にばんそうこうを貼って止血することが優先されるのに対して、事後管理では、ばんそうこうを本来あるべき包帯やギプスに取り換えて、さらにはそれも取り外す治療を行い、さらにけがの原因を明らかにして、けがの再発を防ぐことが行われる。特に渦中管理で行われた行動内容を検証するのは重要な仕事である。危機対応において、実際の事象対応ほど、ノウハウの蓄積に資することはない。すべての対応が完璧なわけはなく、そこには数多くの教訓が隠されている。そうした教訓を見出し、次なる危機事象に備

---

15 現場における判断についても、危機対応本部から、どこまでの判断を現場に委ねる、ということを明確に示す必要がある。

えるのが、事後管理における検証作業になるのである。

　危機対応において特に重要なのは、経営トップのコミットメントと、情報と指示の集約化である。ややもすれば対応が混乱する可能性がある危機対応においては、起こった事象を集中的に把握したうえで、適切な指示をゆるぎないかたちで示すことが必要となる。そのためにも経営トップのコミットメントは不可欠である。危機対応の訓練においても、経営トップ自らが参加して、危機対応態勢の課題についても、自ら体験することが望ましい。

　金融機関の危機管理態勢整備には終わりはない。態勢整備に向けた不断の努力と地道な訓練、さらには継続的な検証を重ねることにより、どんな事象が起きても、少なくとも動じない危機管理対応ができることになる。

目撃者のコラム

　2000年の秋、翌春の銀行持株会社設立に向けた体制整備作業のなかで、危機管理体制の整備が議論となった。銀行組織の検討を所管する企画部門は当初、新体制における危機管理体制は、リスク管理部署が所管すべき、との意見であったが、これには反対した。重責を回避したかったのではなかった。危機管理体制は、企業の生死を握る可能性すらあるものである。そこにリスク管理部門が参画するのは当然であるが、リスク管理部門が、それを主導できるほどには、少なくとも当時のリスク管理部門は位置づけられていなかった。加えて、前職の経験では、銀行の状況が追い詰められた際に、銀行の

トップである頭取と、企画部長、さらに財務部門の担当役員が、会議室にこもって議論を重ねる姿を目の当たりにしてきた。日本の銀行においては、企画部門が主体的に関与しない危機管理体制は、「絵に描いた餅」であり、決して実効性をもちえない。第三者からは何にそんなにこだわっているのだろう、と映っただろうが、ここだけは譲れなかった。あの時にいうべきだと思ったことをいえなかった後悔を繰り返すわけにはいかなかった。

そうしたこだわりがどこまで伝わったかはわからないが、結果として、新たな持株会社における危機管理体制は、企画部門が事務局機能を担い、企画部門、コンプライアンス部門、広報部門、それにリスク管理部門が共管して、そこに情報を集約する体制として実現した。ビジネス部門における異変や監督当局との関係から生じる事象は、企画部門の所管である。コンプライアンス部門は、法令順守に問題が生じるケースを所管する。市場リスクや信用リスクから生じる事象は、リスク管理部門の所管である。そして広報部門は外部に対する窓口として参画が不可欠である。危機管理体制を構成する４部門の選定は、こうした考えから行われた。危機管理体制を構成したそれぞれの部門は、危機事象に至る可能性のある事象が発生した場合には、だれでも「手をあげる」ことができる。そしてだれかが手をあげた場合には、それがだれかは問わず、即時に危機管理会議が開催される、という枠組みを整備したのである。

企業における危機が、どのような事象を発端とするかはわからない。そうしたなか、４部門がそれぞれにアンテナを張り巡らして、それぞれのアンテナに引っかかった事象があった場合に、即刻打合せを行う枠組みは、不測の危機事象が発生してしまった際の枠組みとしては、有効に機能したと思う。

コンティンジェンシープランを、さらにはリスクマネジャーとしてのキャリアを考えるにあたって、どうしても忘れられない人がいる。民間企業から監督当局に転じて、システムリスク管理を担当された方である。銀行持株会社であるUFJホールディングス在籍当時に、子銀行である三和銀行と東海銀行の合併を前にした2001年秋に、合併準備におけるコンティンジェンシープランについて指導をいただいた。

　大手銀行の合併が問題を起こした場合の社会的影響は底知れない。彼からは、合併作業で問題が生じた場合に発動されるべき業務継続体制に対する検証が十分ではないのではないか、と質問を投げかけられた。本文で記載したとおり、銀行のITシステム統合では、システム統合そのものの準備に加えて、万が一システム障害が発生した場合の業務継続計画の策定、さらには、それに対する訓練も行わなければならない。特にシステム統合によって、いままでと異なるシステムや事務手続に従うことになった行員にとっては、事務手続のみならず、記入する帳票からして刷新される。慣れない事務やシステムに対する研修、そこに追加で加えられる業務継続計画や、その訓練といった具合に、その負担はきわめて大きい。システム統合のスケジュールを最優先する本部は、現場で新しい手続や研修、さらに訓練に翻弄される行員たちのことを本当に理解しているのだろうか。「藤井さんはどう思ってるの？」リスク全般を統括する立場の総合リスク管理部にも、当然質問が行われる。論点は、それぞれが明快であり、議論していながら、変に納得してしまう。彼がおっしゃりたかったのは、リスク判断に迷ったら、決断をためらうべきではない、準備が100％満足いくものでないのであれば、リスクマネジャーは身体をはって止めるべきだ。それが何でできないんですか、ということだったと理解した。実際にその後のUFJ

銀行発足時にシステム障害を起こしてみると、あらためて認識の甘さを痛感したが、彼からは、犯した過ちをとがめる質問はこなかった。

その後、UFJ銀行が東京三菱銀行と合併した際に、同じ彼から、再び合併システム統合に対する指導をいただいた。両行は、合併と業務継続計画の準備に万全を期すために、合併を当初計画から3カ月遅らせる決断を行った[16]。マスコミは、「当局の介入により合併延期」とはやしたてた。そのような批判は当たらない。たしかに合併を延期することで、お客様が失うものもあっただろう。しかしながら、万が一システム障害が発生した場合の社会的混乱の可能性からすれば、合併を3カ月遅らせることは社会的に許容できるものだったと思う。「皆さんは、UFJ銀行をつくった時に、(年始の) 1月4日や (期初の) 4月1日ではなく、(業務負担の少ない) 1月17日を選択したじゃないですか。その時の決断は、ここではできないんですか」。そのように現場を叱咤激励いただいた彼は、日本最大のメガバンク誕生をみることがなかった。彼の急逝の訃報に接したのは、その後半年以上たった、小さな新聞記事からであった。リスク判断に迷ったら、決断をためらうべきではない。これは間違っていると思ったら、リスクマネジャーとしてのキャリアを賭けてでも止めるべきだ。あの時指導をいただいたことは、その後のリスク判断に生かされているだろうか。少なくともいただいた指導に対する恩返しはできていないと思う。

---

16 第9章「金融再生プログラムと不良債権最終処理」参照。

〈参考資料〉

『9.11生死を分けた102分』、ジム・ドワイヤー、ケヴィン・フリン、文藝春秋社、2005年（"102 Minutes", Dwyer J, Flynn K, 2005）

「金融機関における業務継続体制の整備について」、日本銀行、2003年7月

「東日本大震災において有効に機能した事例と同震災を踏まえた見直し事例」、日本銀行、2012年1月

「みずほフィナンシャルグループに対する行政処分について」、金融庁、2002年6月

「みずほ銀、混迷の2週間を追う」、日経コンピューター、2002年4月22日号

『失敗百選』、中尾正之、2005年10月、森北出版

第 7 章

バーゼルⅡと内部格付手法

●本章のポイント

　本邦において1993年に導入されたBIS規制は、2000年代に入って全面的に改訂された。5年にわたる改訂作業の結果として合意した新規制である「バーゼルⅡ」では、信用リスクにおける内部格付手法の導入や、オペレーショナルリスクに対して新たに自己資本を賦課するなど、随所に新たな考え方が導入された。その底流には、自己資本比率規制をリスクベースでとらえようとする姿勢と、金融業が複雑化するなかで、民間金融機関自身のリスク管理実務を自己資本比率規制に活用することで、金融業の健全性を確保しようとする考え方があった。邦銀関係者は、新規制確定に向けた国際交渉に参加するとともに、国内与信業務にとって、新しい考え方である、内部格付手法の導入に向けて奔走した。

1　バーゼルⅡへの道のり

　1990年代に入って、国際的な活動を行う銀行に対する自己資本比率規制として、BIS規制が適用された[1]。さらに1997年末には、当初の信用リスク資産に加えて、トレーディング業務等の市場業務から発生する市場リスクに対しても、最低所要自己資本が課されることとなった[2]。

1　第1章「BIS規制と「リスク」アセット」参照。
2　第2章「VaR革命と「VaRショック」」参照。

図表7-1　BIS規制におけるリスクウェイト〈再掲〉

対象資産	リスクウェイト
現金、国債、地方債、OECD加盟国の国債、等	0％
政府関係機関債等	10％
OECD加盟国の金融機関向け債権	20％
抵当権付住宅ローン	50％
通常の貸出債権	100％

当初導入されたBIS規制では、リスクウェイトは、取引先の属性によって定まっていた

　当初のBIS規制における信用リスク資産、いわゆるリスクアセットの計算方法では、信用リスク資産のエクスポージャーが、貸出先の「属性」に基づくリスクウェイトによって定められていた。すなわち一般の事業法人に対する貸出債権であればリスクウェイト100％、OECD加盟国の国債であれば0％、OECD加盟国の金融機関向け債権であれば20％という具合である。

　取引先の属性に基づいてリスクウェイトが決まる、ということは、言い換えれば、リスクウェイトが取引先の信用力には必ずしも基づいていないということを意味する。たとえば、貸出先が格付トリプルAの優良先であっても、業績不振にあえぐ町工場であっても、BIS規制におけるリスクウェイト上は、一般事業法人に対する貸出債権として、同じ100％のリスクウェイトが適用されるのである。これでは、信用力の高い取引先に

限って貸出を行う銀行と、業績不振にあえぐ地域の中小企業に貸出が集中している銀行との間にも、リスクアセット上の違いはなく、銀行の貸出資産の質、ひいてはその銀行の健全性を見誤ってしまうおそれがあった。信用リスクアセットのリスクウェイト決定にあたっては、取引先の信用力に基づくべきである、という点については、BIS規制導入当初から指摘がなされていた。

さらに金融機関の損失は、信用リスクや市場リスク以外からも発生する。第3章で示したような不正トレーディングや、第6章で示したシステム障害によっても損失は発生し、発生した損失は、市場リスクや信用リスクから発生する損失と同様に、結果として金融機関の資本を損なうことになる。銀行の健全性を確保するための自己資本比率規制が、このような損失の可能性をカバーしていないことも問題である、と考えられた。

こうしたBIS規制の見直し要請に対して、バーゼル銀行監督委員会は、1999年6月に「新たな自己資本充実度の枠組み」を公表、BIS規制を、よりリスク感応度の高いものに改訂する、という方向性を示し、その後5年間にわたる、バーゼルⅡに向けた作業の号砲を鳴らした。バーゼルⅡの準備作業は、全世界の金融当局や銀行のリスク管理関係者を巻き込み、その後2回の市中協議案公表を経て、2004年7月に最終案が確定することとなった[3]。

図表7-2 BIS規制からバーゼルIIへの道のり

時　　期	内　　　　容
1993年4月	銀行法改正によるBIS自己資本規制国内開始
1996年1月	BIS市場リスク規制合意
1997年12月	BIS市場リスク規制実施(日本では1998年3月末)
1999年6月	BIS「新たな自己資本充実度の枠組み」(第一次市中協議文書)公表
2001年1月	バーゼルII第二次市中協議文書公表
2003年4月	バーゼルII第三次市中協議文書公表
2004年7月	バーゼルII最終案公表

BIS規制およびBIS市場リスク規制の開始後、3回の市中協議を経て、バーゼルII規制が確定した

2 バーゼルIIの枠組み

バーゼルIIでは、リスクアセットに対する8%を最低所要自己資本として、それ以上の資本水準を維持することを求める、というBIS規制の考え方を維持しながら、いくつかの新たな枠組みが織り込まれた。

(1) 3つの柱と「銀行勘定の金利リスク」

まず新たな枠組みとして導入されたのが、「3つの柱」とい

---

3 第二次市中協議案は2001年1月に、第三次市中協議案は2003年4月に公表された。『増補版 金融リスク管理を変えた10大事件+X』、第8章「バーゼルIIとオペレーショナルリスク」参照。

う考え方である。それまでのBIS規制では、リスクアセットに対して8％に相当する最低所要自己資本を超える自己資本を維持することのみをもって、自己資本比率規制としていたが、バーゼルⅡでは、最低所要自己資本は、「3つの柱」のうちの「第一の柱」にすぎず、これに、監督上の検証という「第二の柱」と、開示によって市場からの監視を可能とする「第三の柱」が加わることで、銀行の健全性が確保される、という考え方を示した。

第二の柱は、銀行自身が自らのリスクプロファイルを評価したうえで、それに対する自己資本が十分に確保されているかどうかを自ら評価し、その評価に基づいて、適切な自己資本管理を行う、という枠組みを求めるものである。監督当局は、こうした銀行側の自己資本管理プロセスと管理戦略を検証したうえで、そこに問題がある場合には、当該銀行に対するモニタリングの強化や内部管理の改善、さらには自己資本水準の改善要請、といった監督上の手段を実施するのである。バーゼルⅡは、第二の柱が従うべき4つの原則を示している。

また、第二の柱では、第一の柱としてのリスクアセットでは十分にとらえられないリスク[4]や、そもそも第一の柱では考慮されないリスクも含めて、銀行がリスクの総体を把握・管理することを求めるという考え方に立っていた。

バーゼルⅡでは、「銀行勘定の金利リスク」も、第二の柱の

---

[4] たとえば貸出が特定の取引先に集中することによる信用集中リスクがこれに当たる。

図表7-3　バーゼルⅡ「第二の柱」における4つの原則

原則1	銀行は、自行のリスクプロファイルに照らした全体的な自己資本充実度を評価するプロセスと、自己資本水準の維持のための戦略を有するべきである
原則2	監督当局は、銀行が規制上の自己資本比率を満たしているかどうかを自らモニター・検証する能力があるかどうかを検証し評価することに加え、銀行の自己資本充実度についての内部的な評価や戦略を検証し評価すべきである。監督当局はこのプロセスの結果に満足できない場合、適切な監督上の措置を講ずるべきである
原則3	監督当局は、銀行が最低自己資本比率以上の水準で活動することを期待すべきであり、最低水準を超える自己資本を保有することを要求する能力を有しているべきである
原則4	監督当局は、銀行の自己資本がそのリスクプロファイルに見合って必要とされる最低水準以下に低下することを防止するために早期に介入することを目指すべきであり、自己資本が維持されない、あるいは回復されない場合には早急な改善措置を求めるべきである

バーゼルⅡの第二の柱では、銀行自身による自己資本水準維持の戦略を、監督当局が検証する、とする銀行の自発的な自己資本管理を重視する考え方を打ち出した

対象とされた。銀行は、預金や債券発行などさまざまな資金調達を行うと同時に、多様な期間の貸出を行う等、複雑な資産負債からなっており、これらの資産負債は、構造的に金利リスクをはらんでいる。「銀行勘定の金利リスク」と呼ばれるこうしたリスクは、リスクアセットとしての第一の柱ではとらえられ

ない一方で、銀行業にとっての本源的なリスクである。バーゼルIIでは、標準化された金利ショック[5]に対して、総資本[6]の20％を超える経済価値の低下が起こるような金利リスクをもつ銀行を、アウトライヤー銀行（極端なリスクをもつ銀行）と定義し、こうした銀行の自己資本の適正度については、特に注意を払うとした。

これに対して第三の柱は、情報開示を充実させ、市場関係者が、銀行のリスク状況を把握できるようにすることで、いわば市場機能からの監視機能を期待するものである。この考え方に基づき、バーゼルIIでは、銀行が保有する貸出資産などのリスクエクスポージャー、さらに、そのもとになっているリスク管理の方針や管理手法等について、広範なリスク情報が開示されることになった。

(2) **メニュー方式の全面採用**

バーゼルIIにおける「第一の柱」は、信用リスク、市場リスク、オペレーショナルリスクの3つのリスクカテゴリーから構成されることになったが、バーゼルIIでは、これらのリスクアセットを算出する際に、それぞれいわゆる「メニュー方式」を採用した[7]。たとえば、信用リスクでは、標準的方式、基礎的内部格付手法、先進的内部格付手法の3つの「メニュー」が用

---

[5] 金利が一律2％変動することが、「標準的な金利ショック」とされた。
[6] ティア1資本とティア2資本の合計。ティア1資本、ティア2資本の定義については、第1章「BIS規制と「リスク」アセット」参照。
[7] 第2章「VaR革命と「VaRショック」」参照。

図表7-4 バーゼルⅡ「第一の柱」の構成

リスクカテゴリー	手　　法	対象区分
信用リスク	標準的方式	
	内部格付手法 ・基礎的内部格付手法 ・先進的内部格付手法	事業法人向け債権 ソブリン向け債権 銀行向け債権 リテール向け債権 特定貸付債権 株式等
	証券化	
市場リスク	標準的方式	
	内部モデル方式	
オペレーショナルリスク	基礎的手法	
	粗利益配分手法	
	先進的計測手法	

> バーゼルⅡでは、すべてのリスクカテゴリーにおいて「メニュー方式」が採用されたほか、信用リスクアセットについては、対象区分が細分化された

意された。銀行の側からすると、より進んだ手法をとるほうが、自らの信用ポートフォリオがもつリスクプロファイルによりフィットした手法とすることができ、また、リスクをより正確に反映することで、所要自己資本が節約できるメリットも期待できた[8]。

---

8 より進んだ手法を採用するためには、監督当局からの承認を得る必要がある。

メニュー方式を通じてバーゼルIIでは、各々の銀行が、自らのリスクプロファイルとリスク管理体制に応じて、単純な手法から、よりリスク感応度の高い複雑な手法までの複数の手法から、自らが適用する手法を選択できることとなったのである。

(3) オペレーショナルリスク

バーゼルIIでは、新たにオペレーショナルリスクを定義したうえで、オペレーショナルリスクから発生する可能性のある損失に対しても、自己資本を求めることとした。銀行の業務が複雑化するなかで、事務ミスやシステム障害、あるいは不正トレーディングから損失が発生するケースや、M&A等の契約が不備であることから訴訟を受けて発生する損失等、業務の内部管理の欠陥から損失が発生するケースが無視しえなくなった[9]。バーゼルIIでは、こうしたオペレーショナルリスクを「内部プロセス、人的要因、システムが不適切であること、もしくは機能しないこと、あるいは外生的事象から損失が生じるリスク」と定義したうえで、オペレーショナルリスクに対しても自己資本を積むことを求めることとしたのである。

バーゼルII上のオペレーショナルリスクにおける所要資本計算としては、基礎的手法（BIA[10]）、粗利益配分手法（TSA[11]）、先進的計測手法（AMA[12]）、の3つのメニューが用意された。

---

9 第3章「大和銀行ニューヨーク支店損失事件と独立したリスク管理」、第6章「システム障害と危機管理態勢」参照。

10 Basic Indicator Approach.

11 The Standardized Approach.

12 Advanced Measurement Approach.

図表7－5　オペレーショナルリスクにおける計測手法

手　　法	内　　容
基礎的手法	年間の粗利益に15％を乗じた額の直近3年間の平均値
粗利益配分手法	8つのビジネスライン（注）ごとの粗利益に、ビジネスラインに固有の係数（12％、15％、18％）を乗じたものの合計の直近3年間の平均値
先進的計測手法	銀行の内部管理で用いられる計測手法に基づき計算される最大損失額（信頼区間99.9％、保有期間1年）

> バーゼルⅡで新たに導入されたオペレーショナルリスクにおいても、メニュー方式が採用された

（注）①リテール・バンキング、②コマーシャル・バンキング、③決済業務、④リテール・ブローカレッジ、⑤トレーディング・セールス、⑥コーポレート・ファイナンス、⑦カストディ業務、⑧資産運用

　このうち、基礎的手法と粗利益配分手法は、銀行の粗利益に対する一定比率をリスクアセットとする、という比較的簡単な方法である。これに対して先進的計測手法は、保有期間1年、信頼区間99.9％という前提のもとで、監督当局が承認した銀行自身の計量モデルから算出されるオペレーショナルリスク上のVaR値を、バーゼルⅡ上の所要資本とするものである。バーゼルⅡでは先進的計測手法を採用するための要件として、各銀行の計測モデルが、図表7－6にあげる4つの要素を含むことを求めた。

　先進的計測手法を目指す銀行は、損失データを収集するとと

図表7-6 オペレーショナルリスクの先進的計測手法における4つの原則

銀行内部で発生した内部損失データを用いること
必要に応じて、銀行の外から入手した外部損失データをもって内部損失データを補完すること
シナリオ分析を実施し、「低頻度・高損失」の事象も捕捉すること
所要自己資本の算出に用いるリスク計測手法が、銀行内部におけるリスク管理全体のなかに統合されていること

オペレーショナルリスクの先進的計測手法では、「4つの要素」が求められた

もに、自らのオペレーショナルリスクのプロファイルにあったシナリオ分析を検討して、オペレーショナルVaRを計測したが、オペレーショナルリスクの計量化は容易ではなかった。まずオペレーショナルリスクには、日々の事務ミスや小規模なシステム障害等の、「高頻度・低損失」の事象は多数発生し、統計的な分析も可能だが、オペレーショナルリスクからの損失額を左右するのは、めったに起こらないが、一度起こると巨額の損失が発生する、「低頻度・高損失」の事象である、という特徴がある。第3章で触れた、不正トレーディングから発生した、数千億円規模の損失は、その典型例である。このような損失事象は、日々発生する、高頻度・低損失の事象をいくら分析しても、その発生可能性を見込むことはできない。こうした欠点を補うため、各銀行は、自社で発生した損失データに加え

て、他社の損失データ、さらに他社の損失事象が仮に自社で起こった場合の影響をシナリオ分析として作成して、自社の損失分布に織り込んだ。しかしながら、オペレーショナルリスク損失の発生パターンは日に日に変化し、かつ複雑化をたどっているため、正確な推計はむずかしかった。

(4) 信用リスクにおける内部格付手法

バーゼルⅡ制定の大きな動機とされた信用リスクアセットの取扱いの変更では、新たに標準的方式と内部格付手法が「メニュー」として用意された。さらに内部格付手法は、基礎的内部格付手法と先進的内部格付手法に分けられるため、合計3つのメニューが用意されたことになる。

このうち標準的方式では、外部格付機関の格付に基づいてリスクウェイトを決定することで、与信先の信用力の違いを反映することとした(図表7-7参照)。

図表7-7 標準的方式における格付ごとのリスクウェイト例(事業法人向け、1年以上)

格　　付	リスクウェイト
AAA～AA-	20%
A+～A-	50%
BBB+～BB-	100%
BB-未満	150%
無格付	150%

バーゼルⅡ信用リスクの標準的方式では、外部格付機関の格付に基づいてリスクウェイトが決定された

これに対して内部格付手法では、信用リスクエクスポージャーを計測する際に必要となる主要なパラメーターに、各銀行が過去データに基づいて行っている、内部格付制度における推計値を使うことが認められた。

　信用リスクのエクスポージャーを計測するにあたって、まずポイントになるのは、貸出先が倒産する可能性であり、これは企業の倒産確率（PD[13]）とされる。一方で、貸出にはさまざまな担保がとられているほか、企業が破産した場合には残余財産が債権者に配分されるため、貸出先が倒産しても、いくらかの割合が回収されることになる。そうした回収部分を差し引いた実際の損失率は、デフォルト時損失率（LGD[14]）とされる。また貸出のなかには、実額を貸し出すやり方だけでなく、一定の枠内でいつでも引き出せる、コミットメントラインという貸出方式がある。たとえば10億円のコミットメントラインが設定されている場合、貸出先は10億円を上限とした借入れを繰り返し行うことができる。しかしながら、コミットメントラインを全額使うことはまれであり、10億円のラインのうち実際の借入れはたとえば2億円のみで、残りの8億円は空き枠となっている、といったことも一般的である。コミットメントライン型の貸出では、企業が倒産した際にこのラインのうち実際にどれだけが引き出されていたのかが問題になる[15]。企業がデフォルト

13　Probability of Defaultの略。
14　Loss Given Defaultの略。
15　上記の例でいえば、2億円に当たる。

図表7-8　信用リスクにおける損失

実際の貸倒損失は、倒産確率、デフォルト時エクスポージャー、デフォルト時損失率の組合せで決まる

した際に、実際のエクスポージャーがいくらあったかは、デフォルト時エクスポージャー（EAD[16]）とされ、企業がデフォルトした場合の信用リスク損失は、倒産確率、デフォルト時エクスポージャー、デフォルト時損失率の3つの関数として決まるのである。内部格付手法は、企業の倒産確率、デフォルト時エクスポージャー、デフォルト時損失率の3つのパラメーターの一部、またはすべてについて、過去データに基づく、各銀行の内部格付制度上の推計値を使うことを認めるものである。

　まず基礎的内部格付手法では、倒産確率（PD）について自行の推計値を使用することが認められる一方、デフォルト時エクスポージャー（EAD）とデフォルト時損失率（LGD）については、当局が指定する数値を採用すること、とされた。一方、先進的内部格付手法では、3つの指標すべてにおいて、自行の

16　Exposure at Defaultの略。

内部格付制度における推計値を使うことができるとした[17]。

　こうして計算された貸出損失のリスクに対して、信用リスクの所要自己資本額は、VaRの考え方に基づいて計算される。PD、EAD、LGD、といったパラメーターは、毎年安定しているわけではない。たとえば景気が悪化すれば企業倒産が増加して、企業の倒産確率は上昇するだろうし、景気がよくなれば、企業倒産は減少して、企業の倒産確率は低下することになる[18]。自己資本比率規制の趣旨からすると、今日の倒産確率だけでなく、景気が極端に悪化して倒産が大きく増えた場合であっても、銀行の自己資本は十分に確保されている必要がある。そのため、こうしたパラメーターの変動に対して、保有期間１年、信頼区間99.9％のVaRの考え方に基づいて計算された信用リスク量が、信用リスクについての所要自己資本とされる[19]。

---

[17] 内部格付手法を採用するためには、モデルの内容や、推計値の妥当性・安定性等について、当局の審査に基づく承認が必要となる。また、PD、EAD、LGD、といったパラメーターは、基礎的内部格付手法では、最低過去５年間のデータに基づいて、先進的内部格付手法では最低過去７年間のデータに基づいて計測がなされることとされた。

[18] (5)「信用リスクにおける期待損失／非期待損失」参照。

[19] 保有期間１年、99.9％の信頼区間ということは、現在の貸出資産ポートフォリオに対して、たとえば翌年の倒産確率やデフォルト時損失率が、1,000回に１回経験するような悪い値になっても、十分な自己資本が確保されるということと同義である。また、実際の貸出はさまざまな期間でなされていることから、貸出満期の調整（「マチュリティ調整」と呼ばれる）や、貸出資産と経済状況の相関関係などが調整係数として加えられる。『増補版 金融リスク管理を変えた10大事件＋χ』、第８章「バーゼルⅡとオペレーショナルリスク」参照。

こうしたパラメーターに対するVaR値の計測は、事業法人向け貸出、ソブリン向け債権、リテール向け債権といった貸出資産のタイプごとに行われ、その計測結果を合算することで、信用リスクのリスクアセットが算出された[20]。

(5) 信用リスクにおける期待損失／非期待損失

金融リスク管理の実務における「リスク」とは、本来各種のパラメーターが変動する可能性と定義され、厳密にはパラメーターの推計値から得られる、いわゆる「期待値」とは区別される。住宅ローンを例にあげてみたい。ある銀行が10万件の住宅ローンを貸し出している場合、毎年何件かのデフォルトは必ず発生する。仮に年間の倒産確率が１％だったとすると、年間1,000件[21]のデフォルトは、予想される期待値として想定されるもので、それ自体は厳密な意味での「リスク」ではない。では、何が「リスク」なのか。住宅ローンの倒産確率における「リスク」とは、例年であれば、年間１％、1,000件のデフォルトで収まるはずなのが、たとえばある年に、景気悪化等の理由から、通常よりも500件多い、1,500件のデフォルトが発生し、デフォルト率が1.5％となってしまうことなのである。この例でいえば、通常の倒産確率１％、1,000件のデフォルトから発生する損失は、期待損失（EL[22]）と呼ばれる。これに対して、

---

20 各々の資産区分におけるリスクアセット計測手法の詳細化もなされた。図表７　４参照。
21 10万件×１％＝1,000件。
22 Expected Lossの略。

図表7-9 期待損失（EL）と非期待損失（UL）

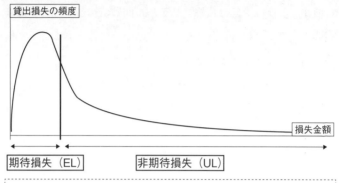

金融リスク管理の実務では、貸出損失の期待値としての期待損失（EL）と非期待損失（UL）は区別して扱われる

倒産確率の悪化による、追加の500件のデフォルトからの損失を、非期待損失（UL[23]）と呼ぶ。もちろん、貸出債権管理の実務上は、倒産確率の期待値から発生した1,000件のデフォルトと、倒産確率の変化から発生した500件のデフォルトは、分け隔てることなく、同様に対処されるが、「リスク」の考え方からすると、合算された1,500件のデフォルトは、1,000件の期待損失（EL）と500件の非期待損失（UL）の合計と理解されるのである。

バーゼルⅡでは、このような、金融リスク管理上の期待損失（EL）と、非期待損失（UL）の概念の違いを尊重し、期待損失（EL）分は自己資本比率計算上の分子である、自己資本から控

---

[23] Unexpected Lossの略。

図表7-10 バーゼルⅡ「第一の柱」の算式

・標準的方式におけるバーゼルⅡ第一の柱

$$\frac{ティア1＋ティア2}{(信用リスク相当額＋市場リスク相当額＋オペレーショナルリスク相当額)} \geq 8\%$$

・内部格付手法によるバーゼルⅡ第一の柱

$$\frac{ティア1＋ティア2（除一般貸引）－（期待損失－貸倒引当）}{(信用リスク相当額×SC^{(注)}＋市場リスク相当額＋オペレーショナルリスク相当額)} \geq 8\%$$

バーゼルⅡにおける自己資本規制比率は、標準法・内部格付手法によって異なる算式に従ったが、最低水準は、ともに8％とされた

（注） SCは、定期的に見直されるスケーリングファクター。

除する一方、分母のリスクアセットとしては非期待損失（UL）を計上することで、期待損失と非期待損失とを分けて扱うこととした。これにより、自己資本比率規制における信用リスク量は、金融リスク管理がとらえる「リスク」の考え方と整合することとなった。

このような、バーゼルⅡにおける規制改訂の根底に流れていたのは、自己資本比率規制を、「リスク」に基づいて再構成しようとする、「リスクベース」の考え方であった。金融業が複雑化するなかで、民間金融機関自身のリスク管理実務を自己資本比率規制に活用することで、金融業の健全性向上を確保しようとする、リスクベースの考え方が、バーゼルⅡ改訂作業の底流として流れていたのである。

3 日本の金融リスク管理への影響

　従来のBIS規制の枠組みを抜本的に書き換えたバーゼルⅡは、金融リスク管理の実務に大きなインパクトをもたらした。新たな自己資本比率規制を、よりリスク感応度の高い枠組みとする、という考え方自体が、民間銀行において展開していた金融リスク管理の実務を重視しようとする動きととらえられ、バーゼルⅡの枠組み確定に向けて、民間銀行と監督当局の間でおびただしい量の意見交換が行われた。この意見交換自体が、信用リスクやオペレーショナルリスク、市場リスクといった、それぞれの分野におけるリスク管理の理論と実務の発展に対して、大きく貢献することとなった。

　一方で、結果として合意されたバーゼルⅡの導入作業は容易ではなかった。特に日本においては、銀行資産の中心をなす貸出債権に対して適用される内部格付手法が、従来の貸出に対する考え方とは異なる部分があり[24]、その導入には幾多の苦労があった。

　そもそも、バーゼルⅡの議論が始まった2000年当時の日本では、企業倒産から「倒産確率」を計算して、それを信用リスク分析に使う、ということすら、必ずしも一般的とはなっていなかった。企業審査を極めれば、貸倒損失は防げる、ないし、少

24　大企業向け貸出は、格付の考え方との親和性が高く、すでに大手銀行では内部格付制度が導入されていたが、すべての貸出資産に適用されてはいなかった。

なくとも抑えることができるものであり、倒産確率というような分析手法は、企業審査をないがしろにするものである、というような風潮さえ、一部には残っていた。ましてや、倒産確率の変動に基づく、期待損失や非期待損失、といった考え方は、さらに少数意見であった。

　内部格付手法の導入における、倒産確率などのパラメーターの推計と過去データの蓄積も、関係者を悩ませた。そこでは、バーゼルⅡ導入のタイミングも影響した。倒産確率やデフォルト時損失率を正確に推計するためには、倒産事例についての過去データを十分かつ長期に保有する必要がある。バーゼルⅡの協議が行われた2001年から、バーゼルⅡの枠組みが最終合意された2004年の期間は、日本ではバブル経済崩壊後の景気停滞期であり、企業倒産が相次いでいた[25]。企業のデフォルトが高水準にあった時期が、バーゼルⅡの準備期間に重なったことから、倒産確率が通常の景気時[26]よりも高く出てしまう危険性があった。さらに、日本においては貸出に際して不動産を中心とした担保をとることが多い。結果として日本におけるデフォルト時損失率は、個々の担保価格に大きく依存し、その価格もバブル崩壊のなかで大きく変動していた。そもそもデフォルト時損失率という概念自体、物的担保に依存せず、企業に対するデ

25　第9章「金融再生プログラムと不良債権最終処理」参照。
26　パラメーターの観測期間が、好況時や不況時に偏ることを避けるために、バーゼルⅡにおける倒産確率などのパラメーターは、好況時・不況時をならしたパラメーターを使うこととされたが、景気の上下をならしたパラメーターを推計することは困難であった。

フォルト債権を売買する市場が存在する欧米の実務に、よりフィットする考え方であり、邦銀のデフォルト時損失率の推計値は安定しなかった。こうした困難にさらに拍車をかけたのは、バーゼルⅡの導入時期であった2000年代前半の日本は、大手銀行の統合が集中した時期であったことだった[27]。統合や合併が繰り返されるなか、合併銀行における内部格付制度や取引先の倒産実績などの調整が途上だったのである。この時期成立した金融持株グループでは、バーゼルⅡ導入時期に傘下銀行の合併が行われたため、合併銀行で採用した内部格付制度に基づく過去データをそろえるために、1万件にのぼる取引先について、過去にさかのぼった格付を行う、という作業を行ったところさえあった、とされた。

バーゼルⅡで採用された「案件格付」という考え方も邦銀には目新しかった。バーゼルⅡは、貸し出される案件の資金回収力を重視し、貸出案件ごとに格付を行う、という「案件格付」の考え方を基本としていた。邦銀においてもプロジェクト・ファイナンス等の一部の分野では案件格付の実務が行われていたが、主流は、企業の信用力を格付したうえで、その取引先に対してはいくらまで貸出資産をもつことができる、という企業格付の考え方であった。案件格付を中心に据えるバーゼルⅡの考え方は、邦銀の信用リスク管理のアプローチにとって、大きな変化を求めることになった。

27　第5章「メガバンクの誕生と持株会社リスク管理」参照。

バーゼルⅡで新たに導入されることとなったオペレーショナルリスク管理においても活発な議論が行われた。元来邦銀は、事務レベルの水準が高い。事務ミスから生じる損失はあってはならないもの、とする考え方も根強く、事務ミス損失も１円単位で厳格に管理する傾向がある。これに対して欧米銀行では、不正トレーディングや訴訟事象による大規模損失をオペレーショナルリスクの主な対象と考えたことから、損失データの収集は日本円でいえば100万円程度を超えるものを対象とする、という考え方が主流[28]であり、日本における実務の感覚からは、なじみにくい議論となった。その一方で、その高い事務能力や、１円単位での損失データの蓄積により、バーゼルⅡにおけるオペレーショナルリスクの議論では、邦銀が前面に出ることも珍しくなかった。とはいっても、事務ミスはあってはならない、とする文化がある邦銀において、計量化が巧みな人材が、オペレーショナルリスクの分野に豊富に配置されていたわけではない。各銀行とも数少ない人材が、行内におけるオペレーショナルリスクについての認識向上を図り、オペレーショナルリスク管理の実務を検討し、同時にバーゼルⅡにおける国際規制議論に参画する、という１人何役もの役割を果たすことが求められた。それでもリスク管理の実務すら確立していなかったオペレーショナルリスク分野における議論は、ある意味

---

[28] バーゼルⅡにおける、オペレーショナルリスク損失データ収集の基準は、１件１万ユーロ（バーゼルⅡ規制決定時点で、約134万円相当）以上、とされた。

前向きであり、リスクの計量化手法や損失のシナリオ分析の検討方法、CSA[29]等の定性的手法の検討等、オペレーショナルリスクをめぐる議論は、きわめて活発となった。

バーゼルIIは2004年7月に最終案が確定し、2007年以降、各国で順次導入[30]された。こうして銀行は、従来よりもリスク感応度の高い自己資本比率規制の世界に歩を進めることになったのである。

目撃者のコラム

バーゼルII検討時において、民間金融機関のリスク管理実務の発展を活用し、信用リスクやオペレーショナルリスクといったリスクカテゴリーごとに、リスクベースの考え方に基づいて自己資本比率規制を改定する、という一大プロジェクトは、監督当局として規制をつくる側か、民間銀行業界として規制を受ける側か、という垣根を越えた議論を可能にした。

信用リスクでは、PD、EAD、LGD、といった信用リスクパラメーターを与信管理実務に活用するところから、努力が必要とされた。本文記載のとおり、担保による債権保全を重視していた邦銀では、新しい概念を実務に取り入れながら、同時に自己資本比率規制にも適用する側面があった。統計的な「期待値」に対応した「Expected Loss」を、「期待損失」と翻訳したところから、「貸倒損失を期待するのか」と食い下がられた、という、冗談のような議論すら行われていた。

---

[29] CSA（Control Self-Assessment）は統制内部評価と訳され、オペレーショナルリスクの管理状況について、定性的な自己評価を行う管理手法を指す。

[30] 本邦では、2007年3月末より導入が開始された。

オペレーショナルリスクの領域では、そうした「抵抗」は少なかった。オペレーショナルリスク管理は単なる事務厳正化だけではない、と考えていたオペレーショナルリスクマネジャーにとって、バーゼルⅡの議論は、自らの考え方を自己資本比率規制のなかで実現する、いわば「追い風」ともとらえられた。オペレーショナルリスクの担当者は、バーゼルⅡの議論に積極的に参画し、さまざまなリスク管理手法や計量化手法が議論された。

　このようにオペレーショナルリスク管理手法の議論が進んだからといって、事務厳正化やシステム障害を根絶しようとする努力がなくなったわけではない。それは、信用リスクで倒産確率といった概念が導入されても、企業審査の努力が続いているのと同様である。しかしながら、オペレーショナルリスク管理の議論が進むにつれて、従来の事務管理においても、より定量的な手法が用いられるようになったのは事実であろう[31]。

　国際的な自己資本比率規制の改定とは、各国の金融業の競争地図を書き換える、国際競争上の交渉の側面も持ち合わせている。国際ルールで、自国の金融業界によりフィットする基準を導入することは、自国の金融業界における対応がより有利になり、国際金融市場での戦いをより有利に進める可能性が高くなる。バーゼル銀行監督委員会を構成する主要国の監督当局は、民間業界と連絡をとりながら、国際会議における交渉に臨んでいた。邦銀のリスク管理担当者も、国際的な業界団体の会議で、規制案に対する銀行業界の意見を取りまとめる作業に参加するとともに、そこにおいて日本の実務を

31　たとえば、事務入力における事務ミス率を計算して、その傾向から、要員計画を計算したり、事務フローを人間工学の観点から見直すといったアプローチ等、オペレーショナルリスク管理において、より科学的なアプローチが導入された。

主張した。各銀行が作業を持ち帰り、分析結果を持ち寄って、さらなる交渉や夜中の官民協議に臨む[32]。夜半の作業を強いられることもしばしばだった。それでも、そうすることで、自らの業務を規定する自己資本比率規制を、あるべき姿にしていくのだ、さらにそれがリスク管理の高度化につながるのだ、という信念に支えられた作業には、強い充実感が存在した。たとえば、本文で取り上げた、信用リスクアセット上、期待損失と非期待損失を区別する、という考え方は、規制案策定の途上で民間側から提案され、あるべき姿を重視するかたちで、最終規制に盛り込まれたものである。

そうして2004年に迎えたバーゼルⅡの最終合意は、「始まりの終わり」にすぎなかった。そこからは、国際的な共同作業から、個別銀行として、実際の規制開始[33]に向けた導入作業、いわゆるインプリメンテーションの作業が続く。作業は所要自己資本計算をする体制を構築する、いわゆる「第一の柱」対応だけではない。「第二の柱」において求められる、銀行自らが行うことが求められる自己資本管理のプロセスの確認作業、さらには、大幅に開示内容が拡大した「第三の柱」における開示対応、といった、従来の自己資本比率規制対応では存在すらしなかった作業がある。規制開始に向けて綿密につくられた作業スケジュールは1日単位で作業が切られている。2007年3月末をもって、旧BIS規制は、バーゼルⅡに全面的に切り替わる。旧BIS規制はなくなってしまうのだから、バーゼ

---

[32] グローバルな電話会議を開催する場合、時差の関係から、日本の深夜（欧州の午後、米州の早朝）に開催されることが一般的である。

[33] バーゼルⅡの導入タイミングは各国ごとにまちまちだった。日本は先進国の先陣を切って2007年3月末決算から適用が行われたが、欧州では実質2007年末からの適用、米国では導入が遅れた間に金融危機が発生、後述するバーゼルⅢの議論が開始されたため、バーゼルⅡそのものは結局導入されなかった。

ルIIでの対応が間に合わない、ということは許されない。自己資本比率計算のリハーサルは行ったか、試算結果はどうなったか、自己資本比率は決算公表スケジュールの締切期限までに計算できるのか、コンティンジェンシープランは組まれているのか、決裁スケジュールは……、作業は不可逆的に増える。朝目覚めると、スケジュール表の残り日数が1日短くなっている。昨日の作業の状況結果を聞くのがこわい。

2007年3月末のバーゼルII対応が完璧だったとはまったくいえない。むしろ脱水症状に陥りながら、足切り時間ぎりぎりでゴールに倒れこんだマラソンランナーという姿がしっくりくる。それでも自分がかかわった銀行規制に自ら対応することには、「やらされ感」はありえなかった。倒れこみながらもゴールを迎えることができたという充実感が先に立っていた。

こうした信念に基づいて策定されたバーゼルIIも、結果的には、サブプライムローン問題とそれに続いた金融危機をきっかけとして、手痛いしっぺ返しを食うことになった[34]。銀行自身の内部モデルに大きく依存したバーゼルIIの枠組みは、結局金融危機に対処できず、リスクを正しく評価できなかったとの批判がなされた。2016年に行われた、バーゼル銀行監督委員会の提案では、計量化を指向したオペレーショナルリスクの先進的計測手法は、所要自己資本計算の「メニュー」から削除することが提案されている。また、信用リスクにおいても、大企業向けや金融機関向け貸出債権等、銀行の貸出ポートフォリオの大きな部分について、内部格付手法の適用を廃止する提案がなされている[35]。信用リスクの内部格付手法や、

---

34 『増補版 金融リスク管理を変えた10大事件＋χ』、第12章「バーゼルIIIと金融規制強化の潮流」参照。
35 第10章「バーゼルIIIとリスクガバナンス」参照。

> オペレーショナルリスクの先進的計測手法の議論に、積極的にかかわった関係者としての思いは複雑である。グローバルな金融危機後の規制強化という潮流はあれ、金融規制における「リスクベース」の考え方を失うことは弊害が大きい。夜中の電話会議での、いつ終わるともしれない議論を通じて、世界中のリスクマネジャーたちや監督当局者との、腹を割った議論が生み出したものは、かけがえもなく大きいのである。それは、規制する側と規制される側が、「1つの目標」に向かう、という、ある種の連帯感を共有した、特別な「事件」だったのである。

〈参考資料〉

「自己資本の測定と基準に関する国際的統一化」、バーゼル銀行監督委員会、1988年7月

「新たな自己資本充実度の枠組み（市中協議文書）」、バーゼル銀行監督委員会、1999年（"A new capital adequacy framework", Basel Committee on Banking Supervision, 1999）

Basel II: International Convergence of Capital Measurement and Capital Standards: A Revised Approach, Basel Committee on Banking Supervision, 2006

Consultative Document: The New Basel Capital Accord, Basel Committee on Banking Supervision, 2001, 2003

"Building Scenarios—Operational Risk: Practical Approaches to Implementation", Fujii K, 2004

『詳解バーゼルⅢによる新国際金融規制』、みずほ証券バーゼルⅢ研究会、2012年

『波乱の時代』、アラン・グリーンスパン、2007年（"The Age of Turbulence," Greenspan A, 2007）

第 8 章

個人情報保護法と情報セキュリティ
【2004年】

●本章のポイント

　ITシステムの発展からさまざまな個人情報がネットワークを飛び交うようになると、情報漏えい事例も増加した。2005年の個人情報保護法の施行は、個人情報取扱事業者が個人情報を適切に管理することを求めたが、新法への対応のため、膨大な作業が発生、顧客情報の紛失を公表する金融機関が相次いだ。情報漏えい事例も後を絶たず、情報セキュリティは金融機関の重点課題となった。さらにコンピュータシステムやネットワークシステムに対して不正アクセスを図るサイバー攻撃による個人情報漏えいも発生し、増大する脅威に対して情報セキュリティの強化は、喫緊の課題となった。

1　198ｘ年、某銀行の支店預金担当朝会の記憶

　「おはようございます。本日当店のお客様の○○様の預金口座について、税務照会がありました。担当の藤井さんは、今日は窓口閉店後、○○様のお口座の入出金につき、報告書の作成をお願いします」

　めんどうな仕事が入った。これで少なくとも2、3日は残業が避けられない。お客様がお亡くなりになると、税務署から、銀行に設定されたお客様名義の預金口座の入出金確認依頼がくることがある。オンラインの取引履歴などはなく、そもそもパソコンすらない時代には、システムセンターから毎月送られて

くるマイクロフィルム、いわゆる「コムフィッシュ」が頼りだった。約10センチ四方の小さな薄い水色のセルロイドシートに、その月の、口座ごとの預金元帳の入出金が記録されている。暗い作業室にあるオーバーヘッドプロジェクターのような拡大鏡で、コムフィッシュのデータをパソコン大の画面に映し出し、コムフィッシュをずらして、目当ての口座を探し出す。小学生の時の顕微鏡の実験を思い出すが、映し出されるのは、薄い灰色の、いまでいえば、4ビット程度の文字で記録された口座番号とカタカナのお名前、さらに口座からの出入りを記録した金額の羅列だけ。目指す口座に行き着くと、その入出金を転記する。ただただ単純な作業が続く。1時間も続けると目がちらちらしてくる。月の入出金が10件もあったりすると、それだけでうんざりしてしまう。つい、次の月は入出金がないことを望んでしまう。コムフィッシュ1枚に入るデータが限られているので、月の繁忙に応じてその月のコムフィッシュの枚数は増減する。取引の少ない2月や8月は数枚だが、期末月は10枚を超える。月ごとに、「昭和5●年●月分」と書かれた紙袋に入って、支店の金庫に保管されている。税務照会は、いつくるとも限らず、いったん起こるとかなり昔の入出金までさかのぼることもあるので、コムフィッシュも随分長い期間の分を保管しなければならない。

2　個人情報保護法施行に向けた動き

　1980年、OECD[1]は、「プライバシー保護と個人データの国際

流通についてのガイドライン」、いわゆる「OECDプライバシー・ガイドライン」を採択した。個人情報についての規制内容が各国ごとに異なるなかで、個人情報という個人のプライバシーに係る点と、国際的な情報の自由な流通という問題のバランスが図られたものである。ガイドラインで示された8つの原則は、その後先進国における個人情報保護法制の国際基準として各国で法制化されることとなった。

日本では、OECDプライバシー・ガイドラインの公表から20年近くたった1999年、当時の小渕内閣が、個人情報保護に関する基本法制の制定を打ち出した。きっかけは、住民基本台帳を電子データ化してネットで結ぶ住民基本台帳ネットワークシステム、いわゆる「住基ネット」の導入であった。その結果、個人情報の保護に関する法律、いわゆる「個人情報保護法」が2003年5月に国会で成立、2年後の2005年4月に施行された。情報社会の進展加速化に伴って個人情報の利用が拡大していることに加えて、こうしたデータベースから個人情報[2]が漏えいするリスクの高まりや、それに対する社会的な不安が増したことから制定されたものであった。

一方、インターネットを使った物品販売や会員登録等を通じて、さまざまな個人情報がデジタル・ネットワークを飛び交う

---

1 Organization for Economic Cooperation and Development. 経済協力開発機構。
2 個人情報保護法における「個人情報」とは、特定の個人を識別できる情報と定義される。

図表8-1　個人情報に係るOECD8原則

① 収集制限の原則	個人データの収集は適法で公正な手段によるものとし、データの主体に通知または同意を得て行わなければならない
② データ内容の原則	個人データは利用目的に沿ったものでなければならず、目的に必要な範囲内で正確、完全かつ細心の状態に保たれなければならない
③ 目的明確化の原則	目的は明確化されなければならず、その後の利用は当初の収集目的に矛盾してはならない
④ 利用制限の原則	個人データは、本人の同意がある場合を除いて、明確化された目的外で使用されてはならない
⑤ 安全保護の原則	個人データは、リスクに対して合理的な安全保護措置により保護されなければならない
⑥ 公開の原則	個人データに係る開発、実施、方針は公開されなければならない
⑦ 個人参加の原則	個人は自己に関するデータについて確認を得たり通報を受ける権利をもち、また、自己に関するデータに対して異議を申し立て、そのデータを削除、訂正する権利がある
⑧ 責任の原則	データ管理者は諸原則を実施するための措置に従う責任を負う

OECDは個人情報について、主に8つの原則からなるガイドライン、いわゆる「OECDプライバシー・ガイドライン」を採択した

ようになったことから、情報漏えい事例も従来では考えられない規模で発生した。1999年に発生した、京都宇治市の住民基本台帳データ漏えい事件は、システム開発業者の再々委託先のアルバイト従業員が22万人分のデータを不正にコピーし、名簿業者に販売したことで発覚した。2004年には、インターネット接続サービス「Yahoo! BB」の顧客情報約450万人分が盗み出され、Yahoo!宛てにデータの買取りを迫る、という恐喝事件が発生した。恐喝メールの解析やログの分析等により、犯人は逮捕されたが、IT社会における個人情報管理の重要性を痛感させた。悪意による個人情報詐取に加えて、管理不十分から発生した情報漏えい事件も増加しており、個人情報保護法の成立は時代の要請であった。

3 個人情報保護法

個人情報保護法は、個人情報の権利を保護することを目的とし、個人情報を取り扱う事業者を「個人情報取扱事業者[3]」として、これら事業者が個人情報を適切に管理することを求める法律である。

(1) 利用目的の明確化

まず、個人情報取扱事業者が取引先などから個人情報を得る

---

[3] 個人情報取扱事業者は、5,000件以上の個人情報を個人情報データベースとして保有し事業に用いている事業者と定義される。なお、平成27年9月の改正(平成29年施行)により、5,000件未満の個人情報を保有する事業者も対象となることとなった。

際には、取得する個人情報[4]の利用目的をできる限り特定しなければならず、その利用目的を公表するか、個人情報を取得する際に通知する必要がある。

(2) 「安全管理措置」の実施

次に個人情報取扱事業者は、取得した個人情報データベースの漏えいを防ぐため、OECDプライバシー・ガイドラインの8つの原則のうち、「安全保護の原則」で示された適切な「安全管理措置」を講じることが求められる。

OECDの安全保護の原則は、個人情報にアクセスできるのは認められた人間だけとする「機密性」の確保、情報および処理方法を確実に行う「完全性」、さらに必要な際に、関連した情報資産にアクセスすることを可能にする「可用性」、からなっている。具体的には、内部規定を整備する等からなる「組織的安全管理措置」、機密保持誓約書を徴収する等の「人的安全管理措置」、個人情報データベースが保管された部署への入退室管理等を行う「物理的安全管理措置」、個人情報データベースをサーバー上で隔離する等の「技術的安全管理措置」、を満たすことが求められた。

(3) 第三者提供の制限と保有する個人データの開示

個人情報取扱事業者は、あらかじめ本人の同意を得なければ、取得した個人データを第三者に提供することができず[5]、

---

[4] 生存する個人の情報であって、特定の個人を識別できる情報を指す。具体的には、氏名、住所、生年月日、出身地、等幅広い情報が含まれる。「個人の情報」であるため、法人の情報は対象にはならない。

図表 8 − 2　具体的な安全管理措置

安全管理措置の種類	具 体 例
組織的安全管理措置	内部規定類の整備
人的安全管理措置	機密保持誓約書の徴収
物理的安全管理措置	入退室管理 施錠管理
技術的安全管理措置	ファイアウォールの設置 パスワードの設定

個人情報保護法は、内部規定類の整備に加えて、入退室管理やパスワードの設定等のさまざまな安全管理措置を実施することを求めた

また本人から、事業者の個人データの利用目的や保有する個人データそのものの開示を求められたときは、遅滞なく示さなければならないとされている。

個人情報保護法は、安全管理措置の実施や第三者提供の制限等のように、事業者による個人情報の取扱いを規制している一方、個人情報そのものを規制しているのではない点に注意する必要がある。個人情報としての「データ」は、法律上の「財物」や「物」のように形をもったものではないため、窃盗罪や横領罪の対象とは考えられていない[6]。したがって、個人情報保護の目的は、情報資産そのものを盗難等から守るためのものではなく、あくまで、これらの情報に係る個人のプライバシー

5　ただし、①犯罪捜査の協力等のように法令遂行に協力する必要がある場合や、②事故の際の安否情報等のように人の生命や財産保護のために必要、かつ本人の同意を得るのが困難な場合、等の除外規定がある。

を守るためのものとされている。その結果として、プライバシー情報である個人情報を保有する個人情報取扱事業者に、その適切な管理責任を果たすことを求めているわけである[7]。

　こうした法律上の立て付けは、個人情報の適切な管理を行うことが求められる個人情報取扱事業者に、大きな負担を強いることとなった。個人情報保護法施行以前に、顧客から集めた個人情報を、社内で逐一登録したうえでそれを管理している企業は、金融機関に限らず皆無といってよかった。個人情報といっても、銀行でいえば、預金の印鑑届や借入れの申込書といった、いわゆる「現物」だけでなく、過去の取引について個人情報が記載された管理資料や預金元帳など、さまざまなかたちをとった個人情報が存在する。そのすべてに対して管理者として適切な安全管理措置を施すことが求められることになったわけである。たとえば、銀行で預金口座を開設するためには、マネーローンダリングを防ぐ等の目的から、運転免許証やパスポートといった本人確認書類の提示が求められ、銀行は本人確認を行った証跡を残すため、これらのコピーを保管する。これ

---

[6] 1998年にさくら銀行（当時。現三井住友銀行）の外部委託業者従業員が個人信用情報2万人分を持ち出したケースでは、犯人が持参したフロッピーディスクにデータをコピーして持ち出したため、個人情報持出しに関する起訴は行われなかったが、同時に書類4枚をコピーして持ち出したことから、コピー用紙を業務上横領したとの容疑で起訴、有罪とされた。

[7] ただし、2009年の不正競争防止法改正で、自己の利益を図り、または他人に損害を与える目的で営業秘密を不正漏えいする行為が新たに処罰対象になった。

らの本人確認書類に生年月日や本籍地といった個人情報が記載されている場合、銀行は個人情報取扱事業者として、本人確認目的以外の個人情報を受け入れてしまうのを避けるため、とったコピーから不要な情報を黒のフェルトペンで塗りつぶすといった安全管理措置を行うことが求められることになった。

個人情報保護法の成立から施行までには、約2年の期間があったが、法令の詳細が確定してから施行までの実際の準備期間は1年に満たない。関係者は、法施行の2005年4月に向けて準備に奔走した。

4 情報漏えい事例と一斉点検

個人情報保護法の施行にかけて、金融機関を中心として、個人情報の流出や紛失の例は後を絶たなかった。2004年2月、三洋信販は最大で約120万人の個人情報が流出した可能性があると公表した。同月シティバンク銀行東京支店は、同行で開設された預金口座合計約12万件の顧客情報を記録した磁気テープを、輸送を担当した警備会社がシンガポールで紛失した、と公表した。個人情報保護法施行直前の2005年3月には、みずほ銀行が約27万人分の個人情報を記載したマイクロフィルム等を紛失したと公表した。法施行直後の2005年4月には、みちのく銀行が個人、法人を含めて、国内顧客の大半に当たる131万件の顧客情報の入ったCD-ROM3枚を紛失したと公表した。

事態を憂慮した金融庁は2005年4月、すべての金融機関に対して、「個人情報管理態勢に係る一斉点検」の実施を指示、①

外部委託先を含む金融機関の個人情報管理態勢の実効性の検証、②4月1日時点で個人情報について漏えい等が生じていないかの点検、③漏えい等が発覚した場合には、その内容の報告、を求めた。なかでも金融機関を悩ませたのは、②の「個人情報について漏えい等が生じていないかの点検」であった。漏えいが生じていないかを確認するためには、そもそも受け入れている個人情報の有り高を確認したうえで、それと現状の有り高を比べなければならない。結果として行内にある個人情報の、いわば「棚おろし」を行わなければならず、預金の印鑑届、借入れの申込書だけでなく、預金元帳等の印刷物、さらには顧客の情報を整理したデータベースを記録した帳票やフロッピーディスクといった膨大な情報の有り高を確認する作業が発生したのである。前述のとおり、これらの情報がすべて厳密に在庫管理されていたわけではない。各金融機関は個人情報の在庫リストを作成しながら、さらにその有り高を確認する、という膨大な作業を短期間で行うこととなった。

　一斉点検の結果は予想を超えた。先に個人情報の紛失を公表したみずほ銀行やみちのく銀行だけでなく、りそなグループ（約29万人分）、三菱信託銀行（約17万人）、UFJ信託銀行（約12万人）、三井住友銀行（約6万人）[8]など、ほとんどの大手銀行や地方銀行が個人情報を紛失したと公表した。合計の件数は200万人分を超えた。なかでも目立ったのは、本章の冒頭で示

8　銀行名は当時のもの。

したマイクロフィルム、いわゆる「コムフィッシュ」の紛失であった。コムフィッシュは小片に数千件にものぼる情報が含まれるほか、それ自身が薄くて小さく、ほかの書類の間にはさまってしまったり、薄いセルロイドでできていることから静電気によって書類等にくっついて紛れてしまうことも多かった。さらに、小片ながらそこに書き込まれた情報量は多く、1枚なくすと数百件の個人情報紛失にもなりうる。多くの金融機関が、コムフィッシュを誤って廃棄した可能性が高い、と公表した。結局一斉点検は、総勢287にのぼる金融機関でなんらかの個人情報紛失が発生した、という結果となった。金融機関を監督する立場の金融庁においても情報紛失事象は発生した。2004年秋、金融庁は2つの金融機関から郵送で提出を受けたマネーローンダリング情報の入ったフロッピーディスク2枚を紛失した、と公表したほか、2005年2月にも、銀行から提出された貸出や預金推移データの入ったフロッピーディスクを紛失したと公表した。

5 金融リスク管理への影響

　情報管理、特に個人情報保護法が金融機関の実務に与えた影響は大きかった。新法対応の事前準備に加えて、2005年4月の一斉点検における実務対応など、個人情報保護法を遵守するための情報データベースの作成から、実際の管理に至るまで、リスク管理部署は、その対応に忙殺された。

　個人情報管理において、情報の紛失と情報漏えいは、必ずし

図表8-3 情報漏えい等における分類例

分　類	定　義
漏えい	本来流出してはならない情報が外部に流出すること
滅失	本来保有しておくべき情報の内容が失われること
毀損	本来保有しておくべき情報の内容が意図しないかたちで変更等され、本来の目的で利用不能な状態になること

個人情報保護法への対応を行うにあたり、金融機関は、情報漏えい等の事象を、「漏えい」「滅失」「毀損」の3パターンに分けて定義した

(注) いわゆる「紛失」は、情報を記録した媒体が見失われ、社内に存在するのか、上記の状態にあるのかが不明な状態にあるものを指す。

もイコールではない。個人情報データベースの不正利用のように情報が実際に漏えいしてしまうケースもあれば、フロッピーディスクやコムフィッシュのケースのように情報が紛失したが、外部に流出したかどうかはわからない、というケースも考えられた。そのため、金融機関は、情報の「漏えい」に加えて、保有すべき情報が失われる「滅失」、さらに、本来保有すべき情報の内容が意図しないかたちで利用不能な状態になる「毀損」、という3つのパターンに類型化したうえで、それぞれのケースに対する管理手法や対策を検討した。

そのうち社会的影響の大きい情報漏えい、特に悪意に基づいた情報詐取を防ぐための対策は、特に強化された。システム開発現場等、顧客データベースへのアクセスが可能となる業務を行う部署に監視カメラを配置して入退室を監視したり、入り口

に金属探知機を設置して、USBメモリー等の記憶媒体の持込みを防ぐ、といった対策が導入された。

6 個人情報保護法後の情報漏えい事象

　個人情報保護法が施行された後も、金融機関や一般事業会社における情報漏えい事象は後を絶たなかった。米クレジットカード大手のマスターカードとビザ・インターナショナルは、2005年6月に両社のデータ処理委託先に不正アクセスがあり、最大で4,000万件ものカード情報が流出したおそれがあると公表した。さらに保険会社のアリコジャパンによる顧客情報約11万件漏えい、三菱UFJニコスによる顧客情報約19万人分の漏えい事件などが続いた。

　情報の盗用をもくろんだ個人情報詐取事件も増加した。2009年には、三菱UFJ証券（当時）の元システム部社員が顧客情報約150万人分を不正に持ち出し、そのうち約5万人分を名簿業者に売却するという事件が発生した。そうしたなかでも大きな反響をもたらしたのは、2014年に発生した通信教育関係大手のベネッセホールディングス（以下「ベネッセ」）による個人情報漏えい事件だった。ベネッセの顧客データベースの保守管理にあたっていた外部業者のシステムエンジニアは、ちょっとしたきっかけからベネッセのシステムネットワークの弱点に気づき、約2,900万件にのぼる個人情報をコピーして持ち出し、名簿業者に数百万円で売却した。事件は、ベネッセの顧客リストに登録した顧客に、別の通信教育業者からのダイレクトメール

が届くようになり、ベネッセから個人情報が漏えいしているのではないかという問合せが急増したことから発覚した。当のシステムエンジニアは不正競争防止法（営業秘密領得、開示）違反[9]で逮捕された。

7 マイナンバー制度の導入

2013年、安倍内閣は、「行政手続における特定の個人を識別するための番号の利用等に関する法律」を成立させた。本法律に基づき、2016年1月に、個人の識別番号制度、いわゆるマイナンバー制度が開始された。

マイナンバーは、住民基本台帳ネットワークシステム（住基ネット）で付番された住民票コードから生成され、徴税、社会保障、災害対策などのために使われる。その重要性から、マイナンバーは「特定個人情報」として、従来の個人情報に比べ、より厳格な情報管理が求められることとなった。マイナンバー制度導入以降、金融機関は口座開設時等にマイナンバーを確認することが求められることとなり、従来の個人情報保護法対応に加えて、マイナンバーに対する一段と厳格な安全管理措置が求められることとなった。

8 情報セキュリティからサイバーセキュリティへ

個人情報保護法の施行は、金融機関において、全社的な態勢

---

9 本章脚注7参照。

整備を行うきっかけとなった。個人情報だけでなく、情報全般の管理として、いわゆる情報セキュリティに対する取組み強化の流れが加速した。多くの銀行では、個人情報保護法の施行前後に、それまでIT部門やリスク管理部門等に分散して行われていた情報管理に対する取組みを一元的に扱うこととし、新たに情報セキュリティ管理を専門に扱う部署を設置した。個人情報に対する関心の高まりに加えて、IT技術の進展もあり、情報セキュリティ管理部署の業務は拡大の一途を遂げている。なかでも2010年代に入り、日に日に重要性を増しているのは、サイバーセキュリティ対策である。

サイバーセキュリティとは、サイバー攻撃に対する防御行為のことを指す。具体的には、コンピュータへの不正侵入、データの改ざんや破壊、情報漏えい、コンピュータウイルスの感染等がなされないよう、コンピュータやコンピュータネットワークの安全を確保することを指している。

そもそもサイバー攻撃とは、インターネット等の通信機能を悪用して、コンピュータシステムやネットワークシステムに不正に侵入してデータを盗み取ったり、データやシステムを破壊する等して機能不全に陥らせたりする行為、として定義される。その目的は大きく、経済的な目的をもつもの(下記①と②)と、社会秩序の混乱を目的とするもの(③)、に大別される。さらに経済的な目的をもつものについては、①金銭の窃取をねらうもの、と、②情報の窃取をねらうもの、の2つに分類される。①の金銭の窃取をねらうものは、偽造のホームページに誘

導したり、コンピュータに侵入してパスワードを詐取し、他人の口座にアクセスして不正に資金を詐取送金する、といったかたちで発生する。②の情報の窃取は、個人情報やクレジットカードの番号等の重要な情報を詐取するねらいで行われ、後に、そうした個人情報を不正のルートで売却して利益を得る等の目的で行われる。これに対して社会秩序の混乱を目的とする③は、攻撃対象となった機関の業務に幅広い影響を与え、最悪の場合機能停止に陥らせるもので、攻撃対象は金融機関に限らず、公共機関や政府に至るまで、幅広い機関が対象となりうるものである。

　大量のデータを送り続けてサーバー等をパンクさせるDDoS[10]（ディードス）攻撃や、社内外からのメールからコンピュータウイルスの含まれたウェブサイトに誘導し、社内のネットワークにウイルスを潜り込ませて、ネットワークを破壊したり、そこから機密情報を盗み出すマルウェア[11]等、その攻撃パターンも日に日に拡大かつ巧妙化の一途を遂げている。米国のJPモルガンチェース銀行は2014年10月に、システムへのサイバー攻撃により、8,300万件にのぼる顧客情報が流出したと発表した。国内では2015年6月に年金機構へのサイバー攻撃による125万件の個人情報漏えいが発覚した。2016年6月には

10　Distributed Denial of Serviceの略。
11　不正かつ有害な動作を行う意図で作成された悪意のあるソフトウエアやプログラムの総称。「トロイの木馬」「スパイウェア」「ワーム」等が含まれる。

図表8-4 サイバー攻撃の類型化

目的	対象	脅威の内容	脅威の例	関連する既存のリスク管理態勢
経済目的	顧客	金銭の窃取・不正取引	顧客のコンピュータがウイルスに感染して、顧客の意思に反した指示により金銭が不正に外部送金される等	顧客保護等
	金融機関		金融機関のコンピュータがウイルスに感染して、不正送金の指示がなされる等	
		情報の窃取・情報漏えい	金融機関のコンピュータがウイルスに感染して、外部に個人情報・機密情報等が漏えいする等	情報セキュリティ管理等
			外部から金融機関のネットワークに直接攻撃がなされるもの	
社会秩序の混乱		金融インフラの機能停止	金融機関のコンピュータがウイルスに感染して、金融機関が機能停止に陥るもの	業務継続計画(BCP)等
			外部から金融機関のネットワークに直接攻撃がなされるもの	

サイバー攻撃は、大きく経済的な目的をもつものと、社会秩序の混乱を目的とするものに大別される

(出典)「金融分野におけるサイバーセキュリティ強化に向けた取組方針」、金融庁、2015年より作成

旅行会社大手のJTBが、標的型メール攻撃により、700万件近い顧客情報が流出した可能性がきわめて高い、と公表した。独立行政法人情報通信研究機構によると、2014年に日本の政府機関や企業等に向けられたサイバー攻撃関連の通信は、約258億6,000万件にのぼり、2013年から倍増した[12]。政府は2014年11月にサイバーセキュリティ基本法を成立させ、官房長官をトップとするサイバーセキュリティ戦略本部を設置した。また金融庁は2015年2月に、「主要銀行等向けの総合的な監督指針」、および「金融検査マニュアル」のうち、サイバーセキュリティと情報セキュリティに関する部分を改訂した。また、同年7月には、「金融分野におけるサイバーセキュリティ強化に向けた取組方針」を公表、①サイバーセキュリティに係る金融機関との建設的な対話と一斉把握、②金融機関同士の情報共有の枠組みの実効性向上、③業界横断的演習の継続的実施、④金融分野のサイバーセキュリティ強化に向けた人材育成、⑤金融庁としての態勢構築、の5つの方針を打ち出した。サイバー攻撃の手法やパターンは日々進化し、かつ増殖しており、その対応は「いたちごっこ」の様相を呈している。サイバーセキュリティは、すでに国家的な安全保障問題に匹敵するとも考えられ、一企業や一業界の問題ではなく、社会全体の取組みが必要な脅威となりつつある。

---

12 2013年は、128億8,000万件であった。

目撃者のコラム

　個人情報保護法施行に向けた対応は、困難をきわめた。そもそも会社のなかに、印刷帳票としてのハードコピーから、データとしてのソフトコピーに至るまで、どれだけの個人情報が存在しているのか、想像もできなかった。個人情報の有り高を確認する、ということは、これらに、一つひとつラベルをつけていく作業に等しかった。気が遠くなるような作業が、本部・支店を問わず行われた。本部も大変だったが、要員が限られている支店では、そうした追加的な作業は、業務時間外に行わざるをえず、その負担は大変なものがあった。

　情報紛失への対応も発生した。情報管理が社会的に注目を浴びるきっかけとなったのは、1999年に発生した宇治市住民基本台帳データ漏えい事件だったが、当時は、平日に終わらない仕事を週末に持ち帰って自宅でこなすことも、ある程度黙認されていた。そうした仕事に対する熱心さが時としてあだになった。取引先情報を含む仕事の情報が入ったかばんを帰りの電車に置き忘れるケースが発生したのである。気がついた本人は週末必死で忘れ物センターを探し回るが、どうしても見つからないと、情報管理部署も巻き込んでの捜索作業になる。警察署から鉄道会社の落し物センターに至るまで、なくしたかばん、いやそのなかの顧客情報を回収するために奔走する。その後の個人情報保護法の施行や、情報セキュリティ管理の強化に伴い、会社資料を自宅に持ち帰ることは、例外的な状況を除いて厳しく禁じられることになり、「うっかり情報紛失」は減少した。今日携帯する業務用情報端末では、万が一紛失した場合、外部から端末をロックすることも可能であり、情報漏えいのリスクも減っている。しかしながら、人間がやることだから完璧はなく、一定の確率でミスは発生する。新たな情報漏えいのパターンも考えられる。翌日から

の出張のために、社内ルールにのっとって資料を持ち帰った、というように手続に沿ったケースでない場合には、関係者の処分にもつながってしまう。行員を意図せざる処分から守るためにもルール徹底の努力は続く。

　情報管理のこわさは、いったん情報漏えい事象が発生した際の社会的影響の大きさである。特に社会の情報化やネットワーク化が進むなか、漏えいした情報は、ネット社会を通じてどこまでも拡散する可能性がある。金融機関の公共性はもちろん、そもそも金融業とは、顧客からの信頼を拠り所としている。情報漏えいによって信用を失うことは、その金融機関にとって致命傷になる可能性があるのである。

　情報管理の前線は、日々大きく展開している。サイバーセキュリティの現場では、会社のホームページに対するサイバー攻撃の兆候を察知し、開けてしまったマルウェアへの対応は、ネットワークを即時に遮断することが求められる。紛失かばんを探して、鉄道会社の遺失物事務所や警察に手分けして電話していた情報管理は、すでに牧歌的な昔話に聞こえるかもしれない。しかしながら、情報資産を安全に管理するという、個人情報保護の基本的な姿勢には変化はない。預金や貸出のお客様からお預かりした情報をどうやって守ればいいのか。個人情報保護法の施行を前にして、手探りのなかで議論したことは、いまから思えば幼稚であったとはいえ、その後の情報リスク管理の高度化のために必要な足取りだったと思う。

〈参考資料〉
『個人情報保護法の知識』、岡村久道、日本経済新聞社、2012年
「情報漏えいはこう防げ！」、週刊東洋経済、2005年8月20日号
「現場も本部も悲鳴をあげる、個人情報管理狂想曲」、週刊金融財政

事情、2005年7月18日号
「ITの進歩がもたらす金融サービスの新たな可能性とサイバーセキュリティ」、日本銀行、2015年3月
「金融分野におけるサイバーセキュリティ強化に向けた取組方針」、金融庁、2015年7月
『カッコウはコンピュータに卵を産む』、クリフォード・ストール、草思社、1991年

第 9 章

金融再生プログラムと不良債権最終処理
【2003〜2005年】

●本章のポイント

　邦銀の不良債権処理は最終段階に入った。金融庁は、2002年10月に金融再生プログラムを発表、大口債務者を対象として期中にチェックを行う特別検査を実施したほか、会計処理上の対応厳格化を求めると同時に、公的資金を注入した大手銀行に対して、収益目標を課し、目標未達の銀行に対しては、業務改善命令を発出する等して、経営改善を求めた。

　翌2003年3月期、会計処理の厳格化を求められたりそな銀行が実質国有化された後、大手銀行は相次いで大型増資に踏み切った。そうしたなか、メガバンクの一角を担ったUFJホールディングスの不良債権問題がクローズアップされ、同行は三菱東京フィナンシャル・グループとの経営統合を発表した。その前後から日本経済は自律的な回復を示した。経済の回復も背景として、バブル崩壊以降の邦銀の不良債権処理は終止符を打った。

1 金融再生プログラム

　2000年代に入っても、邦銀の不良債権処理は続いていた。2002年3月期において主要銀行の不良債権残高は26兆円、不良債権比率は8.4％にのぼっていた。邦銀の不良債権処理が進まない限り、日本経済の雲は晴れない、という空気がまん延していた。時の小泉内閣は2002年9月に、民間から竹中平蔵氏を金

融担当大臣に登用、不良債権の最終処理にあたらせた。1カ月後の10月末、2005年3月末までに主要銀行の不良債権比率を半減させる、という「金融再生プログラム」が、11月には、同プログラムのスケジュール表に当たる「金融再生工程表」が公表された。

竹中大臣の就任以来、主要銀行はすでに警戒感を募らせていたが、公表された金融再生プログラムの厳しさは、予想を上回るものであった。金融再生プログラムは、①資産査定の厳格化、②自己資本管理の厳格化、③経営のガバナンスと④経営者責任の明確化、を中心とし、それに⑤企業再生の枠組みを加えることで不良債権処理を加速化するお膳立てを整え、一方で⑥中小企業向け貸出の目標を銀行に課することで、中小企業への貸出が滞るのを防ぐ、という構成となっていた。

金融再生プログラムの各項目は、いずれも銀行にとってきわめて厳しいものであった。まず、①資産査定の厳格化では、金融庁が行う特別検査によって銀行の自己査定が不十分と認められた場合、貸倒引当金の積増しが求められる。貸倒引当金の積増しは、銀行の収益を悪化させ、場合によっては赤字転落も予想された。その結果として、収益目標が未達になると、今度は、③のガバナンス項目に基づいて業務改善命令が発出され、銀行は経費圧縮等のリストラを強いられることになる[1]。またその場合には、収益計画が達成できなかったことで、④の経営

---

[1] 収益目標は、公的資金注入行が金融庁に提出する経営健全化計画のなかで設定された。

図表9－1　金融再生プログラムの概要

項　　目	概　　要
①資産査定の厳格化	特別検査の実施（2003年3月期）、大口債務者の債務者区分の統一、要管理債権へのディスカウントキャッシュフロー方式の導入、担保評価の厳格化等により、資産査定の厳格化を実施する
②自己資本	税効果会計を見直し、繰延税金資産の検証を強化する。算入上限についてもすみやかに検討する
③ガバナンス	健全化計画未達行に、必要に応じ業務改善命令を発出する。早期是正措置を厳格に実施する。政府保有の優先株式は、期限到来時等に普通株に転換する
④経営者責任	2003年1月以降の代表取締役は本プログラムにコミットすることを明確化し、資本不足の場合は、代表取締役は責任を厳格追及、取締役は応分の責任を負う
⑤企業再生の枠組み	整理回収機構への不良債権売却を促進することで企業再生を促す。回収機構は取得した債権の売却を加速する
⑥中小企業金融	銀行の貸し渋りに関する検査を導入し、中小企業向け貸出目標を達成できない公的資金注入行には業務改善命令を発出する

2002年10月、不良債権の最終処理を目指した政府は、厳しい内容の「金融再生プログラム」を公表、実施に移した

者の責任も追及されることになる。またそうした場合、公的資金として投入された優先株が普通株式に転換されることになり、その結果、国が大株主となるほか、普通株式の発行額が増えて、いわゆる既存株主の希薄化が発生する。結果として、収益計画が未達で、普通株式への転換が起こりそうな銀行の株価は、それを織り込んでいち早く下落することが予想された。また、⑤の企業再生の枠組みは、整理回収機構や産業再生機構[2]という制度を整えた、という意味をもつが、不振企業の不良債権を産業再生機構に移管するためには、そのお膳立てとして、取引銀行が、金利減免や債権放棄といった金融支援策を行うことが求められ、銀行にとっての損失が拡大して、④の経営責任追及につながることが懸念された。苦労して支えてきたこれらの企業が、整理回収機構や産業再生機構のもとで解体されてしまうのではないか、という懸念や心配もあった。金融再生プログラムの発表後、大手銀行は「公的資金（再）注入が自己目的化している」「突然のルールの変更だ」等として反発を強めたが、2005年3月末までの不良債権半減という目標のもと、政府主導で金融再生工程表に沿った作業が推し進められた。

---

[2] 金融再生プログラムが公表された2002年10月時点では、不良債権の回収処理を行う整理回収機構しか設立されていなかったが、同プログラム下で、企業再生も行う産業再生機構の設立準備が謳われた。産業再生機構は、その後2003年に設立、業務を開始した。なお、両機構は預金保険機構が全額出資するかたちで設立された。

2　税効果会計と2003年の銀行国有化

　金融再生プログラムのなかで、銀行業界が最も危機感を募らせたのは、一般にはわかりにくい、②の税効果会計の見直し、すなわち繰延税金資産の検証を強化し、資本への繰入れ上限を検討するという問題であった。

　税効果会計とは、銀行が不良債権を有税で償却処理した場合、処理した時点で支払った税金分は、将来発生する税負担の前払いとみなされ、将来利益が出た際に、その時の税金から控除されるという会計上の取扱いである。銀行が自主的に不良債権を償却する場合、その多くは、損失として税務上の無税扱いにはならず、償却に伴う損失分に対しても税金が課せられる、いわゆる有税償却の扱いとなる。しかしながら、会計上は損を出すのに、税務上は税金は納めなければならない、というのでは、不良債権を前倒しで処理することが躊躇され、不良債権処理は一向に進まなくなってしまう。そこで、不良債権を有税で償却した場合、処理した現時点で支払う税金分は、将来の税金から控除することを認める、としたのが税効果会計に基づく会計処理なのである。

　将来発生する税金は、利益が発生したときに、その時の税率を掛けることで決まるが、将来その額を支払わなくていい、とするためには、その分を現時点でいったん資産（「繰延税金資産」と呼ぶ）として計上し、利益が発生したときに、計上した資産を取り崩す、という会計処理を行うことになる。繰延税金

資産の計上は、当期の利益勘定を増加させるため、銀行の自己資本が増加することになる。

繰延税金資産は、日本に特有の制度ではなく、欧米においても広く認められた制度である。しかしながら、日本において特徴的だったのは、資本への繰入れが広く認められていた点であった[3]。バブル経済崩壊後に不良債権処理を進めてきた邦銀では、ティア１資本に占める繰延税金資産の割合が急増し、大手銀行でも、繰延税金資産が資本の過半を占めていた[4]。

繰延税金資産は、不良債権を有税償却した額に加えて、将来に利益として見込める額、および税率の組合せで決まる。将来の税金は、将来の利益に税率を掛けたものだからである。将来の利益が大きく見込めれば、将来の税金は増え、より多額の繰延税金資産を現在の資本に繰り入れることができる。逆に将来も利益が見込めないとすると、将来納める税金も少なくなるため、繰延税金資産として現在の資本に繰り入れられる額も小さくなる。そのため、繰延税金資産を会計上いくら計上できるかは、将来の利益をどこまで妥当性をもって見込めるか、にかかっていることになる。各銀行は、将来利益から決定される繰延税金資産の妥当性について、決算を承認する会計監査人に説明することになる。

---

[3] 欧米では、繰延税金資産が総資本に占める上限を規定するなどして、繰延税金資産を計上できる金額に上限を設定している例が多かった。
[4] 帝国データバンクの分析によると、2003年３月期における、大手銀行・地方銀行126行の自己資本に占める繰延税金資産の割合は47%にのぼった。

図表9－2　2002年3月期における大手銀行の繰延税金資産概要

(単位：億円)

銀行グループ名	繰延税金資産額(A)	資本勘定合計(B)	(A)/(B)(％)
三井トラストグループ	3,902	4,961	78.7%
三井住友銀行	18,824	29,126	64.6%
りそなグループ	8,326	12,890	64.6%
UFJグループ	14,582	26,007	56.1%
みずほグループ	25,091	47,314	53.0%
住友信託銀行	2,503	6,596	37.9%
三菱東京グループ	10,321	33,244	31.0%

不良債権処理を有税で進めた結果、大手銀行の資本に占める繰延税金資産の割合は増加した

(出典)　各社有価証券報告書より作成。

　金融再生プログラムでは、こうした繰延税金資産の計上にあたって、会計監査人が厳格に検証することを求めた。さらに繰延税金資産を資本に繰り入れる際に、上限金額を設定することもすみやかに検討する、とした。仮に会計監査人の検証によって、繰延税金資産が減額された場合、それを超えた繰入れを行っている銀行は、減額された分について資本が減少してしまうことになる。前に示したとおり[5]、資本の減少によって自己資本比率が低下すると、早期是正措置を受ける可能性が高ま

5　第4章「日本の金融危機とジャパン・プレミアム」参照。

り、経営の独立性が損なわれる可能性が高まることになる。

　影響はそれだけにとどまらない。繰延税金資産は、利益勘定を通じて、自己資本比率規制におけるティア１資本の一部を構成する。第１章で示したとおり、BIS規制においては、ティア１資本と同額までのティア２資本を自己資本として算入することができるとされている[6]。資本の構成上ティア２資本の割合が大きい銀行の場合、繰延税金資産が減額されて、ティア１資本が減少すると、ティア２資本の自己資本算入額も引き下げられ、BIS規制上の自己資本比率がダブルで低下する可能性もあるのである。図表９－２で示したとおり、邦銀における繰延税金資産の計上額は大きかった。繰延税金資産をめぐる金融再生プログラムの議論は、不良債権処理を急ぐ銀行にとって、まさに生殺与奪を握る効果をもつものとさえとらえられた。

　金融再生プログラムにおける繰延税金資産の算入上限は、その時点では決定事項ではなく、具体的な内容は、専門家の議論を経て決定されることとされた[7]が、金融再生プログラムでは、会計監査人に、主要行の繰延税金資産計上に対して厳正な監査を求めるとした。金融庁のこうした動きを受けた監査法人が、繰延税金資産の計算に対して厳しい姿勢で監査を行うことが予想された。繰延税金資産問題は、銀行にとって死活問題ともとらえられた。そして銀行界の懸念は、金融再生プログラム

6　第１章「BIS規制と「リスク」アセット」参照。
7　2005年に金融庁は、繰延税金資産の資本繰入れを、2008年３月期までに段階的に20％を上限とする、という決定を行った。

公表からわずか半年後の2003年3月期決算で現実のものとなった。

あさひ銀行と大和銀行は、2002年10月に経営統合し、金融持株グループとして、りそなホールディングスが誕生した[8]。ところが、統合後初めての決算となった2003年3月期における繰延税金資産の資本繰入額をめぐって、それぞれの銀行の監査法人であった、朝日監査法人（当時）と新日本監査法人の意見が対立、朝日監査法人が監査を脱退するという異例の事態となった。残った新日本監査法人が認めた繰延税金資産から算出されたりそな銀行の自己資本比率は、国内基準行の下限である4％を下回る水準となった。これに対して、預金保険法に基づいて総額1兆9,600億円の公的資金が投入[9]され、りそなホールディングスが事実上国有化された。

栃木県を中心に、北関東地域一帯に強力な地盤を有する老舗の地方銀行であった足利銀行[10]は、栃木県内外で発生した不良債権から経営不振に陥っていた。2003年3月期の決算に関し

---

8 2003年3月には、りそなホールディングス傘下の大和銀行とあさひ銀行の合併と会社分割を実施、りそな銀行と埼玉りそな銀行が発足した。
9 第4章に記載のとおり、国内基準行の自己資本比率が4％を下回った場合、早期是正措置に基づいて、銀行に対して経営改善計画の提出が求められるが、それをもって即時に公的資金が投入されるわけではない。金融庁は、りそなホールディングスのケースは、預金保険法102条1項における「国または当該金融機関が業務を行っている地域の信用秩序の維持に極めて重大な支障が生じる恐れがあると認めるとき」に該当するとし、同条項第1号措置に基づく「公的資金の予防的注入」として、預金保険機構を引受先とする、1兆9,600億円分の優先株式・普通株式の発行を行ったものである。なお、この公的資金は、その後のりそなホールディングスの収益増強により、2015年6月に完済された。

て、2003年9月から11月まで金融庁の立ち入り検査が行われた。11月29日、金融庁は、足利銀行の2003年3月期の繰延税金資産の計上は過大であり、同行は2003年3月末時点で債務超過であったと認定し、預金保険法における特別危機管理の枠組みに基づいて足利銀行を国有化した[11]。

　金融再生プログラムにおける、繰延税金資産をめぐる銀行界の懸念は、大手都市銀行の実質国有化と、大手地銀の経営破綻を経て現実のものとなった。銀行の危機感は最高点に達した。

3　収益目標未達と業務改善命令

　金融再生プログラムでは、決算作業と並行して特別検査が実施された。特別検査では、債務の大きい大口問題先企業を中心に、銀行が行う自己査定をリアルタイムで監視し、自己査定が不十分であると判断した場合には、各銀行に引当金の積増しを求めた。引当金の積増しは貸出償却を増大させ、銀行の決算を圧迫することになった。不良債権の早期処理を目指した大手銀行は、2003年3月期に、相次いで不良債権の大幅処理を実施した。決算そのものも大幅赤字となったが、不良債権最終処理には大きく踏み出した。

10　1895年に創立された第一地銀で、栃木県内における貸出シェアは約5割、同県の中小企業向けでは約8割にのぼっていた。

11　金融機関が債務超過であると判断された場合に適用される、預金保険法102条1項第3号措置に基づく措置。これに基づき、足利銀行とあしぎんフィナンシャルグループは会社更生法を申請した。同行は2008年に野村證券グループを中心とした投資グループに売却されたが、その後2013年に東証第一部に再上場した。

しかしながら、大幅な赤字計上の結果、大手銀行は公的資金注入時に提出した経営健全化計画における収益計画を下回ることとなった。これに対して金融庁は、みずほフィナンシャルグループ、三井住友銀行、UFJホールディングス、三井トラストホールディングス、住友信託銀行等[12]、15の銀行グループに対して、当期利益等が経営健全化計画を大きく下回った[13]ことを理由に、業務改善命令を発出した。金融再生プログラムのなかの「③経営のガバナンス」で示した内容を文字どおり適用したことになる。命令を受けた15銀行グループは2003年8月に、店舗削減やシステム経費圧縮、人件費圧縮等を含む業務改善計画を提出した。

4　大手行による巨額増資

　銀行は不良債権処理を急ぐ一方で、期中収益と経費削減によって黒字転換を実現し、さらにBIS規制上の自己資本比率も8％超に維持する、という、互いに絡み合った課題を抱えた。八方ふさがりにもみえた状況のなかで、大手銀行は大型増資等によって自己資本を増強することで、資本の問題の打開を図った。

　まず果敢に動いたのは、三井住友フィナンシャルグループ

12　ほかに、地方銀行10行に対しても業務改善命令が発出された。
13　公的資金注入の根拠となった早期健全化法は、経営健全化計画上の当期利益計画を3割以上下回った場合、業務改善命令の処分対象となることを定めていた。

(SMFG)だった。SMFGは子会社の三井住友銀行と、三井住友銀行の子会社である、わかしお銀行[14]を2003年に合併させたが、規模の小さいわかしお銀行を存続会社とする決定を行った。そもそも三井住友銀行の子銀行で、かつ銀行の格からしてもはるかに低いわかしお銀行を存続銀行とする決断には、説明が必要だろう。第5章で示したとおり、銀行合併の場合に、消滅会社の純資産額と資本金計上額の差額は、合併差益として合併後の利益準備金とすることができる[15]。これに基づけば、本来子会社であるわかしお銀行を存続会社、三井住友銀行を消滅会社として合併する、「逆さ合併」のほうが、合併差益をより多く活用できることになる。SMFGは、この合併差益を使って、三井住友銀行が抱える約1兆円の保有株式の含み損を一掃した。

　SMFGは、資本そのものの増強にも動いた。まず2003年1月に、米投資銀行ゴールドマン・サックスを引受先とする約1,500億円の私募優先株式を発行した[16]。翌月SMFGは、今度はゴー

14　経営破綻した旧太平洋銀行の資産を引き継ぐことで1996年に発足した第二地方銀行。総資産約5,000億円、従業員約500名。1996年の発足時にさくら銀行（当時。後に三井住友銀行）が全額出資し、子会社化していた。
15　第5章「メガバンクの誕生と持株会社リスク管理」参照。
16　この増資は、4.5％という高い優先株式配当を25年続ける、という条件であったことに加えて、引受先であるゴールドマン・サックスに対して、三井住友銀行が信用補完を行っていた。さらに、優先株を普通株式に転換する際の株価が当初の転換価格を下回った場合、株価に連動して転換価格も下がる、転換価格変動条項という複雑なスキームをとっていた。

ルドマン・サックス、JPモルガンチェース、大和証券を共同引受証券会社として、約3,500億円の優先株式を発行した。

　三菱東京フィナンシャル・グループは、2003年2月に、約3,000億円の公募増資を実施した。いわば「正攻法」である、シンプルな公募増資による資金調達を行ったことは、三菱東京フィナンシャル・グループの相対的な財務内容の強さを物語っているとされた。

　みずほフィナンシャルグループは、財務・資本の両面から抜本的な施策に打って出た。まず2003年3月期決算で、繰延税金資産を8,000億円圧縮することを含め、不良債権処理を大幅に加速するために総額2兆円を超える処理損失を計上する方針を示した。特に他行を上回る引当率[17]を導入することで、金融再生プログラムで示された厳しい資産査定基準をもクリアする、とした。同時に、発生した損失によって毀損した資本を増強するため、総額1兆円を超える巨額の優先株式発行を決めた。優先株式は、国内の取引先を中心に合計3,400社を超える幅広い引受先に割り当てられ、最終発行額は1兆830億円にのぼった[18]。

　UFJホールディングスは、2002年12月、保有する不良債権約1兆円を新たに設立した新会社に分離し、この新会社に米メリ

---

[17] 破綻懸念先に対して従来の65％から75％に、要管理先は18％から35％に、その他要注意先も4％から6％に、各々引当率を引き上げた。
[18] 広範な取引先を引受先としたことに対して、マスコミは、融資先としての銀行の立場を利用した、「優越的地位の濫用ではないか」と書き立てた。

ルリンチ証券が約1,000億円の優先株で出資すると発表した。これによりUFJホールディングスは、メリルリンチから1,000億円の増資を受け入れるのと同等の効果を得ることができたが、他メガバンクと比較すると、その資本増強策は見劣りするとされた。

2003年3月期の不良債権抜本処理を行うと同時に、資本毀損を補おうと、資本増強を図るメガバンクの姿は、「なりふりかまわぬ」とも報道されたが、それだけメガバンクの危機感は高かったともいえる。しかしながら、そうして獲得した資本を元手とすることによって、不良債権処理は大きく加速することとなった。

5 産業再生機構と企業再生

不良債権の処理を加速する過程では、問題企業の再建が重要なポイントになる。第4章で示したように、不良債権を問題企業のバランスシートから切り離すのはいいとして、その企業は残った業務内容で事業を継続できるのか、もっと簡単にいえば生き残れるのか、は単純な問題ではなかった。経営資源をもちながら、過大な債務を負うことで経営が立ち行かなくなっている企業の再生支援を目的として、政府は2003年に産業再生機構を設立、銀行からの債権買取り、資金の貸付、債務保証、出資などの業務を行った。

銀行が保有する貸出債権を産業再生機構の枠組みのもとで再生するには、おおむね以下の手続を踏むことになる。

まず銀行は対象企業の再建策を精査し、産業再生機構の支援を受けることが望ましいと考える場合には、当該企業と協力して、詳細にわたる再建策を策定する。その際には、再生を支援するために、銀行自身の貸出債権について、金利減免や債権放棄等による支援策を織り込むことが多い。次に、当該企業の再建策と銀行の支援策をあわせて、当該企業が産業再生機構に支援要請を行い、同機構の審査を受けることになる。約90日以内に産業再生機構が審査結果を通知し、産業再生機構による支援が認められた場合、銀行は支援策に織り込まれた金利減免や債権放棄を行い、産業再生機構は銀行の貸出債権のうち、一部を買い取ることになる。銀行による支援策実施に加えて、産業再生機構が再建策を妥当と認めたうえで貸出債権の一部を買い取ることにより、銀行に残った貸出債権は、基本的に「正常債権」の扱いとなる[19]。その後産業再生機構は、企業の再建策を遂行させながら、当該企業を最終的に買収等したいと考えるスポンサーを見つけ、同スポンサー企業に当該企業を売却、産業再生機構の役割を終えることになる。

　このように、不良債権処理では、必ずしも貸出金全額を償却処理する必要はない。第4章で示したように、不良債権先の問題の多くはバブル期に積み上げた過剰債務にあり、金融支援等により、過剰債務の負担を取り除いて本業に専念できる環境を整えれば、業績が復活する可能性は十分にあるのである。

19　正常債権については、第4章「日本の金融危機とジャパン・プレミアム」参照。正常債権扱いになることにより、貸倒引当率は低下する。

図表9－3　産業再生機構の主な支援先

企 業 名	主取引銀行	債権買取額（億円）
ダイア建設	りそな	203
金門製作所	りそな	159
九州産業交通	みずほ	392
三井鉱山	三井住友	1,783
カネボウ	三井住友	1,108
ダイエー	UFJ	3,943
大京	UFJ	871
ミサワホーム	UFJ	485

産業再生機構の主な支援先には、UFJの案件が名を連ねた

　企業の再生に向けた、産業再生機構の役割は明快だったが、産業再生機構の設立当初は、同機構への再建案件持込みは進まなかった。その理由はいくつかあげられるが、まず産業再生機構に案件を持ち込むためには、その前提として金利減免や債権放棄等の金融支援策を行う必要があるが、これらの支援策を行うことで企業の負担を軽減できるのであれば、その後の債権を産業再生機構に持ち込まなくても、企業再建の可能性はおのずと高まる、という事情があった。また、産業再生機構に持ち込まれる案件は、世の中に「取引銀行ですら、さじを投げた案件」との印象を与えることが懸念され、取引先自身もそれを嫌う傾向があった。産業再生機構に持ち込まれる案件は、当時「機構送り」とも呼ばれたが、それは、事業の再生はもはや不

可能とのニュアンスにも聞こえた。

産業再生機構に大規模な案件が持ち込まれるようになったのは、後述する、UFJ銀行の大口問題先への対応を経た結果だった。

6 検査忌避とUFJ統合

2004年に入ってUFJ銀行の不良債権処理と、それを取り巻く金融庁との議論が緊張を生んだ。その事態は思わぬ展開をみせた。

2003年秋、金融庁はUFJ銀行に対して特別検査を開始、大口問題先を中心とした不良債権の保全状況の検査にあたった。秋に始まった特別検査は終了することなく、2004年1月には、来る3月決算に向けた特別検査へとステージを移した。この特別検査の過程で、検査を妨害しようとする、「検査忌避」行為を行ったとの新聞報道が紙面に躍った。

特別検査の検査結果は4月23日にUFJ銀行に通告された。UFJ銀行は4月28日に、8,130億円にのぼる不良債権処理を行い、税引後損失780億円を計上する、という業績予想の下方修正を公表したが、この業績予想には、特別検査で金融庁が指摘した検査結果がすべて反映されてはいなかった。金融庁と、UFJ銀行の会計監査人である中央青山監査法人は引当不足を指摘、UFJ銀行は、4月28日の業績予想修正発表から1カ月もたたない5月17日に、4,000億円にのぼる業績予想の再修正を行い、5月24日には、最終損失が4,028億円となる2004年3月期

決算を発表することとなった。上場企業による業績予想の再修正発表はきわめて異例であった。その結果、2004年3月末における持株会社UFJホールディングスの不良債権比率は8.5％にのぼった。

4月28日にUFJ銀行が行った業績修正は、赤字ではあったが、金融再生プログラムに基づいて、金融庁から業務改善命令を受けるレベルは上回っていた[20]。しかしながら、5月に行った再修正後の決算では、その基準も下回ることとなり、業務改善命令を受けることが確実となった。業績悪化の責任を取り、UFJ銀行の頭取を含む経営陣の交代が決まった。UFJホールディングスは、業績予想再修正発表直後の5月21日に、赤字拡大に伴う財務悪化を補うために、傘下のUFJ信託銀行を、住友信託銀行に売却する基本合意書を締結した、と発表した。

金融庁は、UFJ銀行に対して、さらに追及を行った。金融庁は6月19日に、①検査忌避、②2期連続業績悪化、③中小企業貸出水増し、④業績予想の再修正、の4点に対して、業務改善命令を発出した。このうち、検査忌避については、関係者やUFJ銀行に対して刑事告発が行われる可能性が噂された。この直後の2004年6月末四半期決算におけるUFJホールディングスの不良債権残高は、4兆6,000億円の巨額にのぼり、不良債権比率も、3月末比で1.7％高い、10.24％にのぼった。

7月14日、事態は新たな展開をみせた。UFJホールディング

---

[20] 金融再生プログラム「③経営のガバナンス」と「④経営者責任の明確化」参照。

スは、三菱東京フィナンシャル・グループに全面的経営統合を申し入れ、同時にUFJ信託銀行を住友信託銀行に売却する基本合意を撤回した。基本合意の撤回は、三菱東京フィナンシャル・グループとの全面的経営統合により、UFJ信託銀行についても、三菱信託銀行との統合に向かわせるため、という説明がなされた。

住友信託銀行は、一方的な合意撤回を不当として、UFJホールディングスと三菱東京フィナンシャル・グループの経営統合の差し止め請求を行った。7月27日、東京地裁は、住友信託銀行の主張を認め、UFJホールディングスに対して、信託部門の三菱東京フィナンシャル・グループとの統合交渉中止を命じた。統合成立を危ぶむ声があがるなか、UFJホールディングスは異議を申し立て、東京高裁に控訴した。

7月28日、UFJホールディングスは6月に発出された業務改善命令に対して業務改善計画を発表した。記者会見の席上、UFJホールディングスは、検査忌避行為を認めたうえで、役員の処分を行うことを織り込んだ。

8月11日、UFJ信託銀行をめぐる係争に関し、東京高裁は、UFJホールディングス側の主張を認め、東京地裁の指示を取り消した[21]。東京地裁による統合交渉中止命令を否定したわけである。これを受けて三菱東京フィナンシャル・グループは同日深夜、UFJホールディングスと経営統合の基本合意を交わし

---

21 これに対して、住友信託銀行は最高裁に特別抗告を行ったが、最高裁は8月30日に特別抗告を棄却、高裁決定が確定した。

た。基本合意には、三菱東京フィナンシャル・グループが、9月までにUFJホールディングスに対して最大7,000億円にのぼる資本増強を行うという内容が含まれていた。両社は翌12日、経営統合の基本合意につき、共同記者会見を行った。

　UFJホールディングスをめぐる関係者の思惑は、住友信託銀行との問題だけにとどまらなかった。7月30日、すでに三菱東京フィナンシャル・グループとの経営統合の意向を表明し、統合協議を進めていたUFJホールディングスに対して、三井住友フィナンシャルグループが、独自に経営統合を申し入れた。三井住友フィナンシャルグループは、対等な立場での経営統合や、公平な人事運営、さらには、三菱東京フィナンシャル・グループが提示したのと同額の7,000億円規模での出資を行う用意がある、と表明した申入文書をUFJホールディングスに送るとともに、それを公表した。外部株主を中心としたUFJホールディングスの関係者に対して、三井住友フィナンシャルグループとの経営統合のほうが、UFJホールディングスにとってメリットが大きいと主張したのである。三井住友フィナンシャルグループの申入れに対してUFJホールディングス側は、三菱東京フィナンシャル・グループとの統合基本方針を確認、三井住友フィナンシャルグループとの交渉には応じない、との姿勢を示した。不良債権の重荷を背負ったUFJホールディングスは、一転して、メガバンク同士による争奪戦の対象へと姿を変えた。

　不良債権問題に苦しんだUFJホールディングスが、一転して、三菱東京フィナンシャル・グループと三井住友フィナン

図表9－4　UFJをめぐる経緯

時　　期	出　来　事
2003年秋	金融庁、UFJ銀行に特別検査入検
2004年1月26日	検査の過程で、別保管資料が見つかったとの新聞報道。永久劣後債発行延期
2004年1月27日	金融庁、2004年3月決算に向けた特別検査開始
2004年4月23日	金融庁、特別検査結果通知（27日結果公表）
2004年4月28日	UFJ銀行2004年3月期業績予想下方修正（税引後損益▲780億円）。金融庁、中央青山監査法人、引当不足指摘
2004年5月17日	UFJ銀行2004年3月期業績予想を、約4,000億円の赤字計上に再修正発表
2004年5月21日	UFJ、UFJ信託の住友信託への売却についての基本合意書締結を発表
2004年5月24日	UFJ、2004年3月期決算を発表、4,028億円の最終赤字計上。持株会社社長・銀行頭取退任発表
2004年6月19日	金融庁、UFJに対して、①検査忌避、②2期連続赤字等により、業務改善命令発出
2004年7月14日	UFJ、三菱東京に経営統合申入れ。住友信託へのUFJ信託売却撤回
2004年7月16日	三菱東京、UFJ経営統合の基本合意。住友信託、経営統合差し止め請求
2004年7月27日	東京地裁、住友信託の要求を一部認め、UFJ信託に係る経営統合交渉の中止命令。UFJ側異議申立て

2004年7月28日	UFJ、業務改善計画公表。検査忌避の事実を認め、役員処分を実施
2004年7月30日	三井住友、UFJに経営統合申入れ
2004年8月11日	東京高裁、東京地裁の統合交渉中止命令取消し。三菱東京とUFJ、経営統合の基本合意実施。住友信託特別抗告実施
2004年8月12日	三菱東京とUFJ、三菱東京による7,000億円の資本支援を含む経営統合の基本合意を発表
2004年8月30日	最高裁、住友信託の特別抗告を棄却
2004年8月	UFJ、2004年6月決算（最終損失▲915億円）公表。不良債権比率10.2％、自己資本比率9.0％
2004年9月17日	三菱東京、UFJに対し7,000億円の増資払込完了
2004年9月24日	UFJ、経営健全化計画公表、2005年3月末で不良債権比率を3％台にすると公表
2004年10月7日	金融庁、検査忌避により、UFJ銀行と関係者を刑事告発
2004年10月14日	ダイエー、産業再生機構に支援要請
2004年11月	UFJ、2004年9月決算（最終損失▲6,742億円）公表。UFJホールディングスの自己資本比率9.9％。UFJ銀行の自己資本比率は、10.0％となった
2004年12月	東京地検、UFJ銀行および同行元副頭取ら3名起訴（2005年4月有罪判決）
2005年2月18日	三菱東京、UFJ、経営統合契約書締結。2005年10月の「三菱UFJフィナンシャル・グループ」発足を発表

2005年2月25日	三井住友、経営統合提案の撤回を通知
2005年7月	住友信託、UFJ信託売却撤回に対し、損害賠償請求実施
2005年8月12日	三菱東京とUFJ、子銀行の合併を当初予定の2005年10月1日から、2006年1月1日に延期すると発表
2005年10月1日	持株会社経営統合実施、「三菱UFJフィナンシャル・グループ」発足
2006年1月1日	東京三菱銀行とUFJ銀行合併、「三菱東京UFJ銀行」発足

特別検査に端を発したUFJ問題は、メガバンク同士の争奪戦を経て、国内最大のメガバンクグループの成立をみた

シャルグループの間の争奪戦の対象となったことは、一見奇異に映るだろう。その背景には、国内金融市場をめぐる、メガバンクの覇権争いがあった。もともと大阪に本拠を置く三和銀行と、東海地方に本拠を置く東海銀行からなるUFJグループは、首都圏・中京圏・関西圏に、拠点をバランスよく配置しており、特にリテール分野の営業や、それを支えるシステム面で定評があった。UFJグループにとって、大口問題先を中心とした不良債権問題は、のど元に突き刺さった骨のように大きな負担であったが、抜本的な不良債権処理によって、仮にこれらが解決できた場合には、残った営業力やビジネスフランチャイズは、他行にとって大きな魅力であった。

　メリットはビジネス面だけではなかった。UFJグループが不

良債権処理を推し進めることで発生した損失は、税務面でのメリットを生むこととなった。不良債権処理から発生する多額の損失は、税務上の繰越欠損金として計上される。こうした繰越欠損金は、将来[22]の納税時に、課税所得の範囲内で、その時点での収益と相殺[23]することができる。結果として将来利益が発生した場合の税負担が減り、その分の現金を内部留保に充てることができるのである[24]。UFJグループと統合したメガバンクグループの収益力が回復した場合、UFJグループの不良債権処理損失による繰越欠損金は、税務上は大きな付加価値とも考えられるのである。

7 UFJ大口問題先債権処理

UFJホールディングスそのものについての動きと並行して、UFJ銀行の大口問題先の不良債権処理が進んだ。大口問題先とされたのは、スーパーのダイエー、マンション開発業者の大京と藤和不動産、住宅事業のミサワホーム、総合商社の双日、消費者金融のアプラス、不動産開発の国際興業、等であった[25]が、UFJ銀行による金融支援に加えて、産業再生機構の活用、他スポンサーによる買収や資産売却等を通じて、大口問題先処

---

22 最大7年間とされる。
23 税務上は、課税所得の範囲内で繰越欠損金が回収される、と表現される。
24 こうした扱いが税務上認められるためには、税務当局の承認を得る等、いくつかの条件を満たす必要がある。
25 社名はすべて当時。

理が急速に進んだ。

　なかでも注目を浴びたのが、大手スーパーであるダイエーだった。1957年に第1号店を開設したダイエーは、スーパーマーケットの草分けとして、経済成長期における大衆消費市場をけん引した存在だった。1972年には東証第一部に上場、小売売上高として日本一の企業となった。UFJグループは、前身の東海銀行が1960年、三和銀行が1970年にダイエーとの取引を始めていた。

　ダイエーがつまずいたのも、バブル経済の崩壊のためだった。1998年2月期に初の連結経常赤字を計上すると、それまでの積極経営と拡大路線の結果としてふくらんだ借入金を含む過大な負債が重荷となった。1999年には財務リストラに着手し、「有利子負債1兆円削減」を打ち出したが、翌2000年にインサイダー取引問題が発生して株価が急落、さらに2001年に大手スーパーのマイカルが破綻すると、ダイエーの信用不安問題が発生した。取引銀行は、2001年に第一次金融支援（1,200億円）、2002年に第二次金融支援（4,000億円[26]）を行ったが、業績は回復しなかった。ダイエーはぎりぎりまで自助努力による再建の可能性を探ったが、監査法人であるトーマツが、2004年8月中間決算を承認できないと通告したことから自力再建を断念、2004年10月14日に、UFJ銀行をはじめとする主力取引銀行の提案を受け入れるかたちで産業再生機構に支援を要請した。

---

[26] 1,700億円の債権放棄と2,300億円の債務の株式化からなる。

翌2005年には、主力銀行による4,004億円にのぼる第三次金融支援を核とし、産業再生機構と大手商社の丸紅、再生ファンドのアドバンテッジ・パートナーズから合計1,120億円の出資を受け入れ、丸紅とイオングループをスポンサーとすることで、再建に向けて歩を進めた。あわせて産業再生機構は、銀行団から3,943億円にのぼる貸出債権を買い取った。

社会的に大きな注目を集めたダイエー向け債権の処理問題を契機として、UFJグループの大口問題先処理は峠を越えることとなった。抜本的な大口問題先処理の結果、2004年6月末で4兆6,000億円にのぼっていたUFJホールディングスの不良債権残高は、その後数カ月で2兆円以上縮小することとなったのである。

しかしながら、不良債権の抜本処理は、多額の損失処理を伴うものであり、UFJホールディングスの財務を直撃することとなった。UFJホールディングスは、2004年3月期の4,028億円の赤字決算に加えて、2004年6月四半期決算においても915億円の赤字計上を余儀なくされた。

度重なる赤字計上により、UFJホールディングスの自己資本比率が悪化した。2004年3月末の時点で、9.2％にまで下がったUFJホールディングスの自己資本比率は、6月末には9.0％まで下がっていた。さらに深刻だったのは、持株会社傘下のUFJ銀行だった。UFJ銀行の自己資本比率は、2004年3月は8.4％、6月末には8.2％に下落し、国際的な銀行に求められる8％の最低基準ぎりぎりの水準まで落ち込んだ。その後も不良

図表9－5　ダイエーをめぐる経緯

年　　月	出　来　事
1995年2月	阪神・淡路大震災の影響を受け、1995年2月期の単体当期損益が初の経常赤字に
1998年2月	上場初の連結経常赤字に
2000年1月	ローソン株の一部を三菱商事に売却
2000年10月	経営陣による不透明な株式取引発覚
2001年1月	主力4行による第一次金融支援（1,200億円）
2002年8月	主力3行による、債権放棄と債務の株式化を中心とした第二次金融支援（4,000億円）実施
2004年10月	独自再建策断念、産業再生機構に支援要請
2005年3月	主力3行による第三次金融支援（4,004億円）実施。産業再生機構による債権買取実施。丸紅とイオングループをスポンサーとする再建開始
2013年	イオングループ、ダイエーの完全子会社化発表
2014年12月	イオンによる完全子会社化完了。東証上場廃止

大口問題先の象徴ととらえられたダイエーは、産業再生機構による債権買取を経て、イオングループ入りした

債権処理からの損失負担が発生することが予想されていたことからすると、8％割れは時間の問題とさえ思われた。金融庁は、国際業務を行う銀行の自己資本比率が8％を割った場合でも、直ちに国際業務撤退を求めるものではない、とコメントした[27]。この時点で、三菱東京フィナンシャル・グループは、9月におけるUFJホールディングスへの資本注入を目指してい

た。UFJグループにとっても、9月の資本注入は、国際業務を継続するために必要不可欠であった。両者は待ったなしの状況のなか、統合に向けた準備を急いだ。

8 メガバンクの再編

　争奪戦の様相を呈したUFJ問題だったが、三菱東京フィナンシャル・グループとUFJホールディングスは2004年8月11日の経営統合の基本合意の後、経営統合に向けた作業を進めた。三菱東京フィナンシャル・グループは、9月10日にUFJホールディングスに対する7,000億円の資本支援を正式に決定、17日に実施した[28]。

　その後、金融庁は、同年10月7日に、検査忌避行為が銀行法に違反するとして、UFJ銀行を刑事告発した。金融庁は同時に、UFJ銀行に対して、住宅ローンと中小企業貸出を除く、新規取引先に対する貸出を半年間禁止する行政処分を行った。これに対して、三菱東京フィナンシャル・グループとUFJホールディングスは、これらの措置にかかわらず、両社は経営統合を

---

[27] 2004年8月9日の定例記者会見における金融庁長官のコメント。正確には、「国際業務を行う銀行の決算時の自己資本比率が8％を割った場合でも、少なくとも1年以内、原則として翌決算期までに8％以上の水準を回復する計画が策定されていれば、国際業務を継続できる」。

[28] 三井住友による敵対的買収の可能性を考え、両社は注入した資本に関して、UFJホールディングスに、（三菱東京フィナンシャル・グループ以外との統合を決める等）「重大な違反」が起きた場合、違約金として支援額を30％上回る額でUFJに売却できる、とする、一般に「ポイズンピル条項」と呼ばれる敵対的買収に対する対抗策を織り込んだ。

図表9−6　UFJの主な大口問題先の処理状況

企業名	業種	直近決算期有利子負債（億円）	企業再生に向けた対応	UFJによる金融支援（億円）
ダイエー	小売り業	10,751	主力行による第三次金融支援（4,004億円）。産業再生機構による支援要請	2,051
大京	マンション事業	4,859	主力行による金融支援（総額1,765億円）実施後、産業再生機構に支援要請	3,924
アプラス	消費者金融	6,454	不採算部門分離。本体は新生銀行に売却	1,300
双日	総合商社	15,570	主力行による金融支援（総額3,700億円）。事業ポートフォリオ縮小	約3,000
ミサワホーム	住宅事業	2,963	UFJによる金融支援後、産業再生機構に支援要請	1,350
藤和不動産	マンション事業	2,830	UFJによる金融支援後、三菱地所との資本提携により、三菱地所傘下に	1,920
国際興業	レジャー産業	約3,000	UFJの貸出債権5,000億円を米ファンド・サーベラスに一括売却（約2,000億円実質債権放棄）	約2,000

三菱東京フィナンシャル・グループとの経営統合協議を並行して、UFJの大口問題先処理が急速に進んだ

（注）　UFJによる金融支援額は新聞報道による。

進める旨の記者発表を行った。

　三菱東京フィナンシャル・グループとUFJホールディングスの経営統合作業の進展に対して、三井住友フィナンシャルグループは統合提案の有効期限を2005年6月末まで延長するとしたが、三井住友フィナンシャルグループにとって事態は改善し

図表9-7　メガバンクグループの再編

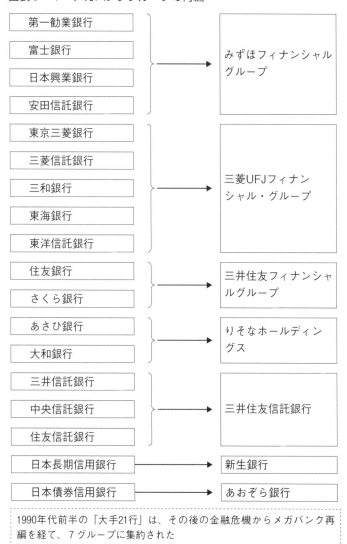

なかった。翌2005年2月18日、三菱東京フィナンシャル・グループとUFJホールディングスは、統合比率を、（三菱東京対UFJで）1対0.62とする統合契約書を締結した。1週間後の2月25日、三井住友フィナンシャルグループは統合提案の撤回をUFJホールディングスに通知、日本最大のメガバンクグループとなる、「三菱UFJフィナンシャル・グループ」の成立が確定した。

9 2005年3月決算と不良債権からの脱却

金融再生プログラムに始まって、大手銀行による大型増資と不良債権の抜本処理、りそなグループに対する公的資金注入、さらにはUFJホールディングスの再編等、金融業界が目まぐるしい展開をみせるなか、日本経済は自律的回復を示し始めていた。2003年4月にバブル後の最安値である7,607円をつけた日経平均株価は、その後反転上昇し、りそなホールディングスへの公的資金注入後、1万円台を回復した。それと相前後して、企業業績の回復も顕著になった。日本経済はバブル経済崩壊による負の遺産を、自力で乗り越えようとしていた。

企業の業績回復にも支えられ、大手銀行の状況も改善した。大幅赤字決算を実施した2003年3月期の後、2004年3月期、2005年3月期と収益が力強く回復した。

不良債権比率も大幅に低下した。金融再生プログラム公表後の2003年3月期には、銀行によっては5％から10％近くにのぼっていた不良債権比率は、2年後の2005年3月には、2％か

図表9-8 2003～2005年における日経平均株価推移

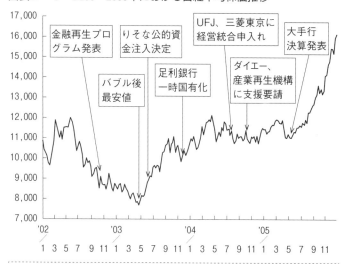

大手銀行における不良債権処理が進むにつれて、金融機関に対する不安感も薄れ、株価も上昇した

ら4%に減少、金融再生プログラムで掲げた「2005年3月までに不良債権を半減」が達成された。

収益改善と不良債権処理に伴い、邦銀のBIS自己資本比率も改善をみせた。2004年6月時点で8.2%と、追い詰められたUFJ銀行の自己資本比率も、三菱東京フィナンシャル・グループからの資本受入れに加えて、その後の収益回復から、急速に改善し、2004年9月末には10%台に回復した。

2005年9月中間期の大手銀行決算は過去最高益を記録した。不良債権処理により、2005年3月期に5,545億円の大幅損失を

図表9-9 大手銀行グループの当期純利益推移(2003年3月期～2005年9月期)

(単位:億円)

	2003年3月期	2004年3月期	2005年3月期	2005年9月期
三菱東京フィナンシャル・グループ	▲1,615	5,608	3,384	3,006
UFJホールディングス	▲6,089	▲4,028	▲5,545	4,110
みずほフィナンシャルグループ	▲2,377	4,070	6,273	3,386
三井住友フィナンシャルグループ	▲4,653	3,304	▲2,342	3,923

2004年3月期以降、大手銀行の決算は力強く回復した

図表9-10 大手銀行グループの不良債権比率推移(2003年3月末～2005年3月末)

	2003年3月末	2004年3月末	2005年3月末
三菱東京フィナンシャル・グループ	5.3%	2.9%	2.7%
UFJホールディングス	9.6%	8.5%	4.1%
みずほフィナンシャルグループ	6.2%	4.4%	2.2%
三井住友フィナンシャルグループ	9.4%	5.6%	3.9%

不良債権抜本処理に伴い、大手銀行の不良債権比率も大幅に低下した

計上していたUFJホールディングスは、2005年9月中間期に4,110億円もの利益を計上することとなった。

この期間の大手銀行決算で目立ったのは、引当金の「戻り

図表9−11　大手銀行グループのBIS自己資本比率（2003年3月末〜2005年3月末）

	2003年3月末	2004年3月末	2004年9月末	2005年3月末
三菱東京フィナンシャル・グループ	10.8%	13.0%	10.9%	11.8%
UFJホールディングス	10.0%	9.2%	9.9%	10.4%
うちUFJ銀行	10.1%	8.4%	10.0%	10.5%
みずほフィナンシャルグループ	9.5%	11.4%	11.9%	11.9%
三井住友フィナンシャルグループ	10.1%	11.4%	10.9%	9.9%

収益改善と不良債権抜本処理に伴い、大手銀行のBIS自己資本比率も改善した

益」の計上だった。戻り益とは、過去に損失計上した引当金が不要になった場合に、過剰となった引当金を取り崩したものを利益として計上するもので、不良債権化していた貸出先の経営が改善した場合や、引当率を見直した場合などに発生する。UFJホールディングスの場合でいえば、2005年9月期の最終利益4,110億円のうち、引当金の戻り益が2,000億円を超え、収益改善に大きく貢献することとなった[29]。

　バブル経済崩壊以降、約10年間にわたって大手銀行が処理した不良債権は約60兆円の巨額にのぼった。多くの苦労と犠牲を経験しつつ、邦銀はバブル経済崩壊後の不良債権処理に、ようやく終止符を打ったのである。

10 金融リスク管理への影響

大手銀行における不良債権処理は、金融リスク管理上、大きな教訓と変革をもたらした。そのうち以下では、①ディスカウントキャッシュフロー法、②バランスシート調整、③資本管理、という、その後の邦銀の金融リスク管理を大きく変えた実務について触れておきたい。

(1) ディスカウントキャッシュフロー法

まずこの時期以降、貸出先が生み出すキャッシュフローに基づいて貸出債権管理を行う、ディスカウントキャッシュフロー法が、より一般的となった。従来の債権保全は、担保としてとっている資産の担保価値に依存していたのに対して、ディスカウントキャッシュフロー法は、企業の事業から得られるキャッシュフローを現在価値に割り戻すことで、貸出債権の返済可能性を評価するものである。従来の担保主義では、最終的な貸出回収は、担保となっている資産の売却処分ができるかどうかによることになる。こうした債権管理の場合、バブル経済崩壊時のように資産価値自体が下落している局面では、売却処分の過程で担保の価格が下落していることから、担保処分によ

---

29 UFJホールディングスは、2005年3月期に、引当率引上げにより▲5,062億円の損失を計上したが、そのわずか半年後の2005年9月期には、UFJホールディングスの引当金戻り益は、2,000億円を超えた。このうち、三菱東京フィナンシャル・グループとの経営統合に伴って引当基準を統一する過程で、UFJホールディングスの引当率のほうが高かったことから、統一基準に向けて引当率を引き下げたことによる戻り益効果が1,800億円を占めた。

る回収がおぼつかなくなってしまい、債権管理として確実ではなくなってしまう。これに対して、貸出先の事業が生み出すキャッシュフローは、貸出金の返済に充てられる原資として直接見込めるものであり、貸出債権の回収原資として、より確実と考えられる。ディスカウントキャッシュフロー法が浸透することにより、企業が生み出すキャッシュフローから貸出金が回収できるかどうかが、より重視されるようになった。

(2) バランスシート調整

また、バブル経済後の不良債権処理プロセスを通じて、痛んだバランスシートを回復する、いわゆるバランスシート調整がいかに困難なものかが再認識された。企業のバランスシートは文字どおり、資産勘定と、負債勘定および資本勘定が「バランス」している。ここでバブル経済の崩壊によって資産の価値が下落して、資産側が小さくなってしまった場合でも、借入金等の負債は減少しないので、資産価値の下落によって損失が発生した場合は、資本が吸収するしかない。資産価値の減少がさらに進んで、資本の額を上回ってしまうと債務超過となり、企業は倒産が避けられない。資産価値の下落から債務超過が懸念される場合には、まずは増資等で資本を増やすか、銀行等の債権者からの金融支援によって負債の額を減らすことで、債務超過を避けなければならない。しかしながら、最終的に企業を健康体に戻すためには、痛んだ資産に対して地道に収益を積み上げて、資本を増加していくしかない[30]。バランスシート調整と呼ばれるそのプロセスは、地道で長い時間を要するのである。

図表9−12 資産価値下落に伴うバランスシート調整のメカニズム

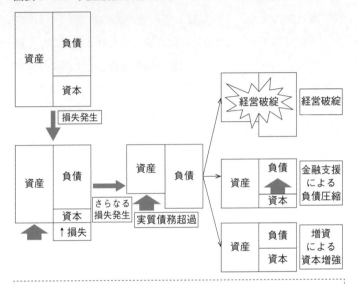

資産価値の下落から生じた資本の毀損に対しては、地道な収益の積上げやコスト削減、増資等により、バランスシート調整を進める必要がある

(3) **資本管理**

こうした不良債権処理の痛みやバランスシートへの影響が、象徴的に集中したのが、銀行の資本運営であった。

銀行の資本は、普通株式そのものだけでなく、過去の利益の積上げである利益準備金や、増資時のプレミアムに当たる資本

---

30 収益を増加させるためには、収入を増やすことだけでなく、費用を削減する努力も必要となる。その結果、従業員の待遇や、雇用にも影響が出ることになる。

図表9-13 BIS規制における自己資本の分類と算入制限（図表1-4再掲）

区分	構成要素	算入制限	
ティア1	資本勘定（資本金、資本準備金、利益準備金等）		ティア2全体でティア1と同額まで
ティア2	有価証券評価益の45%		
	不動産再評価額の45%		
	一般貸倒引当金	リスクアセットの1.25%まで	
	永久劣後債務等		
	期限付劣後債務等	ティア1の50%まで	

BIS規制では、質の劣るティア2資本を質の高いティア1資本と同額まで算入することが認められていた

準備金等、さまざまな要素から構成されている。自己資本比率規制上、普通株式等の質の高いものをティア1資本、劣後債等、質の低いものをティア2資本とすることはすでに述べたが、そこには2つの落とし穴があった。1つは、繰延税金資産であり、もう1つは、ティア2資本であった。

自己資本を構成する要素のなかで、普通株式や利益準備金は理解しやすい。増資をすれば資本が増え、利益をあげれば利益準備金を通じて資本が増える。これに対して繰延税金資産は、将来の利益計上を前提として、不良債権の有税償却分を、税金の前払いとして資本勘定に算入するものである[31]。概念として

わかりにくいだけでなく、前提とする「将来の利益」の見積りは、直観的にもかなりむずかしい。りそな銀行の実質国有化や足利銀行の破綻は、会計監査人や監督当局が、繰延税金資産の計上を否認したことが引き金となったが、銀行の国有化や破綻決定の基準としては、わかりにくいといわざるをえないだろう。一方で、そうした不確実な計算に資本の過半を依存する状況が、銀行の資本を不安定なものとしていたのも事実であり、こうした状況の早急な改善もまた不可欠であった。

これに対して劣後債等のティア2資本も課題を抱えていた。ティア2資本の主要な部分を構成する劣後債務は、銀行が赤字になった場合に利息支払が止まったり、銀行が破綻した場合には、預金等の優先債務を支払った後にはじめて弁済がなされる、といったように、一定の資本性を有しているが、期中に損失が発生した際に、それを直接吸収するクッションとしての意味合いは低い。

またティア2資本について、政策株式保有等の有価証券の含み益の一部をティア2資本として算入できる、とした自己資本比率規制上の取扱いは、バブル経済崩壊時には、保有する政策株式の時価も下落することによって含み益も減少[32]、ティア2資本に組み入れることができる金額が減少し、資本としてあてにすることがむずかしくなった。

さらに、ティア2資本を規制上の自己資本に算入できるの

---

31 本章2参照。
32 この時期、銀行によっては含み損を抱えたケースも多かった。

は、ティア1資本と同額までとされたことから[33]、不良債権処理に伴う損失計上等により、ティア1資本自体が減少した場合に、ティア2資本として算入できる金額も減少し、自己資本の減少がダブルで発生する可能性もある。各銀行では、自己資本比率規制における分子としての自己資本の運営において、その構成についての計画やストレス分析をより綿密に行うことが求められることとなった。

目撃者のコラム

　2014年12月27日の新聞記事を、感慨をもって眺めていた。前日の12月26日、戦後日本の大衆消費社会をけん引したスーパーのダイエーが上場廃止となった。1980年代後半には一時期時価総額が1兆円を超えたが、上場廃止時には株価終値が134円、最終時価総額は533億円にまで落ち込んでいた。2004年の産業再生機構への支援要請を経て、スポンサーに名乗りをあげたのは総合商社の丸紅だったが、その後の経緯は、順調とは言いがたかった。2007年には、総合スーパーであるイオンを中心とした経営改善を行ったが奏功しなかった。2014年11月の臨時取締役会でイオンの完全子会社となることを決め、2014年12月に上場廃止となった。本稿執筆時点では、2018年にはダイエーの商号も消滅する見込みとされている。

　ダイエー株の上場廃止から10年をさかのぼる2004年10月、UFJホールディングスの大口問題先への対応を進めていた。なかでもダイエーの処理は社会の注目を集めていた。

---

[33] 第1章「BIS規制と「リスク」アセット」参照。

ダイエーが産業再生機構に支援要請を行った場合、産業再生機構は支援要請から90日以内に支援の可否を決定する。支援可能となると、主力銀行が債権放棄などの金融支援を行った後、産業再生機構が銀行の貸出債権の一部を購入する。銀行は金融支援により損失を計上するが、産業再生機構の支援決定により、ダイエー向け債権は正常先の扱いとなる。土壇場の議論を経て、ダイエーは2004年10月13日に臨時取締役会を開催、産業再生機構に支援要請を行う取締役会決議を行った。

　この時期の大口問題先の不良債権処理は、目が回るようだった。複雑な経緯をもち、それぞれに対応がむずかしい大口問題先に対して、同時並行で目まぐるしいスピードで対応が進んだ。図らずも経営不振に陥ったとはいえ、その多くはそれぞれにかつての名門企業である。そこで働く従業員やそのご家庭を思い浮かべれば、取引先にとって最も負担の少ない方策が望ましいのはいうまでもない。漢方の処方によって時間をかけて自然治癒を図るのがいいのか、外科手術によって早急に患部を取り除いたほうがいいのか、どちらが身体に対する負担が少ないのか、それぞれが前例のない症例のようだった。銀行の論理といえばそれまでだが、当時の状況からして、大口不良債権をそのまま放置しても自然治癒する見込みは低いとみられた。産業再生機構も活用した、抜本的な動きを行う必要があった。ある意味での外科手術の選択だったともいえよう。準備作業は平日だけでは到底終わらず、毎週のように週末にわたった。皆、よく体力がもったものだ、といまでも思う。先にある経営統合という出口が、個々人にとってバラ色とは限らない。それでも背中には濁流が迫っており、立ち止まっていては、飲み込まれてしまう。メガバンクが濁流に飲まれるようなことはあってはならない。飲み込まれるの

は銀行だけではなくなるからだ。その想いだけが、人々を動かしていたのではないか。ただただ、後ろを振り返らずに疾走する毎日だった。それは「大口問題先」とされた取引先にとっても同様だったのではないだろうか。2014年の新聞記事は、そうした双方の苦労をフラッシュバックさせるのに十分であった。

　本文でも示したとおり、一度痛んだバランスシートを、正常体に戻すための「バランスシート調整」は、困難を伴った作業である。欠損した資産に対して、負債は減らない。資産が減少した後のバランスシート調整は、収益の積上げか増資による資本増加によることが基本であり、もとより時間がかかる。経済という外的環境が悪いもとでのバランスシート調整は、そもそも困難な取組みであり、雨具もなく嵐の風上に向かうような道のりである。吹き飛ばされないように、また後ろから迫る濁流に追いつかれないように、地道に歩を進める作業だったといえる。それは、銀行のみならず、取引先においても同様だったのである。

　問題は発生しないに越したことはない。本来そのためのメカニズムが、金融リスク管理であろう。その意味で、リスクマネジャーとしてできなかったことに対する後悔や、リスクマネジャーとしてできることについての限界に対する無力感を感じていたことは否定できない。が、それさえも封印して前だけをみて進んだ日々であった。それが後にグローバル金融危機のなかで、欧米金融機関さえも、同様の教訓を得ることになったとしても、である。

〈参考資料〉

『頭取たちの決断』、藤井良広、日本経済新聞社、2000年

『金融動乱 金融庁長官の独白』、五味廣文、日本経済新聞社、2012年

「金融機関の破綻事例に関する調査報告書～金融庁委嘱調査」、中北徹・西村吉正、金融庁、2007年

『金融危機にどう立ち向かうか―「失われた15年」の教訓』、田中隆之、ちくま新書、2009年

『金融再編の深層』、高橋温、朝日新聞出版、2013年

『UFJ三菱東京統合』、日本経済新聞社編、2004年

『ザ・ラスト・バンカー』、西川善文、講談社、2011年

『ドキュメント銀行』、前田裕之、ディスカヴァー・トゥエンティワン社、2015年

「決算書の裏を読む」、週刊ダイヤモンド、2002年8月31日号

「繰延税金資産10兆円 自己資本の47％」、日本経済新聞、2003年6月14日号

「資産計上制限が焦点」、毎日新聞、2013年10月8日号

「繰延税金資産 金融審、遠い決着」、朝日新聞、2013年10月8日号

「大手銀過去最高益 不良債権「戻り益」が寄与」、日本経済新聞、2005年11月26日号、ほか

第 10 章

バーゼルⅢと
リスクガバナンス
【2009年～】

●本章のポイント

　2007年、米国のサブプライムローン拡大に端を発した欧米のバブル経済がはじけた。サブプライムローン問題は、翌2008年には、「リーマンショック」からグローバルな金融危機へと広がり、欧米の大手金融機関に対して、多額の公的資金が注入された。金融監督当局は金融機関のリスク管理を抜本的に見直すため、バーゼル自己資本比率規制の改訂であるバーゼルⅢの導入を決めるとともに、金融規制を一斉に強化した。取締役会主導による「リスクガバナンス」も強化することが求められた。

　バーゼルⅢとリスクガバナンス強化への対応は、本邦金融機関にとっても、欧米金融機関とは異なる意味で、新たな課題となった。

1　サブプライム・バブルからグローバル金融危機へ

　日本がようやくバブル経済の負の遺産を乗り越えた2000年代半ば、米国を中心とした欧米金融において、日本とは異なる性格のバブル経済がはじけた。

　2000年代に入り、長期にわたる金融緩和を背景として、米国の住宅価格が上昇を続けていた。この時期の活況な市場をけん引したのは、通常の住宅ローンだけではなく、いわゆる「サブプライムローン」の急拡大と、それを可能にした、証券化商品市場の存在だった[1]。

サブプライムローンとは、過去に返済滞納の経験があったり、破産の経験がある等、信用度が低い借り手を対象とした住宅ローンである。特に2000年代に入ってから、サブプライムローンの残高は急増し、2006年における残高は約150兆円にのぼっていた[2]。サブプライムローンの借り手が、自らの所得からこれらの住宅ローンを返済することは実質上不可能であったが、上昇する住宅価格に基づく売却をもって返済することを半ば前提として借入れを行っていた。その意味で、サブプライムローンとは、住宅価格の上昇とローンの借換えを前提とした、いわば「自転車操業」であり、一度住宅価格が下落に転じた場合には、不良債権化することが避けられない状況にあった。

こうしたサブプライムローンの活況を支えたのは、多数の金融債権をまとめたうえで、そのキャッシュフローに優先順位を付けた、いわゆる「トランシェ」に切り分けて住宅ローン担保債券（MBS[3]）として販売する、証券化と呼ばれる金融技術だった。

MBSは、何千ものサブプライムローン債権を原資産としたうえで、いくつかのトランシェに分けて発行される。各トランシェは、原資産となるローン債権の元利払いとして発生する

---

1 『増補版 金融リスク管理を変えた10大事件＋X』、第10章「サブプライムローンと証券化商品」参照。
2 2006年末における米国の住宅ローン全体の残高1,192兆円に対する約1割強に当たる。なお、この時点における日本の住宅ローン残高は187兆円である。
3 Mortgage-Backed Securities.

図表10-1　サブプライムローン証券化のメカニズム

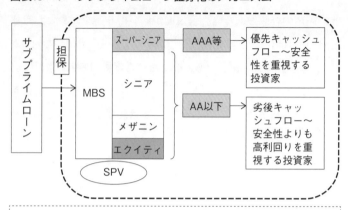

取り組まれたサブプライムローンは、証券化のプロセスのなかで、キャッシュフローに優先権をつけられたいくつかのトランシェに分割して販売された

　キャッシュフローに優先・劣後の順位をつけて、その順番に従って各トランシェの投資家に対して元利払いを行う。優先・劣後関係があることから、優先的に元利払いが受けられるトランシェは高い格付を取得することができ、格付の高い金融商品しか購入することができない機関投資家にも販売することができたのである。

　サブプライムローンを組成し、それを証券化して販売するビジネスは、活況を呈した。それは、ローンの実行手数料と貸出利鞘、証券化商品の組成・販売に伴うアレンジメントフィー、さらにMBSのトレーディング業務からの市場業務収益と、金融業界に何重もの収益をもたらす高収益業務にのしあがった。

高いフィー収入の得られる証券化商品の販売を行うために、そのもとになるサブプライムローンを組成する、という、後に、「オリジネート・トゥ・ディストリビュート[4]」と呼ばれるビジネスモデルがまん延し、小さな資本額に対して多額の商品を組成する、いわゆる財務レバレッジを拡大した大手金融機関もみられた。住宅価格の上昇を背景とした、返済能力のない貸出先に対するサブプライムローン市場の急拡大は、米国におけるバブル経済とも考えられた。

　興奮は長くは続かなかった。2007年に入って住宅価格が下落を始めると、サブプライムローンのデフォルト率は急上昇した。価格上昇を前提としたサブプライムローンと、それを原資産とした証券化商品の組成・販売のメカニズムが逆回転を始め、住宅市場は、坂道を転げ落ちるように崩れ始めた。2007年３月の米国住宅ローン大手業者の破綻や、同年８月にサブプライムローン関連商品を運用対象としたヘッジファンドが解約を凍結したこと等から、サブプライムローンによるバブルは一気に弾けた。MBSの価格は、トランシェの格付を問わず大きく下落し、これらの証券を保有する機関投資家は、巨額の損失を被ることとなった。

　保有する証券化商品から発生した巨額の損失は、金融機関の資本を毀損する[5]。欧米の金融機関は、海外の投資家から増資資金を得る等して、毀損した資本を補ったが、2008年３月に、

4　Originate to distribute. 直訳すると、「販売するために組成する」。
5　第９章「金融再生プログラムと不良債権最終処理」参照。

図表10－2　欧米主要金融機関の経営破綻・合併・買収例

年月	金融機関名	国	業態	国内における順位（当時）	内容
2008年3月	ベア・スターンズ証券	米国	証券	5	JPモルガンチェースによる吸収合併
2008年9月	リーマン・ブラザーズ証券	米国	証券	4	経営破綻
	メリルリンチ証券	米国	証券	3	バンク・オブ・アメリカによる合併
	AIG	米国	保険	1	公的資金注入・資金繰り支援
	ワシントン・ミューチュアル	米国	貯蓄金融機関	1	経営破綻
	フォルティス銀行	ベルギー	銀行	1	国有化
2008年10月	ワコビア	米国	銀行	4	ウェルズ・ファーゴ銀行による合併
	ロイヤル・バンク・オブ・スコットランド	英国	銀行	1	公的資金注入実質国有化

グローバル金融危機の勃発により、多くの大手金融機関が、経営破綻、合併、買収に追い込まれた

米国の大手投資銀行であるベア・スターンズ証券が実質破綻して以降、市場は金融機関の経営の健全性に対して疑心暗鬼となった。9月に発生した大手投資銀行のリーマン・ブラザーズ証券の破綻は、「リーマンショック」としてグローバルな金融

図表10-3　欧米銀行に対する公的資金注入例

金融機関名	所在国	公的資金金額	同円貨換算額
シティグループ	米国	450億ドル	44,300億円
バンク・オブ・アメリカ	米国	450億ドル	44,300億円
ウェルズ・ファーゴ銀行	米国	250億ドル	24,600億円
JPモルガンチェース	米国	250億ドル	24,600億円
メリルリンチ証券	米国	100億ドル	9,800億円
ゴールドマン・サックス	米国	100億ドル	9,800億円
モルガン・スタンレー証券	米国	100億ドル	9,800億円
ロイヤル・バンク・オブ・スコットランド	英国	200億ポンド	31,500億円
フォルティス銀行	オランダ	168億ユーロ	21,000億円
ソシエテ・ジェネラル銀行	フランス	51億ユーロ	6,400億円

> グローバル金融危機による金融機関の資本不足と市場不安を払しょくするために、大手金融機関に対して多額の公的資金が注入された

危機の引き金となり、欧米金融機関で、経営破綻や救済合併、公的資金注入が相次ぐこととなった[6]。サブプライムローンを契機とした米国バブル経済の崩壊は、グローバル金融危機と金融市場の混乱を介して、事業会社の資金調達にも支障を生じさせ、実体経済の停滞を引き起こした。

6　『増補版 金融リスク管理を変えた10大事件＋X』、第11章「リーマンショックとグローバル金融危機の勃発」参照。

2 G20ピッツバーグ・サミットと金融規制強化の潮流

　巨額の公的資金注入を余儀なくされた欧米各国で、事態を引き起こした金融機関に対する批判の嵐が巻き起こったのは当然の流れだった。金融安定化フォーラム[7]は、リーマンショックが発生する直前の2008年4月に、「市場と制度の強靭性の強化に関する報告書」を提出、①金融機関の自己資本比率規制の強化や、②流動性リスク管理の強化、③金融機関のリスク管理実務の強化、④店頭デリバティブ取引に関するインフラ整備からなる、金融機関に対する規制強化の方向性を提言した。さらに、リーマンショック後の金融市場の混乱がいまだ収まらない、2009年9月に開催されたG20ピッツバーグ・サミットは、銀行資本の質と量の双方を改善し、過度なレバレッジを抑制するための国際的に合意されたルールを、2010年末までに策定することを宣言した。

　一連の新たな枠組みでは、金融危機で顕在化した、システミック・リスクの可能性を未然に防ぐため、金融システム上重要な金融機関（G-SIFI[8]）については、通常の金融機関よりも、さらに厳しい金融規制を課する方向性も示された。

---

[7] Financial Stability Forum. 1999年2月のG7中央銀行総裁会議を経て提案され、主要国の金融当局をメンバーとして設置されたフォーラム。金融市場の監督および監視に関する情報交換を通じて、国際金融システムの安定を図ることを目的とした。2009年に金融安定理事会（Financial Stability Board）に発展改組した。

図表10-4　ピッツバーグ・サミットにおける決定内容

1	ティア１資本の質、一貫性および透明性を向上させる
2	ティア１資本の主要な部分は、普通株式および内部留保で構成されなければならない
3	資本からの控除項目の取扱いは、国際的に調和され、一般的に普通株式および内部留保に対して適用される
4	バーゼルⅡの枠組みに対する補完的指標としてレバレッジ比率を導入する
5	資金流動性についての国際的な最低基準を導入する
6	景気連動性を抑制するような、最低水準を上回る資本バッファーの枠組みを導入する
7	バーゼル委は、金融システム上重要な銀行のリスクを軽減するような提案を2009年末までに発表する
8	バーゼル委は、これらの措置についての具体的な提案を2009年末までに発表する
9	バーゼル委は、2010年初めに影響度調査を実施し、2010年末までに新規制に係る水準調整を完了する
10	実体経済の回復を阻害しないよう、これらの新たな措置を段階的に導入するための適切な実施基準が策定される

2009年９月に行われたG20ピッツバーグ・サミットで、バーゼルⅢにつながる金融規制強化の方向性が決定した

8　Global Systemically Important Financial Institutionsの略。このうち、銀行については、G-SIB（Global Systemically Important Banks）とされる。G-SIBは、銀行の規模や市場シェアなどから毎年見直される。2015年11月時点で、三菱UFJフィナンシャル・グループ、三井住友フィナンシャルグループ、みずほフィナンシャルグループを含む合計30金融グループがG-SIBとして選定されている。

G20の指示に基づき、バーゼル銀行監督委員会および金融安定理事会[9]は、2007年に施行が始まったバーゼルⅡ[10]の改訂をはじめとする、金融規制の改訂作業を開始した。いわゆる、「バーゼルⅢ」の始まりであり、国際金融規制強化の潮流が決まった。

3 バーゼルⅢ

2010年にその内容が確定したバーゼルⅢは、大きく、①自己資本比率規制における自己資本の量と質の強化[11]、②流動性規制の導入[12]、③レバレッジ比率の導入、④カウンターパーティ・リスク捕捉の強化からなる。以下では、そのうち特に影響が大きい①から③についてみることとする。

(1) 自己資本の量と質

バーゼルⅢでは、従来の自己資本比率規制における最低所要自己資本比率である8％は変えないとする一方で、将来の不測の損失に備えるために、新たに2.5％の資本を、資本保全バッファー[13]として、追加することとした。その結果、実質的な最低所要水準は10.5％[14]となった。

さらに、自己資本比率規制が景気変動を助長するという批判

---

9 Financial Stability Board.金融安定化フォーラムが発展改組したもの。前注7参照。
10 第7章「バーゼルⅡと内部格付手法」参照。
11 「バーゼルⅢ：より強靭な銀行および銀行システムのための世界的な規制の枠組み」、バーゼル銀行監督委員会、2010年
12 「バーゼルⅢ：流動性リスク計測、基準、モニタリングのための国際的枠組み」、バーゼル銀行監督委員会、2010年

図表10-5 バーゼルⅢ完全実施に向けた、最低所要自己資本比率の推移

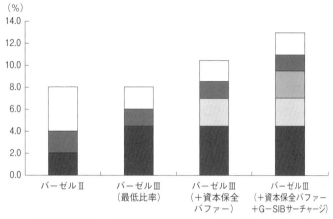

バーゼルⅢは、最低所要水準は、従来同様 8 %に維持されたが、新たに資本保全バッファーやカウンターシクリカルバッファー(グラフ上は非表示)、G-SIBサーチャージが加算され、それらの大宗が普通株式等ティア 1 資本とすることとされており、バーゼルⅡに比べて、大きな負担増となっている

に対応するために、カウンターシクリカルバッファーという概念を導入、各国の経済動向と銀行融資の伸びの関係に応じて、カウンターシクリカルバッファーを追加することとした。さらに

---

13 自己資本が最低水準である 8 %を上回る一方で、 8 %を超える部分が資本保全バッファー2.5%を下回る場合、配当制限や、経営陣への報酬の制限が課されるとする。結果として、経営の自由度を確保するためには、資本保全バッファーを超えた自己資本運営が必要となる。
14 最低所要自己資本比率 8 %プラス資本保全バッファー2.5%。

G-SIBについては、その規模に応じて、G-SIBサーチャージ[15]として1％から2.5％の追加資本を求めることとした。その結果、実質的な最低所要自己資本比率は、従来の8％に対して、通常の銀行で10.5％＋カウンターシクリカルバファー、G-SIBでは、11.5～13％＋カウンターシクリカルバファーになった。

　自己資本の質の面では、普通株式や内部留保等、自己資本としての質の高い普通株式等ティア1資本を重視することとした。前述のとおり、バーゼルⅡでは、最低所要自己資本8％のうち、普通株式等ティア1資本に、優先株式等のその他のティア1資本を加えたティア1資本全体が、8％中4％以上[16]、残りがティア2資本という構成だった。これに対してバーゼルⅢでは、最低水準である8％のうち、普通株式等ティア1資本が4.5％以上必要であるとした。さらに、最低水準に上乗せされる、資本保全バファー、カウンターシクリカルバファー、G-SIBサーチャージはすべて普通株式等ティア1資本でなければならない、とした。結果として、普通株式等ティア1資本は、カウンターシクリカルバファーを除いても、通常の銀行で最低7％、G-SIBでは、最低で8～9.5％が求められること

15　G-SIBサーチャージは、対象となる銀行の規模によって最小が1％、以後0.5％刻みで、最大が2.5％と規定された。それぞれの銀行がどの刻みに該当するかは、バーゼル銀行監督委員会が年1回公表する。

16　ティア1資本の内訳としては、その半分以上を普通株式等ティア1資本とすることが求められていた。最低基準8％からすると、普通株式等ティア1資本は実質最低2％必要だったことになる。

なり[17]、普通株式等ティア1資本の実質最低所要水準は大きく引き上げられた。

普通株式等ティア1資本については、その定義も見直した。たとえば、繰延税金資産[18]や他の金融機関への普通株式出資等は、その内容に応じて普通株式等ティア1資本からは控除されることとし、より厳しい定義を導入することで、自己資本の質を高めることとした。

(2) 流動性規制の導入

金融危機時には、金融市場の混乱と金融機関に対する信用不安から、金融機関は資金調達に窮した。こうしたことから、バーゼルⅢでは、新たに流動性に関する国際的な指標として、流動性カバレッジ比率（LCR[19]）と、安定調達比率（NSFR[20]）の2つの指標を導入することとした。

流動性カバレッジ比率は、金融市場の混乱等によって、インターバンク市場からの資金調達が30日間にわたって不可能になるような場合でも、即時売却して、当座の資金繰りを乗り切れるような流動性の高い資産の保有を求める指標である。これに対して安定調達比率は、1年先をみた資産負債構成について、

---

17 バーゼル8％中の普通株式等ティア1資本4.5％プラス資本保全バファー2.5％で7％、それにG-SIBの場合、G-SIBサーチャージ1～2.5％を加えることで、8～9.5％になる。
18 繰延税金資産については、第9章「金融再生プログラムと不良債権最終処理」参照。
19 Liquidity Coverage Ratio.
20 Net Stable Funding Ratio.

図表10-6　流動性カバレッジ比率と安定調達比率

・流動性カバレッジ比率(LCR)の算式
$$\frac{適格流動資産}{30日間に必要となる流動性} \geq 100\%$$

・安定調達比率(NSFR)の算式
$$\frac{安定調達額(資本・預金等)}{所要安定調達額} \geq 100\%$$

バーゼルⅢにおける流動性規制は、流動性カバレッジ比率(LCR)と、安定調達比率(NSFR)によって構成される

安定的な負債と資本をより多く保有することを求めるものである(図表10-6参照)。

(3) レバレッジ比率の導入

レバレッジ比率は、それ自体は目新しい概念ではなく、米国では従来から監督指標とされていた。金融危機の原因の1つは、金融機関が、サブプライムローンとその証券化を通じてレバレッジを過度に積み上げたことだった、との認識から、バーゼルⅢにおいて、財務レバレッジを制限するレバレッジ比率を、国際的に共通した規制比率として導入することが決まった。

バーゼルⅢにおけるレバレッジ比率は、ティア1資本を分子とし、オンバランス・オフバランス合算の総資産エクスポージャーを分母とした比率として計算され、3%を最低水準としている(図表10-7参照)。

バーゼルⅢは、2013年から順次導入され、最終的には、2019

図表10−7 レバレッジ比率

・レバレッジ比率の算式

$$\text{レバレッジ比率} = \frac{\text{ティア1資本}}{\text{エクスポージャー（オンバランス項目＋オフバランス項目）}}$$

バーゼルⅢにおけるレバレッジ比率は、オンバランス項目とオフバランス項目からなるすべてのエクスポージャーに対するティア1資本の比率として算出される

年に導入を完了する運びとなっているが、その達成は大きな負担となった。特に欧米の大手金融機関は、デリバティブ等のオフバランスシート取引を通じて財務レバレッジを拡大させており、また、リテール預金よりも、ホールセールの資金取引に資金調達を依存した例も多かった。結果として、バーゼルⅢのなかで新たに国際規制化された、流動性規制やレバレッジ比率が大きな重荷となった。欧米金融機関は、金融危機時に悪化したバランスシートの回復途上にあり、バランスシート調整は、そもそも時間を要する[21]。バランスシート調整の一環として、欧米金融機関の多くが、グローバル戦略を見直し、業務の選別を行った。相対的に収益率が低く、戦略分野から外れた周辺分野とみなされた一部の業務や、一部の国、ないし地域から撤退を進める動きが始まった。

---

21 第9章「金融再生プログラムと不良債権最終処理」参照。

4 その他の国際規制

金融規制強化の潮流は、バーゼルⅢにおける、自己資本規制、流動性規制、およびレバレッジ比率にとどまらなかった。金融安定理事会とバーゼル銀行監督委員会は、さらなる金融規制導入に着手した。以下ではそのうち、①再建破綻計画、②総損失吸収力、③実効的なリスクデータ集計とリスク報告に関する諸原則について触れることとする。

(1) 再建破綻計画

金融危機時には、大手金融機関が、「大きすぎてつぶせない[22]」がゆえに、公的資金を注入せざるをえなかった、という認識が高まった。将来こうした状況が再発することを避けるため、G-SIBについては、経営が悪化した場合の再建計画（リカバリー・プラン[23]）と、さらに経営が悪化して破綻処理が必要になった場合の破綻処理計画（レゾリューション・プラン[24]）を事前に準備させることとした。

具体的には、銀行は、特定の客観的な業務指標[25]を選び、それらが一定の基準を超えて悪化した場合には、あらかじめ策定した再建計画を実行に移す[26]。それでも業績が回復せず、指標

---

22 「トゥー・ビッグ・トゥ・フェイル」("Too big to fail") と呼ばれる。
23 Recovery Plan.
24 Resolution Plan. 前注のRecovery Planとあわせて、「Recovery and Resolution Plan」、略して「RRP」と呼ばれる。
25 例として、自己資本比率やレバレッジ比率等があげられる。
26 再建計画には、業務へのテコ入れ策だけでなく、一部の業務からの撤退も含まれる。

がさらなる基準を超えて悪化した場合には、破綻計画のフェーズに移り、システミック・リスクを発生させないように、当該銀行を整斉と破綻処理させるプロセスを実行する、というものである。再建破綻計画は、環境次第でそのとおりに進行するとは限らないが、少なくとも経営悪化時における行動計画を事前に定めることで、システミック・リスクの発生可能性を軽減させ、公的資金注入を未然に防ごうとするものである。

(2) 総損失吸収力（TLAC）

仮に、銀行の経営が悪化した場合の再建計画や破綻処理計画が策定されていたとしても、実際に銀行が破綻した場合に、株主や債権者が損失を負担する枠組みが整備されていなければ、結局公的資金に頼らざるをえなくなる可能性も否定できない。そうした事態を避けるために、G20はG-SIBに対して、自己資本比率規制とは別に、総損失吸収力、ないし「TLAC[27]」と呼ばれる枠組みを導入することとした。

TLACは、銀行の債務のなかで、銀行破綻時に発生する損失を吸収する債務を明確にして、それと自己資本をあわせることで破綻処理時に発生する損失吸収に充て、事前の破綻処理計画の実効性を確保する、という考え方である。TLACは、G-SIBが破綻した際に、直ちに損失を負担させることができる自己資本や負債と定義され、自己資本以外には、劣後債務や、損

---

27 Total Loss-Absorbing Capacity. 金融安定理事会が2015年11月に公表した、「グローバルなシステム上重要な銀行の破綻時の損失吸収及び資本再構築に係る原則」で内容が確定した。

図表10-8 総損失吸収力（TLAC）と自己資本比率の対比

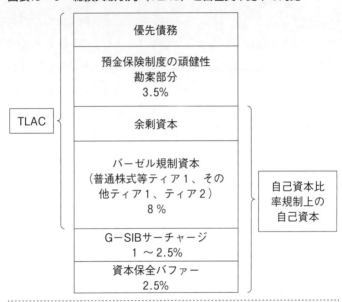

FSBは金融機関破綻時における損失吸収力強化のため、大手銀行に、TLACの維持を求めた

失吸収力のある負債等が該当する、とされた。

　大手銀行であるG-SIBは、2019年1月以降2022年1月までに、①リスクアセット対比で、当初最低16％、最終的には最低18％のTLACを維持すること、また、②レバレッジ比率規制の対象となる分母対比で、当初最低6％、最終的には最低6.75％のTLACを維持すること、を同時に達成することが求められることとなった[28]。

図表10-9　実効的なリスクデータ集計とリスク報告に関する諸原則

全般的ガバナンスとインフラ		
原則1	ガバナンス	データ品質の評価・管理を行うとともに、強固なガバナンス態勢を確立すること
原則2	データ構造とITインフラ	ストレス時においてもデータ集計・報告態勢を満たすデータとITインフラを確保すること
リスクデータ集計能力		
原則3	正確性と信頼性	正確かつ信頼性の高いデータを生成すること
原則4	網羅性	グループ全体にわたるすべての重要なリスクデータを捕捉・集計可能とすること
原則5	適時性	適時にリスクデータの集計が可能であること
原則6	適応性	柔軟なデータ集計プロセスを整備すること
リスク報告態勢		
原則7	正確性	リスク報告の正確性を確保するため、重要な報告データの検証枠組みを整備すること
原則8	包括性	リスク報告はビジネス・リスク特性をふまえ、すべての重要なリスク分野を対象とすること
原則9	明瞭性と有用性	リスク報告は、包括的であるとともに、情報を明瞭かつ簡潔に伝えること
原則10	報告頻度	平常時・ストレス時における報告の頻度および適時性についての要件を設定すること
原則11	報告の配布	適切な関係者にリスク報告を配布するための手続を整備すること

バーゼル銀行監督委員会は、リスクデータの集計とリスク報告についての諸原則を定め、グローバルなシステム上重要な銀行に対して、諸原則を満たすことを求めた

(3) 実効的なリスクデータ集計とリスク報告に関する諸原則

金融危機時には、激しく動くマーケットに対して、先進金融機関とされた多くの欧米金融機関ですら、自らのポジション状況や、損益状況・リスク状況を、タイムリーに、かつ適切につかむことができなかった、という事態が発生した。バーゼル銀行監督委員会は、銀行のITインフラやデータ構造、さらには、それを管理する態勢が、十分ではなかったと結論づけ、2013年に、「実効的なリスクデータ集計とリスク報告に関する諸原則」を公表、G-SIBは、2016年1月までに、そこで示した11の原則を満たす必要がある、とした（図表10-9参照）。

11の原則は、市場が混乱した場合でも、銀行が自らのリスクの状況を集計したり、それをタイムリーに報告することを可能とするための、データベースやITインフラの整備を含む態勢整備を求めたものである。

5 リスクガバナンス

バーゼルⅢに始まる新規制は、自己資本、流動性、レバレッジ、再建破綻計画、損失吸収力、リスクデータ、とすでに多岐にわたっているが、一貫してその根底にあるのは、「リスクガバナンス」という考え方である。

---

28 日本のように十分な預金保険制度の備えがある場合には、リスクアセットの当初2.5％、最終的には3.5％分をTLAC相当としてカウントできる、とされている（図表10-8参照）。

図表10-10 金融危機からバーゼルⅢ、さらにバーゼルⅣへの規制強化概観

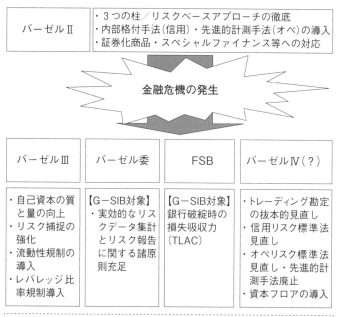

(1) 取締役会を核とした「リスクガバナンス」

「リスクガバナンス」については、国際的に共通した定義はなく、国によっても使われ方はまちまちであるが、その背景にあるのは、金融危機時において苦境に陥った欧米金融機関が、自らが抱えるリスクに対するコントロールを失い、本来それを監視すべき立場にある取締役会も有効に機能しなかった、との

認識である。そこで、取締役会が中心になって、自行に対するリスクコントロール力を有効に確保することを、「リスクガバナンス」として求めたものである。

その意味で、リスクガバナンスの出発点は、取締役会になる。取締役会は、リスクの状況について正確な報告を受けたうえで、金融機関が抱えるリスクについて十分な議論を行い、後述するリスクアペタイトのかたちで、金融機関のリスクテイク方針を明確に示すことになる。さらにそれを組織に浸透させ、期中は適切な監視を行うことが求められる。取締役会が中心になって態勢を整え、実効性ある監視機能を発揮することが「リスクガバナンス」なのである。

(2) **リスクアペタイト・フレームワークの整備**

リスクガバナンスにおいて、取締役会が主導的な役割を果たすために重要なツールとなるのが、「リスクアペタイト」である。リスクアペタイトとは、金融機関がどのようなリスクをどの程度とるべきかについての方針を取締役会が定めるものである。取締役会は自らが設定するリスクアペタイトを、「リスクアペタイト・ステートメント」として組織内に周知する。さらに、金融機関がとっているリスクが、自らが設定したリスクアペタイトに沿ったものになっていることを確実にするために、リスクアペタイトをモニタリングする具体的な指標を定めて、それが期中守られているかどうかを管理することになる。

リスクアペタイトを中心に据えた枠組み、いわゆる「リスクアペタイト・フレームワーク」を組織に浸透させるには、組織

図表10−11　リスクアペタイト・フレームワーク

| ステークホルダーの関心・期待の明確化と経営戦略の関係把握 | リスクアペタイトの設定・明確化 | リスクアペタイトの社内周知・徹底 | 期中管理とモニタリング |

取締役会は、金融機関がどのようなリスクをどの程度とるべきかについての方針を「リスクアペタイト」として表明し、社内に周知させる

構成員全員が、リスクに対して共通した認識と行動様式をもつ必要がある。そのためには、組織に共通した、「リスクカルチャー」ないし「リスク文化」を醸成することもまた必要になる。

(3) 3層ディフェンスラインの確立

このようなリスクアペタイト・フレームワークや、リスクカルチャーを浸透させるためには、リスク管理における、「3層ディフェンス」の役割を明確にさせることが重要になる。すなわち、フロント部門は、リスクの第一義的なオーナー（保有者）として、担当する業務におけるリスクの動きを感知し、それが大きく動いたときには、自ら適切なリスクコントロールを行う責任がある。この役割は、「第1層ディフェンスライン」とされる。次に、リスク管理部門やコンプライアンス部門は、

フロント部門から独立した立場でフロント部門のリスクテイクをモニタリングする、「第2層ディフェンスライン」である。さらに第1層、第2層のいずれからも独立した立場として、内部監査部門が「第3層ディフェンスライン」として、合理的な保証を提供する。このように、「3層ディフェンスライン」が、それぞれの役割を明確に定義し、相互に補完しながら、適切に業務を運営・管理する枠組みを整備する必要があるのである。

バーゼルⅢ以降、新たに導入された金融規制を、「リスクガバナンス」というメガネを通してみると、共通した問題意識がみえてくる。たとえば、再建破綻計画は、金融機関の経営が悪化した場合や、存続が困難になった場合に備えて、取締役会があらかじめ再建に向けた手順や、破綻処理の手順を定めて、その遵守状況をモニタリングし、再建過程や破綻処理時においても、ガバナンス機能を有効に発揮しようとするものである。また、リスクデータの集計および報告原則は、金融市場が混乱した場合でも、リスク報告がタイムリーに行われることで、経営陣や、ひいては取締役会が適切な経営判断を下せるように、金融機関のリスクにかかわるデータやリスク報告の手順の整備を行おうとするものである。根底にあるのは、金融機関の経営陣は、収益追求に走る傾向が強く、結果として過大なリスクを抱える可能性が避けられないため、取締役会が主導的な役割を果たして、こうした経営陣の暴走を抑え、適切なリスクガバナンスを発揮すべきである、という考え方である。

図表10−12　3層ディフェンスラインの確立

第1層ディフェンスライン	第2層ディフェンスライン	第3層ディフェンスライン
フロント部門・業務執行部門	リスク管理部門コンプライアンス部門等	内部監査部門
第一義的なリスクオーナーとして、リスクテイクを行うと同時に、業務におけるリスクを感知し、適切なリスクコントロールを行う	フロント部門から独立した立場でフロント部門のリスクテイクをモニタリングする	第1層、第2層、それぞれから独立した立場で、合理的な保証を提供する

3層のディフェンスラインが、それぞれの役割を明確に定義し、それを果たすことで、リスクを適切に管理することができる

　こうした考え方を背景として、金融機関の取締役会においては、経営陣から独立した、社外取締役の設置や役割が、従来に増して重視されるようになっている。特に欧米金融機関においては、金融機関経営における主要な決定を行う、指名報酬委員会、監査委員会、リスク管理委員会、を取締役会の直下に置いて、それぞれ社外取締役が議長を務める体制に移行している例も多い。

6 本邦金融機関リスク管理への影響

　グローバル金融危機が、証券化商品を中心とした欧米の資本市場を震源としていたことから、邦銀のダメージは、相対的に欧米金融機関ほど大きくはなかった。結果として、大手の邦銀が経営破綻や公的資金注入を余儀なくされる事態は発生しなかった[29]。逆に、三菱UFJフィナンシャル・グループは、資本毀損に苦しむ、米国第２位の投資銀行であるモルガン・スタンレー証券に対して、優先株式出資を行い[30]、同社の資本増強に貢献した、ということさえあった。

　一方で、リーマンショックを契機としたグローバル金融危機とその後の実態経済の悪化の影響で、日本においても企業業績は大きく落ち込んだ。金融市場の混乱もあって、企業は資金調達にも困窮した。金融機関も同様に資金調達に苦慮していたことから、民間金融機関を通じた資金供給は停滞し、企業の資金繰り破綻も多数発生した。政府と日銀は、金融市場に対して潤沢な資金供給を行うと同時に、日本政策投資銀行等の政府系金融機関を通じた、危機対応融資を実行、企業に資金を供給した[31]。

---

[29] ただし、リーマンショック後の金融市場の混乱により、資金調達には大きな影響がみられた。

[30] 三菱UFJフィナンシャル・グループはモルガン・スタンレー証券と、90億ドル（約9,500億円）の優先株式出資を含む、戦略的提携を行った。『増補版 金融リスク管理を変えた10大事件＋X』、第12章「リーマンショックとグローバル金融危機の勃発」参照。

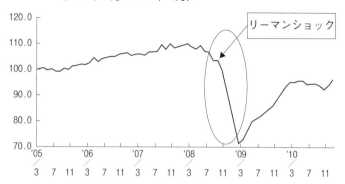

図表10−13　日本の鉱工業生産指数推移（2005年3月を100とする）
　　　　　（2005年3月〜2010年12月）

リーマンショックを契機とした金融危機は、金融機関による金融仲介機能の機能不全を通じて、実体経済の停滞を引き起こした

　しかしながら、バーゼルⅢに始まるその後の金融規制への対応は、邦銀にも大きな負担となった。普通株式等ティア1資本の量と質を重視するバーゼルⅢは、邦銀に対しても普通株式等ティア1資本の充実を迫ることとなった。一方で、本源的に、個人や事業法人からの流動性預金を潤沢にもち、デリバティブ等による財務レバレッジも、欧米金融機関ほど拡大していなかった邦銀にとって、流動性規制やレバレッジ比率規制は、欧

31　たとえば、日本政策投資銀行では、民間銀行に貸付を行い、それを原資に当該銀行が企業に貸付を行う、「ツー・ステップ・ローン」の実施、銀行に対する企業貸出の損害担保、企業のCP買取りによる短期資金繰り支援等を行った。また、日銀は、CP現先オペを活用することで、潤沢な資金供給を行ったほか、CP現先オペの適格担保基準を拡大する等の対応を行った。

図表10-14 グローバル金融危機時の資金繰り状況（日銀・資金繰り判断DI推移）

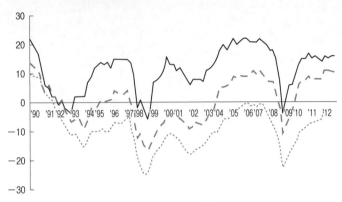

―― 大企業　― ― 中堅企業　……… 中小企業

グローバル金融危機の勃発に伴う金融機能の低下により、企業の資金繰りも大きく悪化した

（出典）「全国企業短期経済観測調査（短観）」、日本銀行

米金融機関ほどには脅威とは感じられなかった。

　また、邦銀を悩ませたのは、新たな規制において求められるデータの質であった。合併を繰り返したこともあり、一般的に邦銀は欧米金融機関に比べて、統合データベースに課題を抱えている。一方、バーゼルⅢ以降の金融規制は、グループ全体で統合された値を求めるものが多く、「実効的なリスクデータ集計とリスク報告に関する諸原則」における要求水準も高かった。邦銀にとって、統合データベースの整備は大きな課題となった[32]。

　また、再建破綻計画や、リスクアペタイト・フレームワーク

といった新しい概念も邦銀を悩ませた。業況悪化時に対して再建計画を事前に検討するまではいいとして、さらに業況が悪化した場合のために、金融機関が自らの破綻計画を事前に策定する、というのは、邦銀の発想とは相いれないものがある。金融機関の破綻法制が国ごとに大きく異なるなかで、再建破綻計画の実務は、結果として国によって異なる枠組みが認められることとなったが、なじみのない考え方のなかで、関係者は対応に苦慮した。

なじみがないという意味では、リスクアペタイトも同様だった。従来、リスクをとる戦略分野を明確にすることが必ずしも一般的でなく、そもそも「リスクをとる」ということを積極的に表明することも一般的ではなかった邦銀にとって、リスクアペタイト・フレームワークの導入は、むずかしい課題だった。ここでも慣れない概念を日本の実務に「翻訳」するところから、導入の努力が続けられた。

7 バーゼルⅣ（?）とリスクベース・アプローチの転換

金融規制の潮流は、バーゼルⅢからリスクガバナンス関連の規制をもっても、まだ終わらなかった。バーゼルⅢにおける自己資本比率規制の議論は、分子としての自己資本を中心に議論

---

32 「実効的なリスクデータ集計とリスク報告に関する諸原則」は欧米金融機関にとっても対応が悩ましい規制と認識され、各銀行は原則充足に苦慮した。

されていた[33]が、バーゼルⅢの確定後、分母としてのリスクアセットに再び焦点が当たった。

バーゼル銀行監督委員会は、2016年の初めに、市場リスク、信用リスク、オペレーショナルリスクのそれぞれに、相次いで規制文書や市中協議文書を公表し、分母としてのリスクアセットの算出手法の改訂姿勢を示した[34]。

まず市場リスクでは、「市場リスクの最低所要資本[35]」の最終合意文書を公表した。検討中の段階では、「トレーディング勘定の抜本的見直し[36]」と呼ばれていた、この改訂では、1997年末の市場リスク規制で導入された、自己資本比率規制上でのVaRの使用を廃止し、新たにVaRを超えた損失分布の期待値に相当する期待ショートフォールというリスク値を採用することとした[37]。また、期待ショートフォールに基づく内部モデル申請および承認は、会社全体ではなく金利や為替といった社内のデスク単位で行うことや、保有期間に該当する「流動性ホライズン」を、商品ごとに異なる期間として適用する、といった見

---

[33] 例外的に、デリバティブのカウンターパーティ・リスクの捕捉強化は、バーゼルⅢに含まれた。

[34] リスクアセットに係る一連の見直しは、バーゼルⅢの導入過程の流れと考えられるが、民間メディアでは、俗に「バーゼルⅣ」と呼ぶことがある。

[35] "Minimum capital requirements for market risk". 適用開始は、2019年の予定である。

[36] "Fundamental Review of Trading Book". 頭文字をとって「FRTB」と呼ばれることもある。

[37] 期待ショートフォールについては、第2章「VaR革命と「VaRショック」」参照。

直し内容が示された。また欧米金融機関で散見された、トレーディング勘定とバンキング勘定の間のリスクポジションの行き来も厳しく禁じることなどが規定された。

信用リスクでは、2015年12月に、「信用リスク標準法の改定案[38]」を公表し、外部格付をもつ与信先については、外部格付に信用力評価に基づく調整を加えることでリスクウェイトを決定する方式を、格付のない与信先については、返済能力と信用力評価に基づいてリスクウェイトを決定する方式を提案した。また2016年3月に公表した「信用リスクアセットのばらつきの削減（内部モデル手法の利用の制約）[39]」では、内部格付手法の適用範囲を大きく狭める提案を行った。大企業や金融機関、株式への内部格付手法の適用を廃止し、適用が認められた残りの部分についても、PD（倒産確率）、LGD（デフォルト時損失率）[40]等のパラメーター算定手法に制限を加えることが提案された。

またオペレーショナルリスクについては、2016年3月に、「オペレーショナルリスクの標準的計測手法について[41]」を公

---

[38] "Revision to the standardised approach for credit risk—second consultative document"（市中協議文書）、バーゼル銀行監督委員会、2015年12月。
[39] "Reducing variation in credit risk-weighted assets—constraints on the use of internal model approaches—consultative document"（市中協議文書）、バーゼル銀行監督委員会、2016年3月。
[40] PD、LGDについては、第7章「バーゼルⅡと内部格付手法」参照。
[41] "Standardised Measurement Approach for operational risk—consultative document"（市中協議文書）、バーゼル銀行監督委員会、2016年3月。

表し、バーゼルIIにおける先進的計測手法を廃止するとともに、企業の粗利益等からなるビジネス指標と、過去10年間の損失実績の組合せからリスクアセットを決定する、「標準的計測手法」を、新たに導入する提案を行った[42]。

2016年に行われた、リスクアセットについての一連の改訂案は、自己資本比率規制においてリスクベースの考え方が後退する動きであると解釈することもできる。バーゼルIIが、グローバル金融危機を防ぐことができず、巨額の公的資金注入を余儀なくされたとの認識から、民間金融機関のリスク管理実務を尊重するリスクベースのアプローチを転換し、民間が採用する内部モデルや、実務上のリスクパラメーターの採用を大きく制限する方向性が示されている。金融危機において、民間が想定したリスクパラメーターをはるかに超える動きが発生したことは間違いないが、それをもって、リスクベースのアプローチ自体を大きく転換する判断が妥当なのかについては、今後十分な検証が必要とされよう。

---

[42] 結果として、オペレーショナルリスクにおいては、「メニュー方式」が消滅することになる（「メニュー方式」については、第7章「バーゼルIIと内部格付手法」参照）。

目撃者のコラム

　「リスクアペタイト」という、見慣れない言葉に初めて触れたのは、1996年、本稿執筆からちょうど20年前にさかのぼる。邦銀の証券現地法人におけるリスク管理部署の責任者として、現地の監督当局である、イングランド銀行とやりとりをするなかで、「トレーディング業務に関する「リスクアペタイト」が明定されていない」という指摘があった。直訳すると「リスクの食欲」となる言葉の意味がわからず、親しかった英国人の内部監査部長に、この英語の意味を尋ねたが、彼の答えは、「こんな言葉はみたことがない」だった。「リスクアペタイト」という言葉のままで通用するようになったいまと比べると隔世の感がある。「リスクの食欲」は、「どれだけリスクを食べたいか（とりたいか）」と訳することになるだろう。リスクとリターンは裏表であり、リスクをとってこそリターンがある。しかしながら、1990年代半ばの邦銀においては、「リスクに対する食欲」を明言することは、はばかられる雰囲気があった。その一方で、本書でみてきたように、バブル期における不動産融資やリゾート開発では、邦銀も、後の日本の金融危機につながる大きなリスクを「食べていた」。そう考えれば、「リターンを追求するために、この分野でこれだけのリスクをとる方針である」という「リスクアペタイト」が明示されていればよかったのに、と思わないでもない。

　バーゼルⅢ以降の金融規制の潮流の前に、欧米を中心とした金融機関は、右往左往している。強化された自己資本比率規制に、新たに導入された流動性規制やレバレッジ比率、さらには、再建破綻計画からデータ集計・報告原則。個別国では、これに各国独自の規制が加わる。変数が多すぎて、資本や流動性の最適解が見出せなくなっている。このままでは、実体経済にお金が回らなくなる、と悲鳴をあげても、巨額の

公的資金注入から、金融機関規制強化で声をあわせる政治家には届かない。民間金融機関がとりあえずできることは、強化された取締役会の指示のもと、新たな規制を満たし、同時に株主のROE要請に応えるために、利幅が見込めないビジネス分野や、国・地域からの撤退を決断することである。市場参加者は少なくなり、低下する市場流動性から、一度市場が動いた場合は、極端な動きを示すことが多くなる。

そうしたリスクを補っているのが、各国の中央銀行による金融緩和政策であり、それを頼りにして市場に流動性を供給しているノンバンクやシャドウ・バンキングである。規制強化から撤退する金融機関と、それを埋め合わせる中銀とシャドウ・バンキング。お金の流れの変化がトレンドとして増幅する様は、いつかみた既視感、いわゆる「デジャヴ[43]」に思える。そのマネーフローは、どこまでも続くものなのか、あるいは、どこかで潮目が変わるものなのか。もし将来変わる可能性があるのであれば、フローが変わるときの衝撃は、どの程度なのか。またそれはどれくらいぶれるのか。それは吸収可能なものなのか。その引き金となるのは何なのか。いつなのか。本稿執筆時点では、いずれも答えをもたないが、シートベルトを締めて、さまざまな方向に目配りをすべきであることは事実であろう。また、その出口の先の道も、曲がりくねっていることを予想しておく必要がある。走ってきた道のパターンが、この先も続くとは限らない。そもそも道があるのかどうかもわからない。すべての感覚を前後左右に集中させて、さまざまなシナリオを想定する。リスクマネジャーの仕事は、少なくとも当面は、なくなりはしないようである。

---

[43] 実際は一度も体験したことがないのに、すでにどこかで体験したことのように感じること。フランス語の「déjà-vu」に由来する。

〈参考資料〉

「バーゼルⅢ：より強靭な銀行および銀行システムのための世界的な規制の枠組み」、バーゼル銀行監督委員会、2010年12月

「バーゼルⅢ：流動性リスク計測、基準、モニタリングのための国際的枠組み」、バーゼル銀行監督委員会、2010年12月

「実効的なリスクデータ集計とリスク報告に関する諸原則（"Principles for effective risk data aggregation and risk reporting"）」、バーゼル銀行監督委員会、2013年1月

"Toward Effective Governance of Financial Institutions", Group of Thirty、2012年

"Minimum capital requirements for market risk"、バーゼル銀行監督委員会、2016年1月

「グローバルなシステム上重要な銀行の破綻時の損失吸収及び資本再構築に係る原則」（"Principles of Loss-absorbing and Recapitalisation Capacity of G-SIBs in Resolution—Total Loss Absorbing Capacity Term Sheet"）, Financial Stability Board、2015年11月

"Revision to the standardised approach for credit risk—second consultative document"、バーゼル銀行監督委員会、2015年12月

"Standardised Measurement Approach for operational risk—consultative document"、バーゼル銀行監督委員会、2016年3月

"Reducing variation in credit risk-weighted assets—constraints on the use of internal model approaches—consultative document"、バーゼル銀行監督委員会、2016年3月

"Corporate governance principles for banks"、バーゼル銀行監督委員会、2015年7月

"Banking Conduct and Culture", Group of Thirty、2015年7月

"Simpler capital requirements versus risk-based—the evidence", Jackson P、2016年5月

"2015 update of list of global systemically important banks（G-

SIBs)", Financial Stability Board, 2015年11月

『ポールソン回顧録』、ヘンリー・ポールソン、日本経済新聞社、2010年（"On the Brink—Inside the Race to Stop the Collapse of the Global Financial System", Paulson H, 2010）

『ガイトナー回顧録』、ティモシー・ガイトナー、日本経済新聞社、2015年（"Stress Test: Reflections on Financial Crises", Timothy F. Geithner, 2015）

『詳解バーゼルIIIによる新国際金融規制』、みずほ証券バーゼルIII研究会、中央経済社、2012年

『金融危機とバーゼル規制の経済学』、宮内惇至、勁草書房、2015年

「新資本規制2段階で巨大銀破綻に備え」、日本経済新聞、2015年11月10日

「リスクガバナンス、リスクアペタイト・フレームワーク、リスクカルチャー」、プライスウォーターハウス、2015年

「最終化された総損失吸収力（TLAC）の枠組み—TBTFの終結を図る新たなG-SIB規制の概要：金融・証券規制」、小立敬、野村資本市場研究所、2016年2月

「「財政制約下の公的金融・民間金融の役割分担と社会資本整備における民間資金等の活用」について」、金融調査研究会、2013年

目撃者のコラム——あとがきにかえて

　2013年に刊行し、本書の姉妹編に当たる『金融リスク管理を変えた10大事件』は、思いのほか多くの方に、温かく受け止めていただいた。その後グーグルで検索してみると、さまざまな感想や読後感をいただいている。ネットを飛び交う感想のなかには、「人間は過去から学ぶことはできるのだろうか」というものがあった。「学ぶことはできるのだろうか」という問いかけには、「学ぶべきである」という反語の思いが込められているととるべきだろう。失敗に学ぶことこそが人間の智恵であり、その試みを怠ってはならない、と思う。しかしながら、失敗から学ぶためには、失敗自体を理解する必要があるし、その失敗を知っている人には、それを正しく伝える義務もあるだろう。それぞれの「事件」は、耳にしたことはあったが、その内容は初めて知った、という感想も多かった。「はじめに」でも触れたとおり、歴史は簡単に風化する。そこでの教訓もまたしかりであろう。

　以前の職場の大先輩からは、「藤井君、信用リスクについて書くべきだよ」とのお言葉をいただいた。「信用リスク」とは、邦銀の不良債権問題のことをおっしゃったものと理解した。不良債権への取組みや、業界再編のなかでの当事者の努力もまた教訓であろう。

　「読むと、いやーな記憶がよみがえってくる」という感想もあった。そのとおりだとも思う。個人的にも、思い出したくな

い、いやーな思いがたくさんある。海外の山火事について、海の反対側から眺めて語るのと、隣で起きた住宅火災を語るのには、天と地ほどの違いがある。だれでも自分の家に火がついて消火におろおろしているところを、隣の家にとやかくいわれたくはないだろう。それでも、歴史とそこからの教訓は語り継がないと風化するという思いが、最後は優先した。このような機会をいただけることになったというのも、何かのめぐり合わせと観念して、作業を開始することにした。

さて、取り組んでみると、やはりかなりの難題であった。まず、1990年代から貯め続けて、数千ページにのぼっている、新聞・雑誌の切り抜きから関連する記事を抜き出し、山積みにした。それらを一つひとつみていくと、当時の思いがよみがえってくる。感傷を抑えながら、事実を整理する。すでに知ったつもりになっていた事実に対して、なるほどこういうことだったのか、という新発見も多かった。結果として、説明がくどい部分も多いように思う。しかしながら、事実そのものに語らせる必要があるように思った。

それぞれの出来事に豊富な研究論文があるなか、一実務家が記憶を書き連ねたところで、何になるのだろう、という思いは最後までぬぐえなかった。実務家の立場にしても、あの時なぜこうできなかったのか、なぜこんなことがわからなかったのだろう、という反省も次々と出てきた。物事は、事象の渦中にいるとみえないものだが、それにしても、ほかにやりようもあっただろうに、との思いは強い。

とはいえ何とかまとめあげた「日本の10大事件」と、グローバルな「10大事件」を比べてみると、そこには違いがあるように思えた。グローバルな「10大事件」は、より資本市場や市場業務に関連した事件、あるいは収益追求が行き過ぎた行動を生んだ結果としての事件が多いように思う。これに対して日本の10大事件は、規制や法制度の変更と、バブル経済崩壊を契機とした信用リスク関連の事件が多くを占めることとなった。欧米銀行と邦銀のビジネスモデルの違いもあると思うが、邦銀において、バブル崩壊後の不良債権処理がいかに厳しいものだったか、ということなのだろう。自己資本に余裕がないなか、規制対応や不良債権処理に右往左往した自分の姿が二重写しになった。それにしても、グローバルな動きに比べて、邦銀のリスク管理が、規制や業務に対して、やや受動的に思えるのは気のせいだろうか。金融リスク管理は本来プロアクティブであってこそ、企業価値を高める意義がある。自身も含めて、前進に向けてギアを上げることが必要ではないか。そもそも金融リスク管理の歴史が、道なき道を進む試行錯誤の繰り返しだったことは、先の『金融リスクを変えた10大事件』で取り上げた一つひとつの「事件」が示しているのである。

"Think globally, act locally"という言葉がある。グローバルに想いをはせながら、足元のことにそれを反映させる、と言い換えることができるだろうか。本邦の金融リスク管理でも、常にその姿勢を追い求めるべきではないだろうか。日本では、実務家がその所属する組織と離れた自分の意見を述べることにた

めらいを感じることがあるように思われる。組織としての立場をサポートすることは、もちろん必要なことだが、同時に、リスクマネージャーというプロフェッショナルとしての個人の意見も大切なのではないか。本邦において、プロフェッショナルとしての個人的意見を、産学官を超えてぶつけ合う場が、もっとあってもいいように思うのは、著者だけの意見だろうか。

著者の過去の職歴から、記載の内容やデータが内部資料によるのではないか、との疑問をおもちになる向きがあるかもしれないが、本書で使用されている資料やデータはすべて公表データ、ないし報道資料に基づいている。該当箇所では、極力出典を示すようにしたが、疑問がある場合は、巻末のコンタクト先にお問合せ願いたい。

本書の執筆にあたっては、金融財政事情研究会の谷川治生理事と、出版部の伊藤雄介氏に多大なお世話になった。遅れに遅れた原稿を我慢強くお待ちいただいたうえで、適切なコメントをいただいた。この場を借りて感謝いたしたい。

最後に、休日に一日中背中を向けて机に向かっている姿に対して、じっと我慢しながら見守ってくれた家族に、この場を借りて、感謝の意を表したい。

2016年8月

藤井　健司

事項索引

【英字】

AMA ··············· 212
BCP ··············· 182
BIA ··············· 212
BIS ··············· 20
BIS規制 ············· iii、
　　　13、28、47、146、204
BNPパリバ銀行 ········ 154
CAMELS ············ 15
CFTC ·············· 74
CSA ··············· 226
DDoS攻撃 ·········· 247
EAD ··············· 217
EL ················· 219
FRB ··············· 21
FRTB ·············· 326
G30 ··············· 47
G30レポート ········ 48
GHQ ··············· 158
G‐SIB ············· 305
G‐SIBサーチャージ ···· 308
G‐SIFI ············ 304
IWCC ·············· 74
JPモルガン銀行 ····· 42、152
JPモルガンチェース銀行 ···· 152
LCR ··············· 309
LGD ··············· 216
LIBOR ··········· 29、131
LME ··············· 73
MBS ··············· 301
NSFR ·············· 309
OECD ··········· 26、233

OECDプライバシー・ガイドライン ············ 234
OTC取引 ············ 41
PD ················· 216
RRP ··············· 312
SFA ··············· 76
SIB ··············· 73
TLAC ·············· 313
TSA ··············· 212
UBS ············ 118、154
UFJ銀行 ············ 270
UFJ信託銀行 ········ 272
UFJホールディングス ···· 152、
　　　　　　190、271
UL ················· 220
VaR ········· iv、36、213、326
VaR革命 ·········· 36、54
VaRショック ···· iv、36、54、57
VaRリミット ········ 55

【あ】

アウトライヤー銀行 ···· 210
アジア通貨危機 ······· 113
足利銀行 ············ 262
新たな自己資本充実度の枠組み
　················ 206
案件格付 ············ 224
安全管理措置 ········ 237
安定調達比率 ········ 309

【い】

いざなぎ景気 ········ 95、98

一時国有化 …………………… 120
インターバンク市場 ………… 130

【え】
営業特金 ……………… 97、112
エクイティファイナンス
 ………………………… 95、109
円高不況 ………………… 2、7

【お】
大口問題先 …………………… 277
大手行体制 …………………… 103
大手5行 ……………………… 149
大手21行 …… 66、103、149
オーバーナイト ……………… 39
オーバープレゼンス ………… 19
オーバーマネー ……………… 17
オーバーローン ……………… 17
オペレーショナルVaR ……… 214
オペレーショナルリスク …… 82、
 212、327
オリジネート・トゥ・ディスト
 リビュート ………………… 301

【か】
外貨調達 ……………………… 132
会社更生法 …………………… 110
カウンターシクリカルバファー
 …………………………… 307
貸し渋り ………………… 33、147
貸倒償却 ……………………… 124
渦中管理 ……………………… 194
合併差益 ……………… 156、265
株先50取引 …………………… 41
株式移転 ……………………… 161

株式交換 ……………………… 161
株主代表訴訟 ………… 72、136
可用性 ………………………… 237
監査委員会 …………………… 321
完全性 ………………………… 237
観測期間 ……………………… 45

【き】
危機管理態勢 ………… v、192
危機事象 ……………………… 192
危機対応融資 ………………… 322
危険債権 ……………………… 124
技術的安全管理措置 ………… 237
基礎的手法 …………………… 212
基礎的内部格付手法 ………… 215
毀損 …………………………… 243
期待ショートフォール … 45、326
期待損失 ……………………… 219
木津信用組合 ………………… 108
機密性 ………………………… 237
業態分離 ……………………… 158
業態別子会社 ………………… 159
業務改善命令 …… 115、123、264
業務継続計画 ………………… 182
銀行勘定の金利リスク ……… 208
銀行法 ………………………… 162
銀行持株会社 ………… 72、162
金融安定化フォーラム ……… 304
金融安定理事会 ……………… 304
金融監督庁 …………………… 119
金融機能安定化緊急措置法 … 114
金融検査マニュアル …… 128、174
金融コングロマリット ……… 165
金融債 ………………………… 116
金融再生委員会 ……………… 122

金融再生工程表 …………… 255
金融再生トータルプラン関連六
　法案 ………………………… 115
金融再生プログラム …… ⅵ、255
金融再生法 ………………… 120
金融先物取引法 ……………… 40
金融システム上重要な金融機関
　……………………………… 304
金融審議会 ………………… 178
金融制度調査会 …………… 159
金融持株会社 ……………… 158
金融持株会社に係る検査マニュ
　アル ……………………… 174
金利減免 …………………… 268
金利スワップ取引 …………… 41

【く】
繰延税金資産 …… 258、291、309
グループ・オブ・サーティ …… 48
クレジット・ライン …… 74、132

【け】
経営管理 …………………… 165
経営管理契約 ……………… 168
権限外取引 ………………… 68
検査忌避 …………………… 270

【こ】
公社債ディーリング業務 …… 40
公定歩合 ………………… 8、98
公的資金 … 106、114、122、262
コーポレートガバナンス …… 192
国際決済銀行 ……………… 20
国債先物オプション取引 …… 41
個人情報取扱事業者 ……… 236

個人情報保護法 ………… ⅵ、234
コスモ信用組合 …………… 108
コミットメントライン … 134、216
コムフィッシュ ……… 233、242
コンティンジェンシープラン
　……………………………… 185

【さ】
債券クリアリング ………… 180
再建計画 …………………… 312
債券貸借市場 ……………… 110
再建破綻計画 ……………… 312
債権分類 …………………… 125
債権放棄 …………………… 268
債券レポ市場 ……………… 110
財テク ………………… 58、96
財テク企業 ………………… 97
サイバー攻撃 ……………… 246
サイバーセキュリティ ……… 246
サイバーセキュリティ基本法
　……………………………… 249
財閥解体 …………………… 158
債務者区分 ………………… 125
債務超過 …………………… 120
財務テクノロジー …………… 96
逆さ合併 …………………… 265
サブプライムローン ………… 298
三角合併 …………………… 161
産業再生機構 ………… 257、267
３層ディフェンスライン …… 319
三洋証券 …………………… 110
三洋信販 …………………… 240

【し】
地上げ ………………………… 98

資金運用部ショック ……… 58
資金流動化リスク ……… 133
事後管理 ……………… 194
自己査定 ……………… 125
自己資本比率規制 ……… 20、
　　　　　　　146、204、306
資産価格 ……………… 92
資産査定 ……………… 255
システミック・リスク …… 104、
　　　　　　　　　133、313
システム障害 ………… v、187
システム統合 ………… 187
事前管理 ……………… 194
市中協議文書 ……… 47、206
実効的なリスクデータ集計とリ
　スク報告に関する諸原則 … 316
実質破綻先 …………… 125
実需取引 ……………… 39
シティグループ ………… 152
シナリオ分析 …………… 60
指標銘柄 ……………… 52
資本剰余金 …………… 156
資本保全バッファー …… 306
指名報酬委員会 ……… 321
ジャパン・プレミアム … v、131
ジャパン・マネー ………… 94
住基ネット ……………… 234
住専 …………………… 104
住専国会 ……………… 106
住宅金融専門会社 ……… 104
住宅ローン担保債券 …… 299
住民基本台帳ネットワーク … 234
場外取引 ……………… 76
証券化 ………………… 299
証券・投資委員会 ……… 73

上場取引 ……………… 41
商品先物取引委員会 …… 74
情報セキュリティ ……… vi
情報漏えい …………… 236
職責分離 …………… 78、79
新株予約権 …………… 96
新商品 ………………… 80
信託銀行 ……………… 66
人的安全管理措置 …… 237
信用リスク資産 ………… 204
信頼水準 ……………… 44

【す】
スイス銀行 ………… 118、154
スイス・ユニオン銀行 …… 152
ストレステスト ……… 60、81
住友商事 ……………… 73
住友信託銀行 ……… 119、272

【せ】
税効果会計 …………… 258
正常債権 …………… 124、268
正常先 ………………… 125
整理回収機構 ………… 257
セーフティネット ………… 104、
　　　　　　　　　115、136
設備投資資金 ………… 116
セプテンバー・イレブン …… 180
善管注意義務 ………… 72
先進的な計測手法 ……… 212
先進的内部格付手法 …… 215
選択権付債券売買取引 …… 41

【そ】
増加運転資金 ………… 116

早期是正措置 ····· 115、123、262
総損失吸収力 ···················· 313
組織的安全管理措置 ·········· 237
粗利益配分手法 ················ 212
損失リミット ···················· 39

【た】
第1層ディフェンスライン ··· 319
第2層ディフェンスライン ··· 320
第3層ディフェンスライン ··· 320
第一の柱 ···························· 208
第二の柱 ···························· 208
第三の柱 ···························· 210
ダイエー ···························· 278
第二次石油ショック ············· 3
大和銀行 ······························ 66
拓銀 ···································· 111
立会い取引 ·························· 76
タテホ・ショック ················ 58

【ち】
チェース・マンハッタン銀行
 ·· 152
地価上昇 ······························ 92
チューリップ・バブル ········· 92
長期信用銀行 ············ 66、115
長銀 ···································· 117
長銀ウォーバーグ証券 ······· 118
長短金融の分離 ················· 116

【て】
ティア1資本 ······· 24、259、291
ティア2資本 ······· 24、261、291
ディーリング業務 ················ 40
ディスカウントキャッシュフ
ロー法 ······························ 288
デフォルト時エクスポージャー
 ·· 217
デフォルト時損失率 ·········· 216
デュー・ディリジェンス ····· 164
デュレーション ···················· 58
デリバティブ取引 ········ 48、119
デリバティブ取引に関するリス
 ク管理ガイドライン ········· 61
転換社債 ······························ 96
店頭取引 ······························ 41

【と】
ドイツ銀行 ························ 154
トゥー・ビッグ・トゥ・フェイ
 ル ···································· 312
東京金融先物取引所 ············ 40
倒産確率 ···························· 216
統制内部評価 ····················· 226
東邦相互銀行 ····················· 100
東洋信用金庫 ····················· 100
特別危機管理 ····················· 263
特別検査 ···························· 256
独立したリスク管理部門 ··· iv、79
都市銀行 ···················· 66、102
飛ばし ································ 112
トランシェ ························ 299
取付け ································ 108
取引所取引 ·························· 41
トレーディング勘定 ·········· 327
トレーディング勘定の抜本的見
 直し ································ 326
トレーディング業務 ············ 40

事項索引 341

【な】
内需拡大 …………………………… 9
内部格付手法 ……… v、215、327
内部格付制度 ………………… 216
内部モデル方式 ………………… 48
南海の泡沫（バブル）事件 …… 90

【に】
ニギリ …………………… 97、109
日経225オプション取引 ……… 41
日経225先物取引 ……………… 41
日経平均株価 …………………… 92
日債銀 …………………………… 117
日本債券信用銀行 …………… 117
日本政策投資銀行 …………… 322
日本長期信用銀行 …………… 117
日本版ビッグバン …………… 160
ニューヨーク同時多発テロ … 180

【ね】
値洗い …………………………… 76
ネーションズバンク ………… 152

【の】
ノンバンク …………………… 105

【は】
バーゼルⅡ ……………… v、206
バーゼルⅢ ……………… vi、306
バーゼル協約 …………………… 20
バーゼル銀行監督委員会 …… 20、47、206
バスタブ曲線 ………………… 188
破綻懸念先 …………………… 125
破綻更生債権 ………………… 124
破綻先 ………………………… 125
破綻処理計画 ………………… 312
8％規制 ………………… 23、24
バックアップシステム ……… 182
バックテスティング …………… 46
バブル経済 ……………… 90、92
パラメーター ………………… 216
バランスシート調整 …… 289、311
パリ国立銀行 ………………… 154
パリバ銀行 …………………… 154
パリバ・ショック ……………… 59
バリュー・アット・リスク
　　………………… iv、36、42
バンカーズ・トラスト銀行 … 154
バンキング勘定 ……………… 327
バンク・オブ・アメリカ …… 152
バンク・オブ・ニューヨーク
　　……………………………… 180

【ひ】
非期待損失 …………………… 220
ビジネス・コンティニュイ
　ティ・プラン ……………… 182
非常事態 ……………………… 193
ヒストリカル・プライス・キャ
　リー …………………………… 76
ピッツバーグ・サミット …… 304
非分類資産 …………………… 125
兵庫銀行 ……………………… 108
標準的計測手法 ……………… 328
標準的方式 ……………… 48、215
標的型メール攻撃 …………… 249

【ふ】
含み損 ………………………… 146

不正競争防止法 ……………… 239
双子の赤字 …………………… 3
普通株式等ティア１資本
　………………… 308、309、323
物理的安全管理措置 ………… 237
プラザ合意 ……………… ⅲ、2
フリー、フェア、グローバル
　…………………………… 160
不良債権 …………………… 100
不良債権処理 ………… 134、258
プロアクティブ ……………… 81
分類資産 …………………… 126

【へ】
ペーパーカンパニー ………… 113
変動利付債 …………………… 68

【ほ】
奉加帳方式 ………………… 118
泡沫会社 …………………… 92
ポール・ボルカー …………… 21
簿外債務 …………………… 113
保険業法 …………………… 162
保険持株会社 ……………… 162
ポジション …………………… 39
ポジションリミット … 39、51、68
母体行 ………………… 105、106
母体行主義 ………………… 118
北海道拓殖銀行 ……………… 111
保有期間 ……………………… 44
ボラティリティ ……………… 55

【ま】
マイナンバー制度 …………… 245
マルウェア ………………… 247

【み】
ミシシッピ会社 ……………… 92
みずほフィナンシャルグループ
　………………………… 149、190
三井住友フィナンシャルグルー
　プ ………………………… 151
３つの柱 …………………… 207
三菱ＵＦＪフィナンシャル・グ
　ループ …………………… 284
三菱東京フィナンシャル・グ
　ループ …………………… 151

【む】
無担保コール市場 ………… 110

【め】
メイン銀行 …………………… 18
メガバンク ……… ⅴ、150、281
滅失 ………………………… 243
メニュー方式 ………… 48、210

【も】
モルガン・スタンレー証券 … 322

【や】
山一證券 …………………… 112
山一ショック ……………… 113

【ゆ】
有価証券含み益 ……………… 25
ユーステスト ………… 49、53
有税償却 …………………… 258
ユニバーサルバンキング ……177

事項索引　343

【よ】

要管理債権 …………………… 124
要管理先 ……………………… 125
要注意先 ……………………… 125
預金保険制度 ………………… 102
預金保険法 …………………… 114

【ら】

ライン・フル ………………… 132

【り】

リーマンショック ………… 302
利益準備金 …………………… 156
リカバリー・プラン ……… 312
リスクアセット …… iv、24、204
リスクアペタイト …………… 318
リスクアペタイト・ステートメント …………………… 318
リスクアペタイト・フレームワーク ……………………… 318
リスクウェイト ……………… 25
リスクガバナンス ……… vii、316
リスク軽減 …………………… 135
リスク資本 …………………… 170
リスク資本管理 ……………… 168
リスク調整後業績評価 ……… 172
リスクテイク ………………… 85
リスクプロファイル ………… 50
リスク文化 …………… 84、319
リスクベース …………………… 29、
　　　　　　　　221、230、328
リスクリミット ……… 55、58
りそなホールディングス
　…………………………… 151、262
利回り保証 …………… 97、112
流動性カバレッジ比率 ……… 309
流動性規制 …………………… 306
流動性ホライズン …………… 326
利用目的 ……………………… 237

【れ】

レゾリューション・プラン … 312
レバレッジ比率 ……… 306、310
連邦準備制度理事会 ………… 21

【ろ】

ロイヤル・バンク・オブ・スコットランド ……………… 154
漏えい ………………………… 243
ロスカット …………………… 39
ロスカットリミット ……… 39、51
ロスリミット ………………… 68
ロンドン金属取引所 ………… 73

【わ】

わかしお銀行 ………………… 265
ワラント ……………………… 96
ワラント債 …………………… 96

【著者略歴】

藤井　健司（ふじい　けんじ）

東京大学経済学部卒。ペンシルヴェニア大学ウォートンスクール経営学修士課程修了。
1981年日本長期信用銀行入行、同池袋支店、営業第二部、長銀インターナショナル（英国）出向、等で勤務。
1998年三和銀行入行、三和証券リスク管理部長、2004年UFJホールディングスリスク統括部長兼UFJ銀行総合リスク管理部長
2006年三菱UFJフィナンシャル・グループ、リスク統括部バーゼルⅡ推進室長
2007年あおぞら銀行入行、専務執行役員チーフ・マーケット・リスク・オフィサー
2008年みずほ証券入社、リスク統括部長。2011年同執行役員。2014年同取締役執行役員グローバルリスクマネジメントヘッド
東京リスクマネジャー懇談会共同代表
Eメールアドレス：kfujii2020@gmail.com

日本の金融リスク管理を変えた10大事件

平成28年9月28日　第1刷発行

　　　　　　　　　　　　　　著　者　藤　井　健　司
　　　　　　　　　　　　　　発行者　小　田　　　徹
　　　　　　　　　　　　　　印刷所　株式会社日本制作センター

〒160-8520　東京都新宿区南元町19
発　行　所　一般社団法人 金融財政事情研究会
　　編集部　TEL 03(3355)2251　FAX 03(3357)7416
販　　　売　株式会社きんざい
　　販売受付　TEL 03(3358)2891　FAX 03(3358)0037
　　　　　　　URL http://www.kinzai.jp/

・本書の内容の一部あるいは全部を無断で複写・複製・転訳載すること、および磁気または光記録媒体、コンピュータネットワーク上等へ入力することは、法律で認められた場合を除き、著作者および出版社の権利の侵害となります。
・落丁・乱丁本はお取替えいたします。定価はカバーに表示してあります。

ISBN978-4-322-12896-3